JN378605

321

**13살을 위한
놀라운 동물 사전 321**

초판 1쇄 발행 2021년 1월 20일 | **2쇄 발행** 2022년 5월 30일

지은이 마틸다 마스터르스 | **그린이** 라우이저 페르디위스 | **옮긴이** 최진영
펴낸이 윤상열 | **기획편집** 염미희 최은영 | **디자인** 맥코웰
마케팅 윤선미 | **경영관리** 김미홍
펴낸곳 도서출판 그린북 | **출판등록** 1995년 1월 4일(제10-1086호)
주소 서울 마포구 방울내로11길 23 두영빌딩 302호
전화 02-323-8030~1 | **팩스** 02-323-8797
블로그 greenbook.kr | **이메일** gbook01@naver.com

ISBN 978-89-5588-953-6 73490

- 잘못된 책은 구입하신 곳에서 바꾸어 드립니다.
- 값은 뒤표지에 있습니다.

어린이제품안전특별법에 의한 표시
품명 어린이 도서 **제조국** 대한민국 **사용연령** 8세 이상 **주의사항** 책 모서리에 다치지 않도록 주의하세요

13살을 위한
놀라운 동물사전
321

마틸다 마스터르스 글   라우이저 페르디위스 그림   최진영 옮김

그린북

차 례

1 엄청나게 똑똑한 동물들   9
2 동물도 사랑을 한다네   25
3 특별한 동물, 평범한 동물   43
4 동물의 식생활   69
5 특이한 동물, 이상한 동물   93
6 유명한 동물들   129
7 동물들의 의사소통   143
8 위험한 동물들   161
9 동물들의 우두머리   179
10 동물 가족   191
11 어둠을 사랑하는 동물들   211
12 이 동물이 사는 법   221
13 매우 작은 동물, 매우 큰 동물   233
14 동물들이 방어하는 방법   257
15 엄청 빠른 동물, 엄청 느린 동물   273
16 네가 궁금해하는 동물의 모든 것   281

1
엄청나게 똑똑한 동물들

1 엄청나게 똑똑한 보노보

동물과 대화할 수 있다면 얼마나 좋을까? 그러면 고양이에게 왜 그렇게 쥐를 쫓는지, 개에게 왜 그렇게 자신의 꼬리를 물려고 빙글빙글 도는지 물어볼 수 있을 텐데. 과학자들은 오랫동안 동물과 소통하는 방법을 찾았어. 특히 인간과 가장 가까운 유인원과 대화할 방법을 알아내는 데 집중했지.

1960년대, 어떤 과학자가 자신의 어린 아들과 아기 침팬지를 같이 키워 보기로 했어. 처음에는 **침팬지**가 과학자의 아들보다 모든 것을 빨리 습득했지. 그러나 언어만은 달랐어. 이건 그리 이상한 일이 아니야. 왜냐면 침팬지와 인간의 발성 기관은 매우 다르거든. 침팬지는 발성 기관의 구조상 '우우우'나 '아아아' 같은 소리는 낼 수 있지만, 그 이상은 어려워.

또 다른 실험도 했어. 여기에는 **고릴라 '코코'**가 참여했지. 코코는 수화로 단어를 1,000개 이상 표현할 수 있고 약 2,000개 단어를 이해할 수 있었어. 고릴라의 손은 인간과 달라서, 코코에게 맞는 특별한 수화를 이용했어. 이 수화를 '고릴라 수화'라고 해. 코코는 고릴라 수화로 3~6개 단어로 구성된 문장을 만들어 낼 수 있었어.

보노보 칸지

하지만 이 가운데서 가장 수다쟁이는 아마도 **보노보 '칸지'** 일 거야. 칸지의 엄마 '마타타'는 키보드로 의사소통을 하는 실험에 참여했어. 칸지는 엄마의 실험에는 별 관심이 없는 것 같았어. 그런데 어느 날, 칸지가 키보드로 다가가더니 과학자들과 기호로 대화를 시도하는 거야. 정말 똑똑한 보노보였어. 칸지는 학습 능력이 빠르고, 문법이 정확한 문장을 만들 수 있었어. 고릴라 코코는 성공하지 못한 일들이야. 칸지는 348개의 기호가 있는 키보드로 의사소통을 해. 또 영어 단어 3,000개를 이해하고 친구들과는 보노보 언어로 소통하지. 그러니까 총 세 가지 언어를 구사할 수 있는 거야.

2 축구를 잘하는 꿀벌들

축구팀의 전략을 강화하고 싶다고? 그렇다면 골을 잘 넣는 선수를 찾아야 해. **꿀벌** 선수를 잠깐 영입해 보는 게 어때? 영입비도 안 들고, 유지비도 저렴한 데다가 드리블도 잘 하잖아.

생물학자들은 이미 오래전부터, 먹이를 찾는 방법을 이용하면 곤충을 비롯한 동물들도 복잡한 임무를 해낼 수 있다는 것을 알아.

연구원들은 먼저 꿀벌들에게 작은 공을 특정한 방향으로 굴리는 법을 가르쳤어. 골을 넣으면, 보상으로 먹이를 줬지.

그리고 이 연구원들은 꿀벌을 세 그룹으로 나누어 각자 다른 방식으로 훈련을 시켰어. 첫 번째 그룹은 다른 그룹의 꿀벌들이 공 굴리는 걸 관찰만 했어. 두 번째 그룹은 보이지 않는 자석에 공이 끌려가는 모습을 봤어.

그리고 세 번째 그룹에게는 공과 보상을 한 번에 보여 줬지. 하지만 공을 굴려야 먹이가 나온다는 건 보여 주지 않아서, 꿀벌이 직접 알아내야만 했어.

이 가운데서, 공 굴리는 법을 가장 빨리 배운 꿀벌은 바로 구경만 한 첫 번째 그룹이었어. 심지어 공을 더 많이 집어넣고 생각도 더 했지.

그 비결은 과연 뭘까? 사실 꿀벌을 훈련시킬 때, 공 3개 중에 2개는 땅에 붙어 있었어. 그중 골에서 가장 멀리 놓인 공만 땅에 붙어 있지 않았어. 훈련받은 벌들은 이를 재빨리 이해하고, 땅에 붙은 공들은 건드리지도 않았어.

훈련을 받은 벌들은 항상 멀리 놓인 공을 굴리는 모습만 보았어. 하지만 관찰만 했던 벌들의 경우에는 그 어느 공도 땅에 붙어 있지 않았어. 모든 공을 굴릴 수 있었지. 그래서 첫 번째 그룹인 관찰 벌은 다른 꿀벌들과 달리 가장 가깝게 놓인 공을 굴려 골에 넣었어.

이는 바로 꿀벌들이 복잡한 임무를 수행할 수 있다는 증거야. 그저 용기를 북돋아 준다면 말이야. 사람들처럼….

축구 훈련 중

3 날씨를 알려 주는 흰뺨기러기

내일 날씨가 궁금하니? 그럼 텔레비전에 나오는 일기 예보를 봐. 하지만 **흰뺨기러기**에게는 텔레비전이 없어. 번식지의 기온을 꼭 알아야 하는데 말이야. 흰뺨기러기의 번식지는 엄청나게 추운 극지방이거든. 수천 킬로미터를 날아야 닿을 수 있는 지역이야. 번식지에 둥지를 지어야 하니까 내렸던 눈이 충분히 녹았는지 확인해야 해. 그러면서도 너무 늦게 도착하지 않도록 조심해야 하지. 그래야 새로 태어난 새끼 흰뺨기러기들이 죽지 않고 살 확률이 높아지거든.

지구 온난화 탓에 흰뺨기러기들의 이주 시기가 달라졌어. 당연히 날씨가 더 중요해졌지. 연구원들은 따뜻한 해와 추운 해에 보이는 흰뺨기러기의 이동을 관찰했어. 그리고 이들이 멀리 날아가기 전에 매일 한곳에 머무른다는 점을 발견했어. 잠시 쉬면서 먹이를 많이 먹고, 지방을 축적하는 거야. 그러면서도 제시간에 반드시 서식지에 도착해야만 했지.

연구 결과에 따르면, 흰뺨기러기들의 기상 예측은 매우 정확해. 또한 그 정보를 다음 세대에게 빨리 전달할 줄도 알아.

뽐내는 닭

꼬꼬댁

내 벼슬 좀 보라고!

멋쟁이 닭

?

호기심 많은 닭

4 닭은 생각보다 똑똑하다고요

'꼬꼬댁' 하고 우는 닭이 멍청하다고 여겼다면 지금 당장 생각을 바꾸는 게 좋을 거야. 닭들은 우리 생각보다 훨씬 더 똑똑하거든. 간혹 어린이들보다 더 논리적으로 추론하는 경우도 있어.

물론 닭이 셰익스피어의 희곡을 읽는다거나 달로 로켓을 쏘아 올리지는 않겠지. 하지만 다른 일들은 할 수 있어. 연구원들은 닭이 지능적인 방법으로 거의 모든 문제를 해결할 수 있다는 점을 찾아냈어.

몇 가지 예를 들어 볼게.

- 닭은 공이 3분 정도 굴러간 경로를 기억할 수 있어.
- 조금 기다리면 더 맛있는 먹이가 나온다는 걸 알면 눈앞의 먹이를 먹지 않고 참을 수 있어.
- 닭은 24종류의 울음소리와 몸짓을 사용해서 서로 의사소통을 해.
- 수탉들은 보통 먹이를 찾았다고 울지만, 사실은 못 찾았을 때도 있어. 암탉들이 먹이를 먹으려고 달려오면 수탉이 암탉을 꾀기 시작하지. 하지만 암탉은 금세 수탉이 속임수를 썼다는 것을 알게 돼. 이 속임수를 너무 자주 쓰면, 암탉들은 곧 그 수탉을 무시하기 시작해.
- 수탉들은 대장 자리를 놓고 싸우곤 해. 여기서 진 수탉은 곧 울음소리가 작아지지. 하지만 싸움에서 이긴 수탉이 눈앞에서 사라지면 금세 큰 소리로 다시 울기 시작해. 몰래 암탉을 유혹하기 위해서지.
- 닭은 기억력이 매우 좋아. 대장을 비롯해 100마리가 넘는 닭을 구분할 수 있거든.

그러니 누군가를 '닭대가리'라고 부르기 전에, 한 번 더 생각해 볼 필요가 있어.

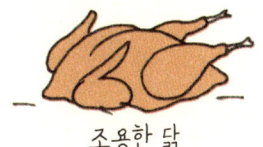

조용한 닭

5 기억력이 좋은 금붕어

금붕어처럼 머리가 나쁘다고 놀림받은 적이 있다고? 실제로 금붕어처럼 금세 모든 걸 까먹어 버린다고? 그런 이유라면, 전혀 맞지 않는 별명이야. 사실 금붕어는 기억력이 상당히 좋거든. 무언가를 잊지 않고 몇 달 동안이나 기억할 수 있어.

금붕어의 기억력이 좋다는 걸 어떻게 알았냐고? 똑똑한 과학자들이 금붕어를 대상으로 몇 가지 실험을 했어. 과학자들은 일단 수족관에 작은 레버를 넣었어. 그 레버를 누르면 먹이가 나오는 건데, 금붕어들은 이를 쉽게 알아챘지. 그다음 실험에서는 레버의 설정을 조정했어. 정해진 시간에 레버를 눌러야지만 먹이가 나왔지.

결과는 네가 예상하는 대로야. 이번에도 얼마 지나지 않아 금붕어들이 규칙을 알아챘어.

금붕어에게 먹이를 주는 동안, 음악을 들려 주는 실험도 했어. 이번에도 역시 금붕어들은 음악이 들릴 때마다 먹이가 들어온다는 것을 알아챘지. 학자들은 이 물고기들을 야생으로 방류했어. 그리고 5달 후, 먹이를 줄 때 틀던 음악을 재생시켰지. 결과가 어땠냐고? 믿기 어렵겠지만, 금붕어들은 수족관으로 다시 돌아왔어! 음악이 들리면 먹이가 나온다는 걸 여전히 기억하고 있었던 거야. 너희들의 기억력이 어떤지는 모르겠지만, 금붕어 기억력을 얕보지는 말자!

음, 여기 와 본 것 같은데.

금붕어의 기억력

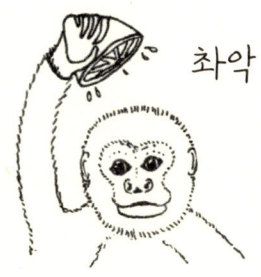

레몬 샤워를 하는 카푸친원숭이

6 원숭이 약국

원숭이가 똑똑하다는 것은 다들 알고 있겠지. 그런데 원숭이들이 먹이로 아픈 곳을 치료할 정도로 머리가 좋다는 것도 알아? 원숭이는 배가 아플 때면, 평소에 먹지 않던 나뭇잎을 먹어. 몸에 좋은 약이 쓰다는 말처럼 이 나뭇잎도 쓴맛이 나. 그래서 평소에는 잘 먹지 않는 거야. 하지만 아플 때는 복통을 치료해 주니까 약처럼 먹지.

콜로부스는 망고 나뭇잎을 좋아해. 하지만 망고 나뭇잎을 먹다 보면 설사병과 심한 복통이 생겨. 이럴 때는 주변에서 불 지피는 집을 찾아가고는 해. 사람들이 불을 지필 때 사용하는 숯이 복통을 좀 낫게 해 주거든.

콜로부스보다 더 똑똑한 원숭이들도 있어. **카푸친원숭이**는 벌레들이 병을 옮긴다는 걸 본능적으로 알아서 절대 벌레에 물리지 않게 조심해. 인간이 시트러스 오일을 발라 모기를 쫓는 것처럼 레몬, 라임 그리고 오렌지 같은 신맛 나는 과일의 즙을 온몸에 발라서 벌레를 쫓아.

침팬지 역시 각종 천연 약재를 사용할 줄 알아. 예를 들어 구충제 대신 베노니아 잎을 먹어. 이 잎은 엄청나게 써서 씹어 삼킬 때마다 얼굴을 잔뜩 찡그려야 하지만 해로운 기생충을 없애 주기 때문에 꾹 참고 먹는 거야. 또 열이 날 때는 열을 내리게 하는 식물을 먹어. 과학자들은 침팬지들이 먹는 나뭇잎이 매년 수천 명의 희생자를 만드는 말라리아에 효과적인 해결책이 될 거라는 희망을 품고 있지.

식물로 피임하는 원숭이들도 있어. 브라질의 **거미원숭이**는 임신을 막는 특정한 나뭇잎을 사용해 피임해. 반대로 임신을 돕는 나뭇잎을 먹기도 해.

짖는원숭이는 어떤지 알아? 암컷 짖는원숭이는 수컷을 임신할 확률을 높여 주는 특별한 잎을 먹어. 오직 수컷 원숭이만이 무리의 지도자가 될 수 있고, 그래야만 엄마 짖는원숭이가 힘을 가질 수 있기 때문이야.

7 가장 똑똑하고 가장 느린 동물

여우는 흔한 동물이야. 새로운 환경에 빨리 적응해서 시골, 추운 극지방, 사막 그리고 도시에서도 볼 수 있지.

- 여우는 설치류, 새, 곤충, 벌레, 알 그리고 쓰레기를 뒤져 먹어. 여우가 얼마나 웃긴지 알아? 숲속에서 바스락거리는 소리가 들리면 갑자기 숨을 죽여. 그러고는 소리를 감지하는 레이더처럼 커다란 귀만 쫑긋 세우고 기다리지. 그리고 먹잇감이 어디 있는지 찾아내자마자 네 발로 펄쩍 뛰어올라. 운이 좋으면 수풀 사이로 재빠르게 달리는 쥐를 잡을 수 있거든. 간혹 여러 번 뛰어서 사냥에 성공할 때가 있어. 그럴 때 보면 꼭 트램펄린 위에서 통통 뛰는 것 같기도 해.

죽은 척하는 여우

- 여우가 주인공인 이야기가 많아. 이야기 속 여우는 매우 영리하거나 교활한 모습으로 그려지고는 해. 실제로 여우의 성격도 그래. 여우가 바닥에 누워 죽은 체하는 때가 있거든? 그러면 호기심이 많은 까마귀가 혹시 먹을 게 있나 싶어서 내려앉을 때가 있어. 까마귀가 가까이 다가오면 여우가 뛰어올라 까마귀를 사냥해.

- 여우가 닭장을 송두리째 뒤집어 놓을 때도 있어. 원래 닭 한 마리만 잡으려고 한 건데, 모든 닭이 울어 대는 통에 사냥 본능이 발동하는 거야. 그러면 원래 계획했던 것보다 더 많은 닭을 죽이지. 간혹 나중에 먹으려 땅에 묻거나, 다른 여우 굴에 사는 부인과 아이들을 위해 가져가기도 해.

8 함께라면 더 잘할 수 있어

보통 동물들은 협동이란 걸 모르기 마련이야. 그런데 썰매를 끄는 개들처럼 서로 협동할 때도 있어.

- **벌꿀오소리**와 **꿀잡이새**는 좋아하는 꿀을 먹으려고 협동 작전을 펼쳐. 꿀잡이새는 벌집을 찾는 데 도사야. 그런데 안타깝게도 부리가 작아 벌집을 열지는 못하지. 그래서 벌꿀오소리가 필요해. 일단 꿀잡이새는 벌꿀오소리의 관심을 끌어 벌집 쪽으로 유인해. 꿀을 찾아다니던 벌꿀오소리는 꿀잡이새를 보자마자 곧바로 쫓아가. 찾아낸 벌집을 부수는 일은 벌꿀오소리에게 식은 죽 먹기야. 그렇게 벌꿀오소리가 벌집을 부수고 달콤한 꿀을 먹고 나면 꿀잡이새는 벌집의 밀랍과 꿀벌의 애벌레를 먹어. 윈-윈이야!

소라게와 말미잘 팀

벌꿀오소리와 꿀잡이새 팀

- **상어**는 **놀래기**와 서로 도와. 놀래기가 상어의 피부에 붙은 골칫덩이들을 제거해 주거든. 상어의 입속으로 들어가 이빨 사이에 낀 찌꺼기를 먹기도 해. 상어에게는 공짜 피부 관리 및 치과 치료나 다름없는 셈이지. 그리고 놀래기는 별 노력 없이 배를 채울 수 있으니 얼마나 좋아?

- **소라게**와 **말미잘** 역시 서로 도와. 소라게는 비어 있는 소라 껍데기를 집으로 사용해. 그리고 집의 꼭대기는 말미잘에게 빌려주지. 말미잘은 소라게가 남긴 먹이를 먹을 수도 있어서 집뿐만 아니라 식사도 공짜로 할 수 있는 거야. 말미잘은 감사의 표시로 촉수를 이용해 소라게를 공격하는 적들을 막아 줘. 간혹 너무 친해져서 소라게가 집을 바꿀 때, 말미잘도 같이 옮겨 가기도 해.

- **소쩍새**는 곤충들이 새끼를 무는 걸 싫어해. 그래서 작은 **뱀**을 사냥해서 죽이지는 않고 둥지에 놔둬. 그러면 뱀이 곤충을 다 잡아먹고 새끼들은 편히 머물 수 있지. 정말 완벽한 보호자야!

통가무덤새

9 게으르거나 똑똑하거나

- **풀숲무덤새**는 꿩하고 비슷하게 생겼어. 흙이 부슬부슬하고 녹음이 울창한 호주의 건조한 풀숲과 그 주변에 살아. 모래와 나뭇잎을 사용해 둥지를 짓는데, 모래를 얕게 파고 나뭇잎으로 채우지. 암컷 풀숲무덤새는 낳은 알을 나뭇잎으로 잘 묻고는 그 위를 모래로 덮어. 조금 시간이 지나면, 박테리아가 활동해 알을 덮고 있는 잎이 부스러지고 썩기 시작해. 이렇게 해서 둥지의 온도를 올릴 수 있지. 지금 당장은 알을 품지 않아도 되니, 암컷은 주변을 돌며 먹이를 찾아. 그리고 가끔 둥지로 돌아와 부리를 밀어 넣어서 온도를 살펴. 너무 더우면 잎을 조금 치워 버리지. 너무 추우면 잎을 더 덮어. 부리가 온도계 역할을 하는 거야.

- **통가무덤새**는 화산에게 알품기를 맡겨. 암컷 통가무덤새는 활동 중인 화산의 가장자리, 또는 지열이 올라오거나 화산재가 쌓인 곳에 알을 낳거든. 그러면 암컷이 둥지에 있지 않아도 알들은 따뜻하게 있을 수 있어. 물론 갑자기 화산이 분출하지 않도록 기도해야겠지.

10 불을 사용해 사냥하는 맹금류

호주에서는 정기적으로 큰 산불이 발생해. 호주의 **맹금류**들은 그 불을 사용해 사냥하지. 이들은 산불이 난 곳의 가장자리에서 토끼, 쥐 또는 다른 동물들이 불길을 피해 떼 지어 달려오기를 기다려. 가장 쉬운 사냥법이지. 누가 알아? 새들도 약간 불에 구워진 먹이를 좋아할지도….

하지만 그와는 다른 이유가 있을 거야. 공원 관리자, 소방관, 다른 목격자들의 말에 따르면 맹금류들이 고의로 불을 내는 '방화광'이라는 거야. 솔개, 휘파람솔개, 그리고 갈색매가 이미 불이 붙어 연기가 나는 나뭇가지를 땅에 떨어뜨리는 것을 보았대. 그리고 불이 날 때까지 조용히 기다렸다고 하더라고. 불타는 들판에서는 다른 새와 먹이를 두고 경쟁하지 않아도 되고, 오히려 사냥감들이 제 발로 나타나니까 그랬나 봐.

걸 알 뿐만 아니라, 사냥감들이 불을 피해 달아날 것까지 알고 있어. 일석이조네!

과학자들은 새들이 사냥감을 노리고 숲에 불을 질렀다고 확신하지 않아. 그저 우연히 불붙은 나뭇가지를 떨어뜨렸다는 거지. 하지만 호주의 원주민들은 맹금류들이 방화광이라고 믿고 있어. 불을 붙이는 새에 대한 전설과 민담이 있을 정도야.

맹금류가 방화를 한다면 이들은 인간과 함께 고의로 불을 붙이는 두 동물이 될 거야. 이것은 맹금류가 똑똑하다는 증거야. 맹금류들은 나뭇가지가 떨어지면 산불을 낼 거란

불이야!

11 실력 좋은 소매치기 서양갈까마귀

서양갈까마귀는 연한 회색 목에 하얀 눈동자를 지녔어. 검은색 머리와 강렬한 대비를 이루지. 서양갈까마귀들은 보통 교외에 살지만 도시에서도 볼 수 있어. 주변 환경에 쉽게 적응하기 때문이지. 의사소통을 할 줄도 아는 사교적인 동물이야. 서양갈까마귀는 먹이가 많은 장소를 발견하면 다른 친구들에게 알려 주기도 해.

너무 똑똑하기 때문에 장난을 칠 때도 있어. 어떤 장난이냐고? 영국 웨일스 지방에서는 우유 농가에서 자동차로 집집마다 우유를 배달해. 우유병이 집 앞에 놓여 있으면 뚜껑 여는 법을 정확히 알고 있는 서양갈까마귀가 와서 먼저 우유 뚜껑을 열어 버리지.

어떤 사람들은 서양갈까마귀를 길들여 여러 가지 재주를 가르치기도 해. 보통은 재미난 재주야. 공을 갖고 노는 법이라든가, 거울을 들여다보는 법처럼 말이지. 하지만 나쁜 마음을 먹은 사람들은 이 똑똑한 새를 소매치기에 이용하곤 해. 이탈리아의 도둑 일당이 서양갈까마귀를 훈련시켜 돈을 훔친 적이 있어. 은행 출금기에서 돈을 뽑는 사람들을 노렸지. 사람들 앞에서 지폐를 낚아채는 거야. 그러니 돈을 뽑을 때는 눈이 반짝거리는 검은 새가 너를 노리고 있지 않은지 주변을 잘 둘러봐….

12 까마귀는 너를 기억해 (그리고 복수까지 한다고!)

까마귀는 얼굴을 잘 기억해. 과학자들은 실험을 통해 새들이 사람을 인식할 뿐만 아니라 그 사람에 대한 정보를 동료들에게 전달도 한다는 것을 발견했어.

실험은 이런 순서로 진행됐지. 모든 연구원들은 진짜 인간의 얼굴 같은 가면을 써서 자신의 원래 얼굴을 숨겼어. 까마귀들에게 선입견을 주지 않기 위해서야. 까마귀가 가면을 쓰지 않은 얼굴을 알고 있을 수도 있잖아. 까마귀가 진짜 사람 얼굴을 인식하는지 새로운 환경에서 실험하고 싶었지. 연구원들 중 일부는 까마귀에게 특별한 것 없이 대하거나, 또는 친근하게 대했어. 그리고 다른 연구원들은 까마귀를 괴롭히고 귀찮게 굴었지.

결과적으로, 까마귀들은 친절한 연구원들과 그렇지 않은 연구원들의 가면 얼굴을 확실히 구분했어. 친절한 연구원들은 건드리지 않았고, 불친절한 연구원들을 공격했어. 급하강하고, 머리 위로 뛰어내려 위협하며 그들은 환영받지 못한다는 걸 확실하게 알려 줬어. 만약 평소에 까마귀를 괴롭히는 연구원이 있었다면, 까마귀는 절대로 가만히 당하고 있지는 않았을 거야.

이야기는 점점 더 재미있어져. 까마귀가 복수한다는 점이 밝혀졌거든. 먼저의 실험에 참여했던 까마귀들은 다른 까마귀들에게 자신들을 귀찮게 구는 과학자들이 누구인지 알려 주었나 봐. 얼마 후 새로운 까마귀도 귀찮게 구는 과학자들을 공격했어. 이들이 자기 새끼들에게 정보를

까악까악
공격!
이런 세상에
까마귀 실험

전달하고, 결국 괴롭힘을 당하지 않았던 까마귀들도 이 과학자들을 구별해 냈지. 이전의 까마귀들이 가면의 세세한 특징까지 담아 정보를 전달한 거야.

이렇게 정보를 전달받은 까마귀들은 누가 착하고 나쁜지 알 수 있어. 그러니 평소에 까마귀들에게 잘해 주도록 해.

13 똑똑한 떼까마귀

앞에 물이 반만 채워진 유리관이 있다고 가정해 보자. 물 위에 무언가가 떠 있는데, 그걸 꺼내야만 하는 거야. 그런데 관이 너무 높고 좁아 손을 뻗어도 절대 닿을 수 없어. 그리고 주변에는 조약돌이 널려 있지.

실험에서 어린이들은 물 위에 뜬 무언가를 집어내기 위한 해결책을 찾는 데 오랜 시간이 걸렸어. 하지만 떼까마귀들은 그보다 빨리 방법을 찾았지. 두 쌍의 **떼까마귀**에게 통통한 나방 애벌레가 들어 있는 투명한 유리관이 주어졌어. 관 안에는 물이 들어 있었고, 그 주변에는 크고 작은 돌들이 놓여 있었어. 둘 중 한 쌍은 금세 해결책을 찾아냈지. 이 떼까마귀들은 물속으로 돌을 던져 넣어 수위를 높였고, 결국 애벌레가 관 바깥으로 나오게 만들었어. 다른 한 쌍은 애벌레가 나오기 전에 포기해 버리고 말았어. 하지만 두 번째 시도에서는 결국 성공했지.

실험 결과 떼까마귀들은 큰 돌을 넣으면 물의 수위를 빨리 높일 수 있다는 점을 아는 것 같았어. 그리고 돌을 던져 넣기 전, 유리관 위를 날며 주변을 주의 깊게 살폈지. 이런 모습에서 떼까마귀들이 사고할 수 있으며 상황을 분석한다고 가정할 수 있었어. 한 번도 학교에 다녀 본 적은 없지만, 이 똑똑한 새들은 물리학의 기본 법칙 한 가지를 아는 거야.

나 참, 논리적으로 해결하자고!!

유리관 실험

14 파충류는 멍청이가 아니야!

오랜 시간 과학자들은 파충류를 멍청한 냉혈동물로 여겼어. 하지만 사실은 그렇지 않아! **도마뱀**과 그 친구들은 '적정한 온도'에서는 얼마나 똑똑한지 몰라. 주변의 온도가 따뜻할 때는 몸과 머리가 확실히 잘 돌아 간다고.

도마뱀은 다른 동물들에 비해 빨리 문제를 해결하는 편이야. 예를 들어 먹이가 들어 있는 상자의 뚜껑 여는 법을 다른 동물들보다 빨리 알아내. 심지어 먹이통을 열기 위해 다양한 방법을 사용하기도 해.

과학자들은 **중부턱수염도마뱀이** 닫힌 문을 여는 데 10분도 채 걸리지 않는다는 것을 알아냈어.

파충류들은 서로의 행동을 보고 모방하기도 해. 어떤 중부턱수염도마뱀은 자신의 친구가 닫힌 창문을 여는 걸 보고서는 자신도 같은 상황에 처했을 때, 바로 문을 열었어. 1초도 고민하지 않고 친구를 따라한 거야.

그러니 파충류들이 벽에 붙어 일광욕이나 한다고 생각하지 마. 체온을 높여 훌륭한 능력을 보여 주기 위해서라고.

일단 몸을 데우고 나면 실력을 발휘할 수 있어.

15 뭐든지 열어젖히는 라쿤

가끔 초콜릿이 담긴 유리병이나 잼 병을 여는 게 힘들었던 적이 있니? 그럼 **라쿤**에게 부탁하자. 라쿤은 모든 걸 열 수 있거든.

캐나다의 대도시 토론토에는 라쿤이 많이 살아. 말썽꾸러기 녀석들이지. 라쿤들은 집 밖에 놓은 쓰레기통의 뚜껑을 모두 열어 버리거든. 시청에서 라쿤이 열지 못하는 방법을 찾느라 안간힘을 써 봤지만 어떤 방법도 통하지 않았어. 라쿤들은 자물쇠가 열릴 때까지 포기하지 않거든. 그리고 일단 한번 성공하고 나면 마치 그 방법에 통달한 것마냥, 다른 쓰레기통을 다 열고 다니는 거야.

과학자들은 라쿤이 도시로 오면서 똑똑해졌다고 추론했어. 원래 라쿤은 열대 지방 동물이지만 인간과 함께 도시로 이주했고, 새로운 환경에 적응했거든. 자신들이 원래 살던 인적이 드문 곳보다 극복할 것들이 도시에 더 많은 거야. 문제점을 해결하면서 점점 더 똑똑해진 거지.

토론토의 주민들은 계속해서 라쿤에게서 쓰레기통을 지키는 방법을 고민했어. 그리고 시몬 트레드웰이라는 사람이 새로운 자물쇠를 개발했지. 그는 자물쇠 성능을 시험하기 위해 쓰레기통에 고양이 사료, 구운 닭고기와 정어리를 가득 채우고 쓰레기통 주변에도 흩뿌려 놓았어. 물론 라쿤들이 바로 찾아와서는 5일 동안 자물쇠를 열려고 시도했어. 그리고 정말로 열지 않는다는 것을 알게 돼서야 포기했지. 이 자물쇠를 열려면 '정면으로 마주보는 엄지손가락'이 필요하기 때문이야. 다양한 방향으로 움직이면서도 다른 손가락 끝을 만질 수 있는 엄지손가락 말이야. 진화된 인간과 원시인의 엄지손가락은 정면을 마주보지만 다행인지 아닌지 라쿤의 엄지손가락은 그렇지 못해. 그렇게 시몬 트레드웰은 라쿤에게서 쓰레기통을 지켜 냈어. 아직까지는 말이야.

침팬지의 토끼 사냥

16 인간보다도 똑똑한 침팬지

우리는 **침팬지**가 똑똑하다는 걸 알고 있어. 어떤 과학자들이 침팬지가 특정 과제에서 인간보다 더 똑똑할 수 있다는 점을 발견했어.

침팬지의 단기기억력은 인간의 것보다 더 나아. 단기기억력이란 새로운 정보를 짧게는 몇 초, 길게는 몇 분까지 기억하는 능력이야. 예를 들면 전화번호 같은 작은 정보를 저장하는 걸 말해.

과학자들은 화면에 숫자를 깜빡거리게 하는 실험을 했어. 이 실험에서 침팬지는 깜빡거리는 숫자를 올바른 순서대로 맞춰야 했지. 침팬지가 매우 빠르고 정확하게 순서를 맞췄어. 심지어 8단계까지 성공했지. 사람의 속도는 침팬지보다 느렸고, 5~6단계까지밖에 성공하지 못했어. 과학자들은 침팬지가 사진을 찍는 것처럼 정확하게 기억하는 능력을 지녔다고 생각했어. 두뇌를 사용해 빠르게 무언가의 사진을 찍는 거야. 이 능력은 위험한 상황에서 먹이가 어디 있는지, 내 영역의 시작과 끝이 어딘지를 아는 데 편리하게 사용할 수 있어.

다른 과학자들은 침팬지가 도구를 사용해 사냥한다는 사실을 알아냈어. 보통 침팬지는 육식을 하지 않아. 하지만 먹이가 충분하지 않을 때는 다른 동물을 사냥하고는 해. 세네갈의 폰골리 초원에서, 과학자들은 침팬지가 나뭇가지를 꺾는 모습을 보았어. 침팬지는 그 가지에서 나뭇잎과 작은 가지들을 다 떼어내 기다란 장대를 만들었어. 그리고 그 장대 끝을 씹어 날카롭게 다듬었지. 이렇게 직접 만든 창으로 사냥을 했어. 어린 야행성 동물이 자고 있는 굴속에 창을 찔러 넣었다가, 창끝을 들어 올렸을 때, 피가 묻어 있다면 먹이가 있다는 걸 알 수 있었어. 보통은 어린 침팬지들이 이런 사냥법을 사용했지. 반면 나이가 든 침팬지들은 먹잇감의 뒤를 쫓는 보통의 사냥 방식을 사용하곤 했어. 어린 침팬지는 어른 침팬지의 도움을 받지 않고도 먹이를 구하는 거야. 어린 녀석들이 얼마나 똑똑한지!

2 동물도 사랑을 한다네

17 사랑의 공중제비를 도는 흰머리수리

누군가를 사랑해 본 적이 있어? 사랑에 빠진 상대를 보면 긴장되고, 배가 간질간질해서 이상한 느낌이 들어. 그래도 **흰머리수리**만큼 이상하게 반응하면 안 돼. 흰머리수리는 평생을 한 배우자와 살지만, 짝짓기 기간이 되면 이상한 일을 저질러. 그 순간 그들은 공중에서 가장 미친 여행을 하는 무모한 커플로 변하지.

일단 수컷과 암컷이 함께 하늘로 날아가. 그러고는 서로의 발톱을 잡고 어지러울 정도로 빙글빙글 돌며 빠른 속도로 하강해. 거의 지상에 다다른 순간, 서로 놓아 주지. 간혹 심각한 충돌로 비행을 마무리하는 경우도 있어. 아마 독수리들이 서로 얼마나 궁합이 잘 맞는지 알아보는 방법이 아닐까.

그뿐만이 아니야. 흰머리수리들은 가끔 상대를 따라 꼭 롤러코스터처럼 엄청나게 빠른 속도로 비행하는 경우가 있어. 한 마리가 먼저 빠른 속도로 날아가. 그러다가 가능한 한 가장 높이 상승한 후 아래로 빠르게 하강하는 거야. 그러면 다른 흰머리수리들이 그 뒤를 쫓아가지.

흰머리수리들은 함께 둥지를 지어. 간혹 수컷들이 돕지만, 대부분 암컷이 짓고 있는 둥지 위에 나뭇가지만 얹고 사라지곤 해. 그리고 얼마 지나서 하늘 위를 빙빙 나는 구애 행위가 끝나면 짝짓기하고 함께 새끼를 길러. 그때가 되면 더이상 롤러코스터만큼 빠른 속도로 공중제비를 돌 시간이 없어지고 말아.

18 생식기가 2개인 상어

어류학자, 또는 물고기 전문가라면 단번에 **상어**는 생식기가 없다고 말할 거야. 하지만 상어도 '기각'이라고 불리는 기관이 있어. 기각은 상어의 배 아래쪽에 달린 두 개의 배지느러미 안쪽에 있어. 상어가 헤엄칠 때는 아랫배 쪽에 그대로 머물러 있지. 수컷 상어는 생식 기간인 암컷을 만나면 구애의 춤을 추기 시작해. 그리고 암컷 상어의 등이나 옆구리를 살며시 깨물어. 짝짓기가 시작되면 수컷 상어는 암컷 상어의 아가미 뒤쪽에 달린 가슴지느러미를 물어서 잡아. 그리고 몸을 구부려서 서로의 배지느러미가 가까워지도록 만들지.

저와 함께 춤추시겠어요?

수컷 상어는 기각이 암컷의 몸에 가까워지면 이를 암컷의 배설강에 집어넣어. 그러면 그 안에서 기각이 펼쳐지게 돼.

상어 알

그 이후에 무슨 일이 벌어지는지는 상어의 종에 따라 달라. 두톱상어나 점상어의 경우, 커다란 알을 몇 개 낳아. 알을 가죽 가방같이 생긴 막에 싸서는 아기 상어가 태어날 때까지 미역이나 돌에 붙여 두지.

대부분의 상어들은 난태생을 해. 엄마 상어가 알을 몸 밖에 낳는 대신 배 속에서 알을 부화시켜.

아기 상어들은 엄마 상어의 근처에서 살아가지만 엄마에게서 영양분을 공급받지 않고, 태어날 때 몸에 달고 나온 난황낭에서 영양분을 얻어. 난황낭에는 아기 상어들이 자라나는 데 필요한 모든 영양분이 들어 있지. 엄마 상어의 몸은 그저 아가들에게 안전한 성장처가 될 뿐이야. 물론… 항상 안전하지는 않아. 왜냐면 가장 센

난식

아기 상어가 자신의 형제나 자매를 태어나기도 전에 엄마 배 속에서 잡아먹기도 하거든. 이걸 난식이라고 해. 가장 힘이 센 새끼만 태어나는 거야.

또 어떤 상어는 평범한 방식으로 새끼를 낳아. 아기 상어는 엄마 상어의 배 속에서 자라고 그 안에서 영양분을 공급받지.

상어들은 자신이 구할 수 있는 먹이의 양과 배 속의 공간에 맞춰서, 자신이 키울 수 있는 만큼만 새끼를 낳아. 그럼 다들 빨리 죽지 않고 살아남는 거야.

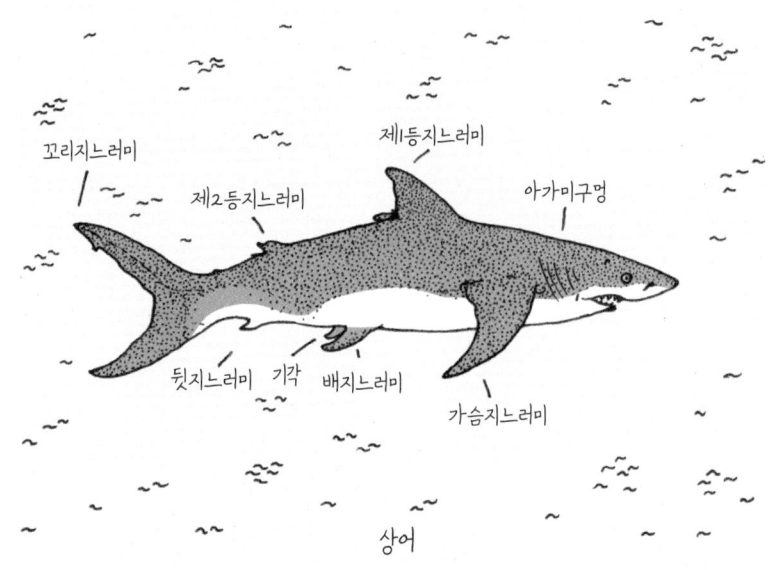

상어

19 양서류의 신비로운 짝짓기

금방 알아채기는 어렵지만 양서류는 매우 특별하고 다채로운 짝짓기를 해.

예를 들어 어떤 **도롱뇽** 수컷들은 알맞은 파트너를 찾으려고 목숨을 걸기도 해. 짧은 다리로 14킬로미터를 걷지. 작디작은 도롱뇽에게는 엄청나게 먼 거리야. 여행하는 동안 잡아먹힐 위험도 감수해.

그리고 자신이 꿈꾸던 암컷을 만나자마자 복잡한 짝짓기 의식을 시작해. 몇몇 수컷 물도롱뇽들은 암컷의 배설강 냄새를 맡아. 배설강이란 소변, 대변 그리고 알이 나오는 곳이야. 암컷이 허락한다면 수컷은 뒤를 돌아 꼬리를 흔들며 유인 물질을 내뿜어서 암컷을 유혹해. 그러고는 정자가 든 덩어리를 툭 털어놓지. 이를 정포라고 해. 암컷은 이 정포를 배설강으로 가져가.

개구리와 **두꺼비**는 좀 달라. 수컷이 암컷을 꽉 붙들고는 알을 낳을 때까지 기다려. 암컷이 알을 낳으면 자신의 정자를 그 위에 뿌려. 개구리와 두꺼비의 짝짓기는 쉽지 않아. 왜냐면 사랑에 눈이 멀어 정말로 앞을 보지 못하거든. 수컷은 잡히는 건 무엇이든 암컷인 줄 알아. 그냥 물고기일 수도 있지만, 우리의 손일 수도 있지. 갑작스럽게 두꺼비가 다른 수컷 두꺼비를 잡으면, 잡힌 두꺼비는 경고의 의미로 큰 소리로 울어. 그 이유야 당연하지 뭐. 수컷들은 보통 잡힌 상대를 쉽게 놔 주지 않는데, 심지어는 짝짓기하던 암컷을 질식시키거나 익사시키기도 해.

20 자유의 춤을 추는 타조

간혹 아프리카의 아주 건조하고 뜨거운 초원에서는 짝짓기 계절 동안 특별한 춤을 추는 **타조**를 볼 수 있어. 인상적이기보다는 엄청 웃긴 춤이야.

이 춤은 암컷을 사이에 두고 수컷들이 싸울 때 시작돼. 가끔은 날갯짓으로 상대를 죽이기도 해. 결국 1마리의 수컷이 약 7마리 암컷 타조를 차지하지.

수컷 타조는 자신의 짝짓기 영역 내에 있는 모든 암컷을 추적해. 암컷의 주의를 끌기 위해 양 날개를 번갈아가며 열심히 흔들지. 그러고는 부리로 땅을 쪼아 꼭 모래 위에 둥지를 만드는 것 같은 모양을 내. 암컷 타조는 그 관심에 기뻐하며 자신을 유혹하는 수컷 타조의 주변을 돌아. 수컷은 목을 꺾어 활 모양으로 만들어 암컷이 멈출 때까지 쳐다봐.

다른 새들과 달리 수컷 타조는 성기가 있어. 약 20센티미터쯤 되는데, 암컷의 수정을 돕지.

여러 암컷 가운데 대장 암컷만이 알을 낳을 둥지를 지어. 다른 암컷들은 그 둥지에 자신의 알을 낳아. 간혹 한 둥지에 60개의 알이 모일 때도 있어. 이 알들은 하나가 1.3킬로그램 정도야. 수컷과 대장 암컷만이 알을 부화시키는데, 다른 암컷들은 자신들이 낳은 알이 무엇인지 기억해.

암컷 타조는 낮에 둥지를 지키고 수컷은 밤에 둥지를 지켜. 거기에는 이유가 있어. 암컷의 갈색 깃털은 모래 위에서 눈에 잘 띄지 않거든. 그리고 검은색과 흰색이 섞인 수컷의 깃털은 밤에는 거의 보이지 않아.

약 45일이 지나면 알들이 부화해. 평균적인 닭 크기 만해. 수컷은 어린 타조들을 지키며 먹이 먹는 법을 가르쳐. 암컷은 그런 수컷을 돕지. 만약 적이 공격하면 수컷이 공격자들의 주의를 끄는 동안 암컷이 새끼들을 데리고 도망쳐. 아무리 적이라도 타조가 화나면 조심해야 할 거야. 왜 그런지는 245번 이야기를 읽으면 잘 알 수 있어.

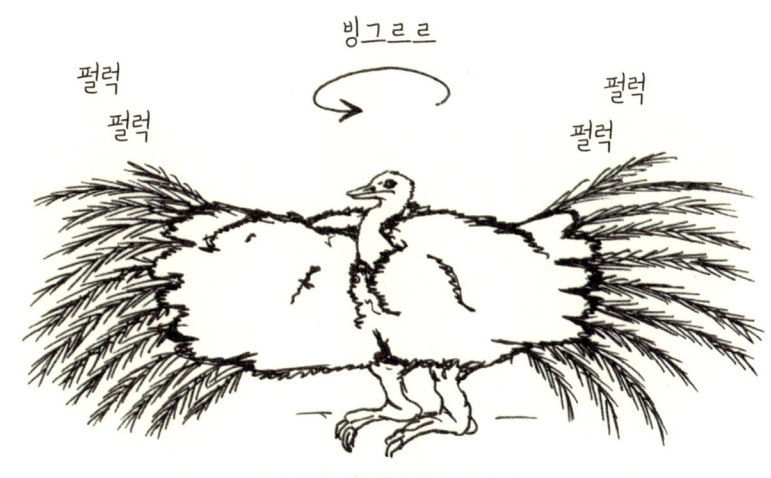

열정적으로 연기하는 수컷 타조

21 소변으로 사랑을 찾는 산미치광이

산미치광이는 고독해. 항상 혼자 살거든. 하지만 후손을 남길 짝짓기 상대를 찾을 때 빼고는 혼자 사는 게 별로 문제가 되지 않아.

암컷 산미치광이의 가임기는 1년에 단 12시간뿐이야. 임신할 수 있는 시기라는 사실을 주변의 수컷에게 알리기 위해 소변 냄새와 비슷한 사향을 분비해. 향기를 맡은 수컷들은 서로 싸우다가 최후의 승자만이 구애할 수 있어. 수컷 산미치광이의 구애 방법은 소변을 보는 거야. 암컷은 그 소변 웅덩이의 냄새를 맡고 짝짓기 여부를 결정해.

물론 짝짓기는 엄청 조심스럽지. 수컷이 암컷의 등에 자라난 3만 개의 긴 가시에 성기를 찔리면 안 되니까.

산미치광이

22 갑오징어의 수중 댄스 쇼

갑오징어는 한국의 서해와 남해에서 많이 잡혀. 짧은 다리 8개와 긴 다리 2개를 사용해 사냥감을 잡아. 맛있는 게나 새우를 보면 일단 긴 다리가 튀어나와. 빨판으로 사냥감을 붙잡고 입으로 가져와서는 날카로운 이빨로 조각조각 잘라 내지. 2개의 긴 촉수는 짧은 다리 안에 숨어 있어. 갑오징어의 내부에는 뼈가 있어. 해변에서 간혹 보이는 흰색의 타원형 껍질이 바로 갑오징어의 뼈야.

봄이 되면 갑오징어는 자신이 태어난 곳으로 돌아가 헤엄을 치며 짝짓기를 해. 암컷들이 짝짓기 하기에 좋은 위치를 찾는 동안 수컷들은 라이벌을 물리치기 위해 싸워. 결국 싸움에서 승리한 수컷이 암컷과 서로 눈이 맞으면 그때부터 수컷은 구애를 위한 댄스 쇼를 시작해. 수컷의 등에 여러 가지 무늬가 나타나며 끊임없이 색깔이 변하지. 암컷은 그 모습에 감동하고 결국은 한 쌍의 갑오징어가 서로 부드럽게 포옹하고 함께 춤을 춰.

갑오징어의 수중 댄스 쇼

이때 수컷의 4번째 다리가 오른쪽에서 튀어나와. 빨판이 적고, 특이한 무늬가 있는 다리지. 그게 바로 수컷의 생식기야. 수컷은 생식기를 사용해 짝짓기할 뿐만 아니라 다른 수컷들에게 흔들어 보이며 접근하지 못하게 막고, 암컷에게는 자신의 사랑을 표현해.

갑오징어 암컷은 해초, 배에서 내려진 닻의 사슬, 아니면 다른 돌출부에 알을 200~300개 낳아. 한 달 후, 새끼 오징어가 부화하지만 안타깝게도 엄마 갑오징어는 이미 피로로 죽어서 그 모습을 보지 못해.

23 춤 겨루기로 암컷을 차지하는 북살모사

북살모사는 나뭇잎 사이에 숨어서 조용히 살아가. 유일하게 사람들에게 모습을 드러낼 때는 일광욕하거나 춤을 출 때야. 아주 특이한 춤이지.

북살모사는 약 3개월 동안 겨울잠을 자. 날씨가 추워지면 다들 한자리에 모여서 최대한 따뜻한 환경을 만들지. 핀란드에서는 북살모사 800마리가 모인 겨울잠 터가 발견된 적이 있어.

수컷은 2월과 3월에 겨울잠에서 깨어나. 그리고 배를 채우기 전에 짝짓기할 암컷이 깨어나기를 기다려. 그리고 두 수컷이 만나 살모사 춤을 추며 누가 암컷과 짝짓기할지 결정해. 일단 꼿꼿이 서서 서로의 몸을 타고 올라가다가 서로 더 높이 올라가려고 밀어붙이고, 상대방을 밑으로 꾹 누르지. 더 높이 올라간 수컷이 승리해.

암컷은 임신하면 배 속에 알을 품어. 그 안이 가장 따뜻하기 때문이야. 그 때문에 더이상 먹이를 먹을 수 없어. 임신한 북살모사는 2~3개월 동안이나 굶어도 살 수 있으니 다행이야.

춤을 추자!!

북살모사 춤

24 수컷 거미의 위험한 사랑

- 수컷 거미는 성기가 없어. 따라서 암컷 거미와 짝짓기하려면 여러 가지 속임수를 써야 해. 짝짓기 시기가 오면, 특별한 '정자망'을 만들어. 거미줄을 만들고 줄 틈에 배를 문질러 정자를 묻혀. 그리고 정자망을 발에 감아 각수(더듬이다리)에 저장해서 교미 상대인 암컷의 생식기로 가져가.

- 각수는 거미의 종에 따라 그 크기와 모양이 전부 달라. 그래서 다른 종과는 짝짓기하지 않아.

- 더 복잡한 방식으로 교미하는 거미도 있어. 수컷 거미가 교미를 끝낸 뒤, 암컷의 생식기에다 끈적이는 물질을 뿌려. 이 물질이 굳으면 딱딱해져서, 암컷이 더이상 다른 수컷과 교미할 수 없어. 그렇게 해서 수컷 거미는 태어나는 새끼들이 자기 자손이라고 확신할 수 있지.

- 수컷 거미는 암컷과 교미한 뒤 바로 잡아먹힐 가능성이 높아. 그래서 수컷 **제왕깡충거미**는 짝짓기하기 위해 암컷에게 선물을 갖다 바치지. 바로 거미줄에 싸인 먹이야. **유럽정원거미** 수컷은 자신이 교미하는 도중에 죽을 운명이란 걸 알고 있어. 암컷은 교미를 할 때 독니로 수컷을 물지. 교미를 완벽하게 마무리하기 위한 작업이라고 볼 수 있어. 교미 직전 수컷이 암컷의 다리를 거미줄로 감싸서 공격할 수 없게 만드는 거미도 있어. **타란튤라**와 **갈거미** 수컷은 앞다리로 암컷의 독니를 꼭 붙잡아서 짝짓기가 끝나기 전에는 공격하지 못하게 막아.

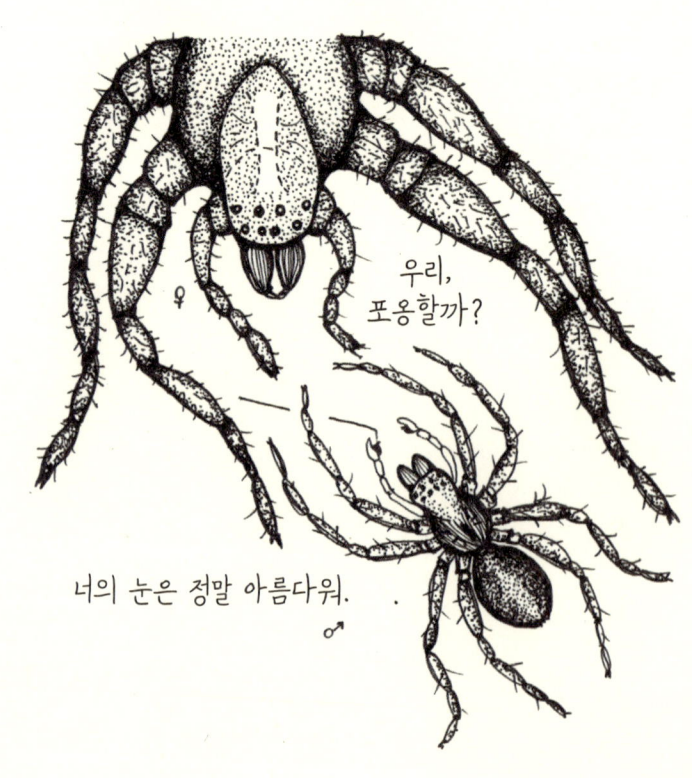

우리, 포옹할까?

너의 눈은 정말 아름다워.

로맨틱한 두건물범

25 빨간 풍선으로 사랑을 고백하는 두건물범

- **두건물범**은 물범의 한 종류야. 회색 털가죽에 검은 반점이 박혀 있어. 이마와 코 위에는 두건처럼 보이는 주머니가 달려 있지. 한쪽 콧구멍을 막고 바람을 불어 넣으면 주머니가 부풀어 올라서 빨간 풍선처럼 보여.

- 두건물범은 7월에 짝짓기를 시작해. 코에 달린 빨간 풍선으로 암컷을 유혹하지. 바람이 잔뜩 들어간 주머니를 앞뒤로 흔들며 찰싹찰싹 소리를 내. 이 방법으로 짝짓기 경쟁자를 쫓을 수도 있어.

- 두건물범은 천적이 거의 없지만 사냥꾼을 조심해야 해. 어린 두건물범의 푸른 털가죽이 모피코트를 좋아하는 사람들에게 인기가 많거든. 두건물범 사냥이 금지됐지만 아직도 많은 개체가 사냥으로 죽고 있어. 아, 그리고 북극곰이나 그린란드상어가 좋아하는 간식이 두건물범이니까 이 둘도 피해야 해.

26 동물의 동성애

사람은 남자가 남자를 사랑할 수 있어. 여자도 여자를 사랑할 수 있고. 동물들은 어떨까?

동물의 세계에도 동성애가 존재해. 1,500종 이상의 동물이 동성과 짝짓기해. 연구자들은 밝혀지지 않은 많은 동물들도 동성애가 가능할 거라 믿고 있어. 양, 사자, 원숭이, 기린, 돌고래, 범고래, 문어, 그리고 많은 곤충에게서 동성애를 관찰할 수 있었어.

예를 들어 어떤 **목도리도요** 수컷들은 암컷 같은 겉모습과 행동을 보여. 그리고 이들은 항상 수컷과 교미해.

일본의 **마카크원숭이**의 경우, 암컷끼리 교미할 때가 있어. 짝짓기 기간이 되면, 수컷 마카크원숭이는 수컷뿐 아니라 암컷과도 경쟁해야 해.

결국, 많은 동물들이 '양성애' 성향을 보여. 이성 및 동성과 교미를 한다는 뜻이야.

동물에게 동성애가 나타나는 이유는 무엇일까?

- 간단히 설명해 줄게. 과일파리의 경우, 수컷 과일파리는 태어난 뒤 첫 30분 동안 눈에 보이는 모든 과일파리와 성별에 상관없이 교미를 해. 암컷 과일파리를 만나는 순간, 더 열심히 교미하지. 과일파리의 '동성애'란 가능한 한 빠른 수정을 보장하는 도구일 거야.

뽀뽀 쪽

- 알바트로스의 경우, 혼자 새끼를 키울 수 없기에 동성과 관계를 맺어. 예를 들어 수컷이 죽고 나면, 알바트로스 암컷들끼리 만나 새끼를 키워. 평생을 함께 살지만, 교미는 다른 수컷과 해.

- 연구에 따르면 원숭이는 그저 좋아서 동성과 교미를 해. 교미를 통해 서로 친밀해질 수 있거든. 돌고래도 비슷한 이유로 동성과 교미해.

쇼타임!

멋지게 차려입은 수컷 목도리도요

암컷 포사의 관심을 끌기 위한 수컷의 전투

27 수컷이 싸우는 동안 나무 위에서 기다리는 암컷 포사

마다가스카르 사람들에 따르면, **포사**가 밤에 몰래 집 안으로 침입해서 한번 핥으면 그 사람은 몸이 마비가 돼서 절대 잠에서 깨어나지 못한다고 해. 포사가 요람에 있는 아이들을 훔쳐 간다는 이야기도 있지.

물론 사실이 아니야. 포사는 사람을 피해 다녀. 포사는 마다가스카르섬에서 가장 무서운 포식자이자 먹이 사슬의 맨 꼭대기에 위치해. 자연에는 천적이 없다는 뜻이야. 물론 포사를 싫어하는 인간이 천적이기는 해. 포사는 키 90센티미터에 무게는 12킬로그램이야. 집고양이보다 훨씬 커!

포사의 짝짓기는 9~10월에 이루어져. 암컷은 나무 꼭대기에 조용히 앉아 있지. 그러면 수많은 수컷들이 나무 아래 모여 큰 소리로 울며 암컷의 관심을 끌어. 그리고 결투를 시작하지. 암컷은 나무 위에서 여러 수컷과 교미해. 한 번에 2시간 30분 정도가 걸려. 충분히 교미하면, 다른 암컷이 나무 위로 올라가 교미를 기다려.

3개월 후, 새끼가 1~6마리 태어나면 포사는 지하 굴이나 빈 나무 둥치에 숨어. 포사 새끼는 100그램밖에 나가지 않아. 이빨도 없고 눈도 보이지 않지. 생후 2주가 되면 눈을 뜨고, 12주부터는 단단한 먹이를 먹을 수 있어. 4개월 반이 되면 동굴을 떠나. 그 이후에도 생존하려면 최대 6개월 동안은 엄마의 보호를 받아야 해.

28 매우 조심스럽게 교미하는 산미치광이

산미치광이의 몸에는 최대 3만 개의 가시가 있어. 보통은 가시가 누워 있는데, 꼭 얼룩덜룩한 마못처럼 생겼어. 화가 나거나 위협을 당하면 온몸의 가시가 곤두서서 덩치가 2배나 커 보여. 산미치광이는 등을 부르르 떨고 다리를 땅에 굴러 큰 소리를 내서 적을 놀라게 해. 그래도 적이 꿈쩍하지 않으면 측면 또는 등을 보이며 달려들어 가시로 적을 찔러. 적의 피부에 박힌 가시는 작은 미늘 때문에 뽑아내기가 힘들어. 독은 없지만, 가시에서 배출되는 여러 가지 물질에 박테리아가 가득해. 결과적으로 가시 공격을 받으면 상처에 염증이 생겨 죽을 수도 있어. 산미치광이가 가시를 쏠 수 있다는 말도 있는데 그건 사실과 달라.

적을 물리치는 데 쓸모 있는 가시가 교미에는 오히려 방해가 되지. 그래서 암컷은 가시를 쭉 눕히고 꼬리를 최대한 높이 들어. 그러면 수컷이 다치지 않고 교미할 수 있지.

약 2개월 후 새끼가 태어나. 새끼 산미치광이의 가시는 매우 부드러워서 태어날 때도 엄마를 다치게 하지 않아. 생후 10일째에는 가시가 단단해져서 그때부터는 밖으로 데리고 나갈 수도 있어. 산미치광이 무리는 함께 새끼를 키우고는 해.

뾰족뾰족

동물왕국의 온라인 데이트

29 온라인 데이트를 하는 콘도르

생각만 해도 재미있지 않아? 컴퓨터 앞에 앉아 사랑을 찾는 **콘도르**라니 말이야. 물론 현실에서는 동물원에 사는 콘도르만 온라인으로 짝을 만나.

동물원의 콘도르 사육사들은 온라인 번식 프로그램을 이용해 콘도르의 짝을 맺어 주고는 해. 이때 커다란 족보를 사용하지. 건강한 새끼 콘도르를 낳으려면 서로 촌수가 멀수록 좋아.

물론 온라인에서 조건이 잘 맞는다 해도, 실제로 두 새가 사랑에 빠지는 건 아니야. 콘도르 스스로 짝짓기 상대를 정하거든. 그렇기 때문에 5마리를 한 장소에 놓고 그저 기다리기만 해. 운이 좋으면, 2마리의 콘도르가 마주 보고 고개를 까딱거리며 인사할 거야. 그러고는 함께 더 많은 시간을 보내. 일단 둘의 마음이 통하면 상대방을 보았을 때 깃털을 눕히고는 해. 그리고 정말 운이 좋다면, 짝짓기 춤을 추기 시작하지. 이렇게 준비 작업이 길지만 실제 교미는 채 몇 초가 되지 않아. 두 새가 서로의 생식기를 맞대면 그걸로 끝이야. 그리고 알을 낳아 함께 기르지.

콘도르는 날카로운 부리 때문에 무서워 보이지만 실제로는 멸종 위기에 처했어. 동물원에서 온라인 번식 프로그램을 사용하는 것도 사실 콘도르를 번식시켜 야생으로 내보내기 위해서야.

30 파란 신발을 신은 푸른발얼가니새

엘비스 프레슬리가 부른 노래 〈블루 스웨이드 슈즈〉를 알고 있니? 자기의 파란 신발을 신지 말라고 하는 그 노래 말이야. 이건 **푸른발얼가니새**를 보고 만든 노래인 게 분명해. 이 새들의 발은 예쁜 파란색이야. 수컷 푸른발얼가니새는 암컷을 유혹하기 위해 춤을 춰. 수컷은 날개를 펄럭이며 부리를 공중으로 내밀고 암컷이 자신의 발을 볼 수 있게 다리를 최대한 들어 올려. 암컷들은 수컷의 다리가 파라면 파랄수록 좋아하지. 푸른 발은 건강과 힘을 상징하거든.

암컷은 수컷이 앉자마자 수컷의 행동을 마치 거울을 보듯 정확하게 따라해. 이 새들은 짝짓기하고 둥지를 짓고 나서도 함께 춤을 추고는 해. 심지어 짝이 있는데도 다른 새와 춤을 춰. 암컷은 남편이 사냥을 나간 사이 부끄러워하지도 않고 이웃을 유혹한다니까.

푸른발얼가니새는 낚시를 매우 잘해. 날치를 얼마나 잘 잡는지 몰라. 이 새들은 15미터 높이에서도 바닷속의 물고기를 볼 수 있어. 그러고는 멋지게 다이빙하다가 물에 닿기 직전에 날개를 접지.

푸른발얼가니새는 갈라파고스 제도에 살아. 이곳에는 푸른발얼가니새의 천적이 없지. 그래서 푸른발얼가니새는 경계심이 거의 없어. 우리와 금방 친해질 수 있지. 이 새를 만날 때는 푸른색 신발을 신도록 해. 그래야 함께 춤을 출 수 있을 테니 말이야.

탱고 한번 출까?

같이 춤춰도 될까?

푸른발얼가니새

← 매력적인 파란 발

31 암컷을 유혹하는 수컷 공작새

150개가 넘는 긴 깃털이 달린 **공작새** 꼬리는 아름답기도 하지. 오직 수컷 공작새만이 이렇게 아름다운 깃털을 지녔어. 암컷 공작새들은 지루한 갈색 깃털만 있지. 수컷들은 암컷을 찾아다닐 때 꼬리를 활짝 펼치고는 이리저리 돌아다녀. 동시에 날개로 특별한 소리를 내. 깃털이 부드럽게 움직이며 나는 소리인데, 인간의 귀에는 들리지 않아. 깃털의 흔들리는 부위에 따라 멀거나 가까운 곳에 있는 상대를 유혹할 수 있어. 동시에 큰 소리로 울기도 해.

수컷 공작새들은 웃기게도 짝짓기 준비 기간 뿐만 아니라, 언제든 이렇게 행동하고는 해. 그 때문에 암컷들은 수컷이 항상 짝짓기할 준비가 돼 있는 줄 알아. 수컷이 아기 공작새를 만들 준비가 돼 있다고 생각해서 암컷은 준비가 되자마자 재빨리 수컷에게 다가가는 거야. 그러면 수컷들은 크게 웃어. 암컷을 완벽하게 속였으니 말이야.

금방 알에서 깨어난 아기 공작새는 모두 암컷처럼 보여. 색깔로 성별을 확인하기가 어려워. 태어난 지 6개월이 지나야만 수컷 공작새들은 아름다운 색깔을 지니게 돼. 그리고 만 3년 정도가 지나야 아름답고 긴 꼬리가 생기지.

짝짓기 시기가 지나면 수컷들은 털갈이를 해. 그러니까 수컷의 아름다운 깃털을 갖고 싶다고 사냥하거나 죽이지 않아도 돼. 그저 기다리기만 하면 되니까. 공작새의 깃털이 행운을 가져다준다는 이야기도 있지.

바우어새의 아름다운 건축물

32 집 자랑 좀 하자면 말이야…

둥지를 지어 우쭐거리는 새들을 소개할게.

- **바우어새**를 봐. 수컷 바우어새는 둥지 짓기 대회가 있다면 1등을 차지할 거야. 여기서 말하는 둥지는, 작은 새 둥지가 아니라 커다란 별장 같아. 둥지의 높이는 1미터이고 폭은 1.5미터나 돼. 둥지의 정면에는 화려한 꽃, 신선한 과일과 버섯을 놓고 거기에 잔뜩 장식을 해서 정원을 꾸며 놓지. 이 모든 것들은 암컷들을 유혹하기 위해서야. 왜냐면 암컷 바우어새는 수컷의 외모가 아니라, 건축 실력을 보고 배우자를 선택하거든. 그러니 수컷이 짓는 둥지가 아름다울수록, 암컷을 유혹하는 데 성공할 가능성이 큰 거지. 암컷들은 건강하고 부지런한 수컷이 아름다운 둥지를 지을 수 있고, 그런 수컷과 짝짓기해야 역시 건강하고 부지런한 새끼를 낳을 수 있다는 걸 알거든.

- **코뿔새**는 아름다운 부리를 지닌 열대 조류야. 코뿔새의 부리는 특이한 모양이고 대개 밝은 색을 띠지. 그 부리 위에는 뿔이 나 있어. 코뿔새는 둥지를 짓기 위해 속이 비어 있는 나무를 찾아. 암컷은 나무의 구멍 안에 들어앉아 둥지를 지어. 간혹 수컷이 도와주고는 해. 둥지를 다 짓고 나면 수컷이 암컷에게 먹이를 넣어 줄 수 있는 작은 구멍만 남아. 암컷이 도망갈까 봐 이런 모양으로 둥지를 짓는 건 아니야. 암컷과 알을 적으로부터 보호하기 위해서지. 수컷은 맛있는 먹이를 계속해서 가져다주고, 암컷은 알을 품어서 부화시켜. 또 암컷은 둥지의 작은 구멍을 통해 배설물을 밖으로 내보내. 부화가 시작되면 암컷은 부리로 쪼아 구멍을 크게 만든 다음 먹이를 구하러 둥지를 떠나. 돌아와서는 수컷의 도움을 받아 다시 구멍을 막지. 그렇게 새끼들이 스스로 날 수 있을 때까지 둥지를 유지해.

33 가장 높이 통통 튀는 새

아프리카에서 휴가를 즐기는 중이라고 가정해 보자. 풀이 높게 자란 초원에 배를 깔고 누워 책을 읽는데 갑자기 무언가가 꿈틀거려. 꼬리가 긴 검은 새가 껑충 뛰네? 잠깐 일어나 앉아서 자세히 보자. 또 한 마리가 뛰네? 무슨 일이 일어나는지 알기도 전에 이미 초원은 수십 마리의 새가 뛰고 있는 트램펄린이 됐어.

이 새는 아마 **긴꼬리천인조**일 거야. 이 새의 수컷들은 펄쩍 뛰는 모습을 보여 주며 암컷을 유혹해. 가장 높이 뛰는 것만큼 얼마나 오래 뛸 수 있느냐도 중요해.

암컷들은 나무 위에 앉아 이 모든 것을 조용히 바라봐. 가장 높으면서 오랫동안 점프할 수 있는 수컷이 암컷과 짝짓기할 수 있어.

수컷 긴꼬리천인조는 수풀 사이에 둥지를 지어. 초원의 키 큰 갈대에 가려 밖에서는 보이지 않게 만들지. 암컷은 보통 알을 2~4개씩 낳아. 암컷이 알을 부화시키고 새끼들을 돌보는 동안, 수컷은 집 주변을 적으로부터 방어해. 새끼 수컷들이 자라서 아름다운 깃털을 드리우고 암컷을 감동시키기 위해 신나게 점프할 수 있기까지는 약 2년이 걸려.

높이뛰기 대회. 가장 높이, 그리고 오래 뛴 수컷이 승자야.

34 산토끼의 격투

포유류 가운데 **산토끼**는 덩치와 체중에 비해서 매우 격렬하게 싸우는 동물이야. 주로 짝짓기 계절에 이런 행동을 해. 산토끼들은 똑바로 서서 앞다리로 상대를 강하게 쳐.

이런 모습을 본 과학자들은 오랫동안 수컷들이 암컷을 걸고 싸우는 거라 생각했어. 하지만 세월이 지나 진실을 알게 됐지. 사실은 암컷들도 짝짓기할 준비가 돼 있지 않을 때, 수컷만큼이나 열심히 싸워. 잘 조준한 어퍼컷으로 짜증나는 수컷을 쫓아내기 위해서야.

따라서 짝짓기하는 시간을 '격투 시간'이라고 부르는 것도 지나친 말이 아니야. 싸움에서 승리한 산토끼가 부상을 입은 채 돌아오는 일도 흔하지.

종종 격투를 하는 토끼들

3

특별한 동물, 평범한 동물

35 동물은 감정을 읽을 수 있어

혹시 **개**를 키우니? 개는 보통 너와 놀고 싶어 할 거야. 네가 슬퍼한다면 너를 위로하려고 하겠지. 자연스러운 현상이야.

핀란드의 과학자들은 개를 대상으로 많은 실험을 했어. 그중 하나는 각기 다른 얼굴 표정을 한 사람들의 사진을 보여 주는 실험이었어. 분노, 슬픔, 행복의 감정을 담은 표정들이었지. 사진 속 감정에 따라 개들은 표정이 드러난 얼굴의 다양한 부위에 시선을 집중했어. 그리고 다른 개의 사진을 볼 때와는 다르게 반응했지.

개들은 못된 개의 사진을 보여 줬을 때 주로 입을 쳐다보았어. 그리고 오랫동안 바라보았지. 화난 인간의 얼굴을 보여 줬을 때는 사람의 눈에 집중했지만 최대한 피하는 모습을 보였어. 개들은 화내는 사람의 얼굴을 정말 좋아하지 않아.

개들이 화난 사람은 보지 않지만 화난 개의 사진은 계속 바라본 이유는 무엇일까? 아마 사람에게 길들여졌기 때문일 거야. 인간들이 야생 개와 살기 시작한 건 건 아주 오래전이야. 그리고 야생 개들 중에서도 착하고 순종적인 것들만 골라 번식시켰지. 이 개들은 조용해야 할 때를 알았어. 그리고 인간의 얼굴에 나타난 감정을 읽는 법을 엄청나게 긴 시간 동안 배워 왔지.

개가 사진 안에 있는 익숙한 사람들의 얼굴을 알아본다는 걸 알아? 개들은 아는 사람의 사진을 보면 더 오래 들여다볼 거야. 반면에 자신이 모르는 사람들에 대한 관심은 적어. 네 개에게 한번 시도해 봐!

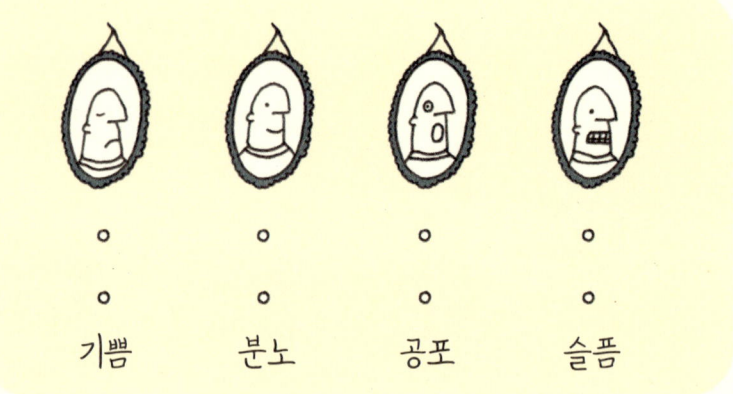

사진 속 얼굴과 얼굴이 표현하는 감정을 선으로 연결하시오.

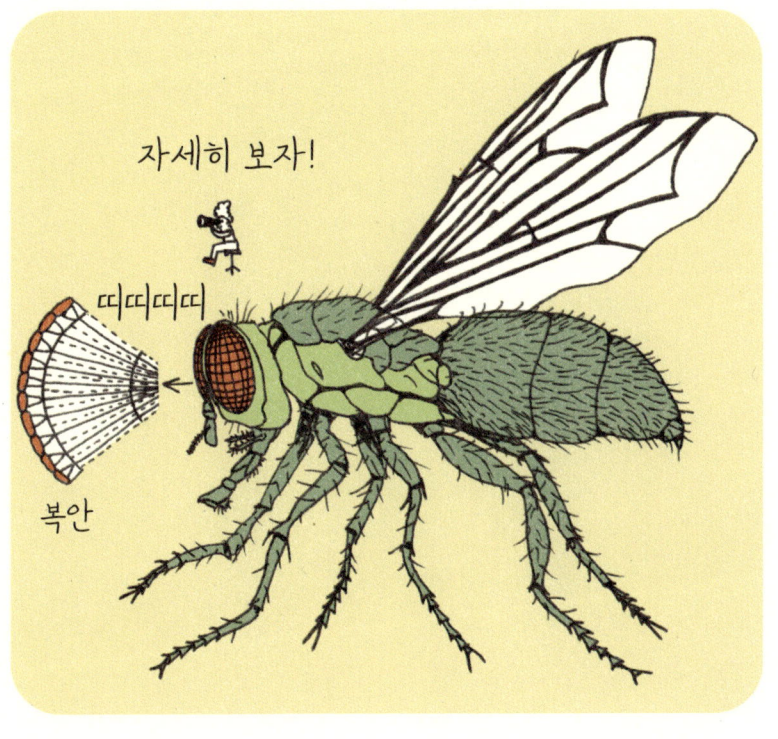

36 파리의 눈을 통해 보는 세상

파리의 눈은 인간의 눈과는 완전히 다르게 생겼어. '복안'이라고 불리지. 양쪽 눈알이 하나씩인 인간과 달리 파리는 수천 개의 작은 눈들이 모여 있어. 이 작은 눈들을 낱눈이라고 하는데, 이 낱눈들은 그 자체가 눈이고 보이는 모든 정보를 파리의 뇌로 보내.

파리의 눈에는 세상이 어떻게 보일까? 모자이크와 비교할 수 있어. 수천 조각이 모여 하나의 큰 이미지를 만들어. 신문에 실린 사진을 확대해 보면 사진을 구성하는 다양한 색깔의 점들이 보이는 것처럼 말이야. 파리의 눈에는 들어오는 빛의 양을 조절하는 동공이 없기 때문에 초점을 맞출 수 없어. 그래서 흐릿한 이미지만을 볼 수 있지. 파리는 근시이기도 해. 그래서 형태나 움직임에만 집중해. 파리는 빨간색을 보지 못하고, 노란색과 흰색을 구분하지 못해. 그렇지만 우리 인간이 못 보는 선형 편광을 볼 수 있어.

파리는 모든 것을 볼 수는 없지만 모든 움직임에 반응해. 자기 주위에서 무언가가 지나가면, 파리가 바로 날아가는 게 바로 그 이유야. 파리를 잡는 건 보통 일이 아니야!

*나는 노래를 부르고 싶어

37 아침 일찍부터 노래하는 새라니!

늦잠을 자고 싶을 때가 있지. 해가 일찍 뜨는 여름이라도 말이야. 하지만 네 방 창문 밖 나무에 사는 지빠귀가 아침을 화려하게 밝혀 줄 거야. 해가 뜨기도 전부터 지빠귀들은 노래를 부르기 시작해. 그리고 넌 잠이 깨겠지.

참새목에 속하는 많은 새들은 해가 뜨자마자 지저귀기 시작해. 울새, 박새, 바위종다리, 지빠귀 같은 새들 말이야. 수컷들은 최선을 다해 노래를 불러. 자기 영역을 지키려는 것이지만 암컷들을 유혹하기 위해서이기도 해. 암컷들은 아침 일찍 일어나 알을 낳아. 그러고서 짝짓기할 준비를 하지. 그런 이유로 수컷들은 해뜨기 30분 전부터 노래를 부르고는 해. 자신들이 가장 건강한 배우자라는 걸 증명하기 위해서야. 짝짓기하고 나면 노래를 멈추고 쉬어.

몇몇 과학자들은 수컷이 그렇게 하루를 일찍 시작하는 데에는 다른 이유가 있다고 주장하기도 해. 아침에는 소리가 멀리 전달되기 때문에 노래를 한다는 거야. 그리고 아직 날이 밝지 않았을 때 노래를 불러야 포식자들의 눈에 띠지 않기 때문일 수도 있어.

다음번에 지빠귀가 노래를 불러 아침의 단잠을 깨운다면, 연인을 찾는 걸로 알고 좀 봐주도록 해. 사랑보다 아름다운 건 없잖아?

38 대체 꼬리가 얼마나 크면 그 그림자에 숨지?

- 순식간에 나무를 타고 올라가는 작고 갈색 털을 가진 아름다운 동물, 바로 **다람쥐**와 **청설모**야. 솔방울, 너도밤나무 열매, 밤 그리고 개암을 좋아하지. 봄에는 나무의 새순과 꽃 그리고 모든 종류의 버섯을 좋아해. 때로는 곤충, 애벌레 또는 새알을 식사 메뉴에 올리기도 하지. 가끔, 아주 가끔은 둥지의 어린 새를 훔쳐 먹을 때도 있어.

- 다들 다람쥐가 도토리만 좋아한다고 생각하지만 그건 사실과 달라. 정상적인 다람쥐는 사실 견과류를 좋아하지 않아. 도토리에는 탄닌이 너무 많이 함유돼 있어서 소화하기가 어렵거든.

- 다람쥐의 라틴어 이름 'Sciurus'야말로 다람쥐를 잘 표현하는 말이야. 그림자라는 뜻의 'Skia'와 꼬리를 뜻하는 'oura'를 합친 이름인데, 바로 자신의 꼬리 그림자에 앉을 수 있는 동물이라는 뜻이지. 그만큼 다람쥐의 꼬리털은 풍성해.

청설모

다람쥐의 둥지는 나뭇가지로 만들어져 있고, 지름이 약 30센티미터인 동그란 모양이야. 둥지의 내부에는 나무껍질, 이끼 및 잔디 조각이 깔려 있어. 겨울에는 바깥보다 15~20도 정도 더 따뜻해. 당연히 벼룩 같은 곤충도 이 따뜻한 둥지를 좋아해 자리를 잡겠지. 성가신 벼룩이 너무 많아지면 다람쥐는 둥지를 버리고 새로운 곳을 찾아.

- 하늘을 나는 다람쥐가 있다는 것을 알고 있니? 실제로 날지는 않지만 공중에서 미끄러지듯 떠다니기는 해. **날다람쥐**의 앞다리와 뒷다리 사이에는 특별한 막이 있어. 한 나무에서 다른 나무로 뛸 때 다리를 쫙 뻗으면 마치 행글라이더에 매달린 것처럼 수십 미터나 활공할 수 있어. 그리고 날다람쥐는 민첩하게 나무에서 나무로 건너뛸 수 있기 때문에 땅을 밟을 이유가 거의 없어. 한번 보고 싶다면, 주변을 꼼꼼히 잘 살펴야 할 거야!

웩, 도토리 따위!

39 개들에게도 전염되는 하품

여러 사람이 모인 자리에서 하품을 한번 해 봐. 네가 알아차리기도 전에 다른 사람들도 하품을 할 테니까. 이렇게 다들 연달아 하품하니, 하품이 전염된다고 말하기까지 하지.

웃기게도 하품은 사람들끼리만 전염되는 게 아니라, **개**에게도 전염돼. 졸리 마쉐로니라는 연구자는 강아지와 눈을 마주치자마자 하품을 했어. 연속해서 여러 번 하품을 했지. 그러자 평균 1.5분 후에 개도 하품을 하기 시작했어. 여러 다른 개와 실험을 진행했는데, 결과는 매번 성공적이었어.

개가 이렇게 하품하는 이유는 뭘까? 주인에게 공감하기 때문일까? 남을 쉽게 동정하거나 공감하는 사람들에게는 그렇지 않은 사람들보다 더 빨리 하품이 전염돼. 개도 마찬가지야. 낯선 사람보다 주인의 하품이 더 빨리 전염되고 사람의 하품만 따라하지, 다른 개들의 하품을 따라하지는 않아. 개는 사람의 가장 좋은 친구야.

40 바퀴벌레는 인간을 사랑해

- **바퀴벌레**는 이 지구에서 3억 5천만 년이 넘는 세월 동안 살아남았어. 비결은 바퀴벌레가 새로운 환경에 매우 쉽게 적응했기 때문이야. 처음에는 동굴 속에 살았지만 나중에는 인간을 따라 밖으로 나가 진정한 '반려동물'이 됐어.

서로 사랑하는 사이

- 일부 바퀴벌레 종은 더이상 야생에 살지 않고, 생존을 위해 사람들에게 전적으로 의존해. 바퀴벌레는 정말 싫어하는 게 없어. 먹이를 구하지 못하면 실제로 먹을 수 없는 것을 먹기도 해. 예를 들어 주방 찬장을 먹을 수 있지. 배가 많이 고프면 자기들끼리 서로 잡아먹기도 하니, 다들 서로 조심해야 해.

- 바퀴벌레는 보통 밤에 먹이를 먹거나 짝짓기를 해. 그리고 번식 속도가 굉장히 빠르지. 그중에서도 **독일바퀴벌레**가 가장 빨라. 암컷 독일바퀴벌레는 한 번 짝짓기하면 알 30만 개를 낳을 수 있어.

- 지구에는 4천 종 이상의 바퀴벌레가 살아. 일부는 크기가 1센티미터 미만이야. 하지만 **자이언트땅굴바퀴** 같은 경우, 암컷이 10센티미터까지 자라기도 해.

어디에 알을 낳을까?

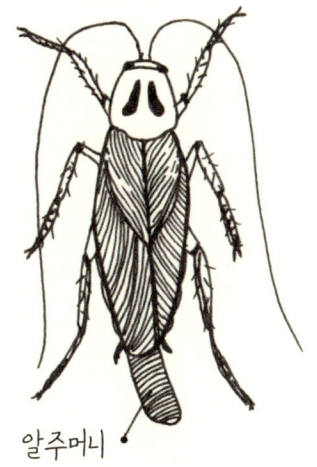

알주머니

독일바퀴벌레

41 수면성 오리? 잠수성 오리?

한적한 공원에서 오리에게 먹이를 준 경험이 있어? 자, 이제부터 다른 사람들은 모르는 특별한 정보를 줄게. 이 정보라면 다른 사람들을 감동시킬 수 있을 거야.

물에 꼬리만 내놓고 있는 오리가 보이니? 이들은 **수면성 오리**야. 머리를 물속에 넣으면, 꼬리가 물 밖으로 솟아오르지. 얕은 물속에서 먹이를 구하는 오리들이야. 이 오리들은 다이빙을 하지 않는다고 봐도 좋아. 대신 물에서 바로 날아오를 수 있어. 야생 오리, 모스코비오리, 원앙 등이 수면성 오리야.

잠수성 오리는 다른 방법으로 먹이를 구해. 물속으로 다이빙을 해 물바닥에서 헤엄치지. 그러면서 달팽이와 수생 식물을 먹어. 짧은 날개 덕분에 헤엄은 선천적으로 잘 치지만, 그 때문에 날아오를 때는 땅 위에서 도움닫기를 해야 해. 하지만 일단 날기 시작하면, 꽤 잘 날 수 있어. 댕기흰죽지, 붉은부리흰죽지, 그리고 흰죽지 등이 전형적인 잠수성 오리야.

음, 저런 품위 없는 오리를 봤나.

잠수성 오리　　수면성 오리

이걸 다 어디에 숨겨 놓을까?

시리안햄스터

42 햄스터에 관한 5가지 진실

1 **햄스터**는 씨앗뿐만 아니라 곤충도 먹는 잡식 동물이야. 앞니의 성장이 멈추지 않기 때문에, 계속해서 무언가를 씹을 수 있어.

2 햄스터는 안전하지 않다고 느낄 때, 뺨에 먹이를 가득 채워. 근처에 포식자가 있는 게 그 이유일 수도 있어. 그런 다음 안전한 굴속으로 가서 먹어.

3 명주쥐라고도 하는 시리안햄스터는 터키와 시리아에 살아. 여름에 모아 놓은 과일로 겨울을 나지. 이 과일들을 어딘가에 숨겨 놓는데, 시간이 지나면 과일이 썩거나 발효가 돼. 그때 알코올이 많이 방출되지. 명주쥐는 알코올을 소화하기 위한 큰 간을 가졌어. 다들 건배!

4 암컷 햄스터는 한 번에 새끼 24마리까지 낳을 수 있어. 그중 일부를 먹기도 해. 그렇게 해서 튼튼해진 어미가 나머지 새끼를 키울 수 있는 거야.

5 현재까지 밝혀진 24종의 햄스터 가운데 우리가 키울 수 있는 건 단 5종에 불과해.

히익

43 대체 나방파리는 어디서 튀어나오는 거야?

싱크대나 욕조 근처에서 작은 삼각형 모양의 곤충을 본 적이 있겠지. 대게 나방파리들이야.

- 작은 삼각형 모양의 나비처럼 보이는 **나방파리**는 크기가 0.5센티미터 미만인 털북숭이야. 털이 가득한 날개로는 날기가 쉽지 않아. 한 번에 1~1.5미터 정도만 날지. 그래서 잡기가 쉬워.

- 나방파리는 썩어서 고약한 냄새가 나는 축축한 음식물 쓰레기를 좋아해. 그래서 싱크대의 배수관에서 가장 쉽게 볼 수 있어. 그곳에다 알을 잔뜩 낳는데, 알에서 작고 반투명한 애벌레가 나와. 싱크대는 물론 머리카락이 많은 화장실의 배수구가 나방파리가 가장 좋아하는 장소야.

- 나방파리도 주둥이가 있지만 물지는 않아. 그들의 애벌레는 폐기물을

청소하고, 악취를 제거하고, 배수관에 가라앉은 흙을 내보내기 때문에 인간에게 쓸모가 많아.

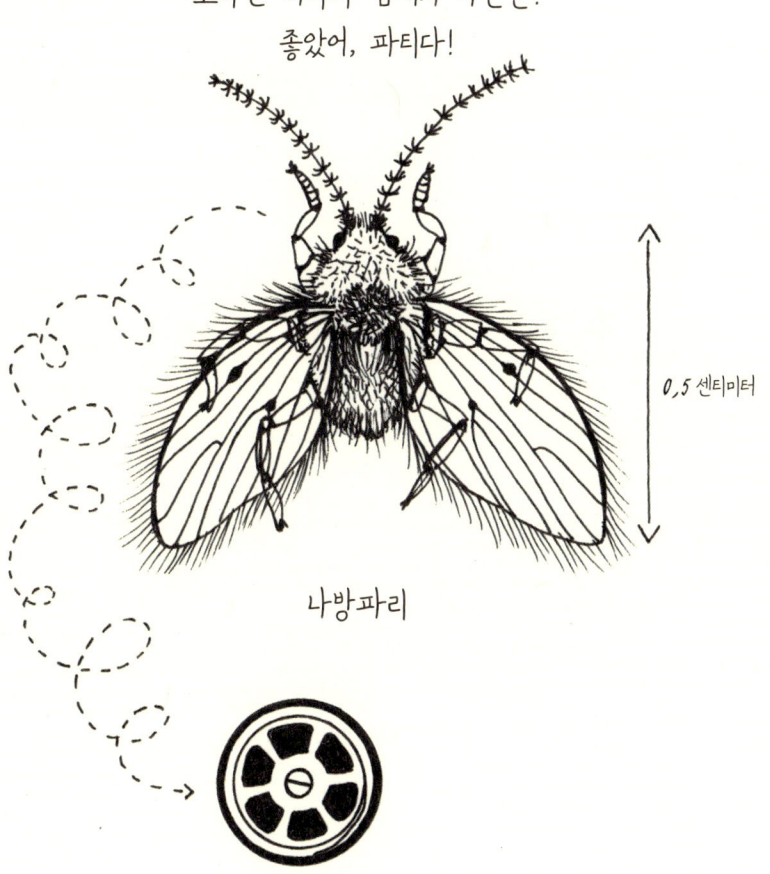

고약한 하수구 냄새가 나는군!
좋았어, 파티다!

0.5 센티미터

나방파리

야옹!*

* 전방에 쥐가 있다!

44 고양이에 관한 8가지 진실

1 **고양이**는 개와 더불어 가장 인기 있는 반려동물이야. 집고양이는 전 세계적으로 5억 마리가 있는 걸로 추정되며, 품종은 50종이 넘어.

2 과학자들은 고양이가 기원전 7000년경부터 처음 인간과 함께 생활하기 시작했다고 추정해. 농부들도 고양이를 좋아했지. 곡물 창고에 생쥐와 다른 해충이 살지 못하도록 공짜로 도와주는 친구들이니 말이야.

3 최초의 집고양이는 서남아시아에 살았어. 선원들이 키프로스와 이집트로 데려간 후, 전 세계로 퍼져나갔지. 물론 예뻐하려고 데려갔던 건 아니고, 배에 있는 생쥐를 잡기 위해서였어.

4 걸을 때 꼬리를 똑바로 세우는 건 집고양이들이야. 너를 봐서 기쁘다고 표현하는 거지. 야생 고양이는 대개 꼬리가 수평으로 뻗어 있거나 뒷다리 사이에 내려져 있어. 만약 집고양이가 꼬리를 내리고 있다면, 그건 걱정하고 있다는 뜻이야.

5 집고양이는 야생고양이보다 더 많이 울어. 사람들과 의사소통하려면 목소리를 높여야 하니까.

6 고양이는 보통 앞발에 발가락이 5개 있어. 그러나 캐나다의 도시 핼리팩스에 사는 집고양이들은 발가락이 6개야. 돌연변이가 오랫동안 후손으로 전달됐기 때문이야.

7 평균적으로 고양이는 14년 정도 살 수 있대. 지금까지 알려진 가장 나이 많은 고양이는 38살이래. 미국 텍사스에 사는 크림퍼프라는

고양이야. 1967년 8월 3일에 태어나 2005년 자신의 생일을 지내고 3일 후에 죽었어.

8 집에서 키우는 고양이가 잠이 너무 많다고? 그럴 수 있어. 고양이는 하루에 평균 14시간을 자. 그런데 네가 자는 밤에는 활발하게 움직여. 종종 집에서 1킬로미터 넘는 곳까지도 탐험한다고.

45 엄청나게 예민한 코를 가진 개

인간의 코에는 후각 수용체가 5백만 개 있어. 후각 수용체란 냄새를 감지할 수 있는 세포를 말해. **개**는 인간보다 훨씬 더 많은 후각 수용체를 갖고 있지. 작은 닥스훈트의 코에는 후각 수용체가 1억 2천 5백만 개가 있어. 비글과 셰퍼드는 2억 2천 5백만 개가 있고. 가장 많은 후각 수용체를 지닌 개는 따로 있어. 바로 3억 개를 가진 블러드하운드야.

개의 코는 인간보다 냄새를 감지하는 데 훨씬 더 적합해. 인간은 호흡과 냄새를 맡는 방식이 같은데, 개는 두 기관이 분리돼 있거든. 그리고 후각 수용체가 있는 부위의 막이 매우 얇아.

어떤 개는 귀의 도움을 받아 냄새를 더 잘 맡기도 해. 귀를 펄럭거리면 코에 냄새를 더 많이 전달할 수 있거든.

개의 코는 늘 젖어 있어. 그 또한 개들이 냄새를 더 잘 맡을 수 있게 해. 냄새를 더 잘 감지하기 위해 방출되는 특수한 성분이 담긴 습기 때문에 코가 젖어 있는 거야. 그래서 개들은 밥을 먹을 때 코를 깨끗하게 핥아.

추적 훈련을 받은 개들은 자신이 찾아야 할 냄새에 망설이지 않고 접근해. 지나가는 고양이나 다람쥐에게 주의를 빼앗기지 않지. 약물이나 시체를 감지하는 데 도움을 주기도 해.

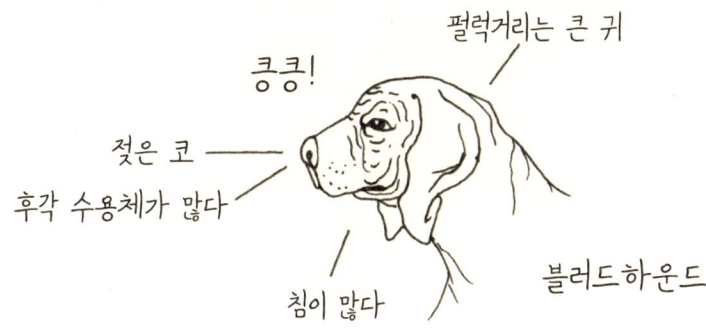

음메!

46 세상 사람들이 가장 많이 마시는 염소 우유

염소 우유를 그렇게나 많이 마신다고? 응, 정말이야. **염소**는 인간이 가장 오랫동안 키운 가축이야. 인간은 1만 년이 넘는 시간을 살며 사냥꾼이자 채집가에서 농부로 진화했어. 모든 종류의 농작물을 재배하고, 가축을 키우기 시작했지. 그중에서도 우유, 가죽 그리고 고기를 얻을 수 있는 염소를 키웠어.

오늘날 전 세계적으로 소의 우유보다 염소 우유를 마시는 사람들이 더 많아. 더 맛있고 몸에도 좋거든. 소 우유를 마시면 배탈이 나는 유당불내증을 앓는 사람들도 염소 우유는 소화할 수 있어. 뼈에 좋은 비타민과 칼슘도 많이 들어 있지.

어떤 염소 털로는 엄청 부드러운 옷감을 만들 수도 있어. 캐시미어라고 하는데 겨우내 자란 거친 털의 안쪽에서 뽑아낸 가늘고 부드러운 털로 만들어. 캐시미어 스웨터는 정말 비싸.

47 절대로 불가사리 팔을 자르지 마

잘라 봐야 또 자란단 말이야. 홍합 양식장 주인들이 홍합을 잡아먹는 **불가사리**의 팔을 잘라 버린 다음 알아낸 사실이지. 잘라도 죽지 않고 오히려 불가사리 수가 더 많아졌거든.

- 불가사리는 하나, 둘 또는 그 이상의 팔을 잃어도 죽지 않아. 심지어 잘린 곳에서 새로운 팔이 다시 자라나기도 해. 드문 경우지만 찢겨 나간 팔이 또 다른 불가사리로 자라는 경우도 있어.

- 짝짓기 철이 되면 불가사리들은 더 높은 곳으로 기어 올라가서 팔 끝으로 서 있어. 정자 또는 난자 세포는 불가사리의 생식선에서 흘러나오거든. 흘러나온 정자와 난자가 물에서 만나면 배아*가 형성되고, 불과 1년 만에 어른 불가사리로 자라.

- 팔에 줄지어 달린 빨판으로 바다 밑바닥의 흙을 살펴보거나 파헤치지. 그렇게 먹이를 구하고 영양분을 흡수해. 홍합, 물달팽이, 가재 또는 성게를 발견하면 관족으로 집어서 입으로 가져가. 불가사리의 몸은 하나의 큰 위라고 볼 수 있어. 몸으로 먹이를 감싸 안고 팔로 껍질을 열지. 그러면 몸, 그러니까 위가 껍질 안으로 들어가 그 안의 조갯살을 빼먹어.

- 바다 깊은 곳에는 크기가 1미터인 불가사리가 살아. 이들은 대개 팔이 5개인데, 팔이 50개나 달린 불가사리가 발견된 적도 있어.

*생물 발달의 첫 단계를 일컫는 말.

기니피그, 특별 상점에서 구매 가능

48 기니에서 오지 않았고 돼지도 아닌 기니피그

기니피그를 기니피그라고 부르는 이유는 뭘까? 기니피그는 '기니의 돼지'라는 뜻이야. 독일어로는 물돼지라고 불리고, 포르투갈어로는 인도돼지라고 불리기도 해. 어떤 사람들은 기니피그를 불에 구우면 돼지고기와 비슷한 냄새가 나기 때문이라고도 해.

구운 기니피그가 대체 뭐냐고? 페루, 볼리비아, 에콰도르, 콜롬비아에서는 기니피그를 구워 먹기도 해. 누가 한번 같이 먹어 볼래?

'돼지'라는 이름은 기니피그의 울음소리 때문에 붙여졌을 수도 있어. 기니피그가 새끼 돼지와 비슷한 소리를 내거든.

마지막 가정은, 아주 오랜 옛날 맨 처음 거래됐던 기니피그 한 마리 값이 돼지 가격과 비슷해서였다는 거야.

기니피그는 남미의 안데스산맥 출신이야. 3,000년 전 그곳에 살았던 사람들이 기니피그를 길들였지. 애완동물, 식량 그리고 신을 위한 제물로 사용했어. 스페인 정복자들이 16세기에 기니피그를 서양으로 데려왔고, 애완동물로 키우기 시작했어.

49 의사를 도와주는 검정파리 (비위가 약하다면 이 이야기는 읽지 마!)

검정파리가 평범한 의사의 수술대에서 의사를 돕는 건 아니지만 시체를 부검하는 법의학자에게는 큰 도움이 돼.

법의학자는 부검을 시작하기 전에 전날의 일기 예보를 확인해. 기온, 습도, 햇빛이 내리쬔 시간과 양 등의 요소는 검정파리 같은 청소부의 도착 시간을 앞당기거나 늦추거든.

금파리나 구리금파리는 한 시간도 채 되지 않아 냄새를 맡고 시체를 찾아와. 10킬로미터 떨어진 곳에 있어도 냄새를 맡을 수 있어. 그리고 시체 위에 알을 낳아. 파리의 애벌레는 죽은 동물의 살점 위에 살며 그것을 먹고 살기 때문에 자연의 청소부나 다름없지.

알은 시체의 상처를 비롯해 몸에서 열리는 부분 주위에 널려 있어. 입이나 눈에 말이야. (비위가 약하면 읽지 말라고 분명히 말했어!) 날이 따뜻하다면 하루 만에 알이 부화해. 태어난 애벌레, 즉 구더기는 다른 사냥꾼들로부터 자기를 보호하기 위해 시신을 깊게 파고들어가. 그리고 어른벌레가 되기 전까지 탈피를 3번 반복해. 21일이 지나면 검정파리가 태어나고, 탈피한 껍데기만 남아.

법의학자나 경찰은 번데기, 애벌레, 알을 실험실로 가져가 일정한 온도에서 부화시켜. 거기에서 정보를 모으면 시체의 사망 시간을 추정할 수 있지.

왱왱

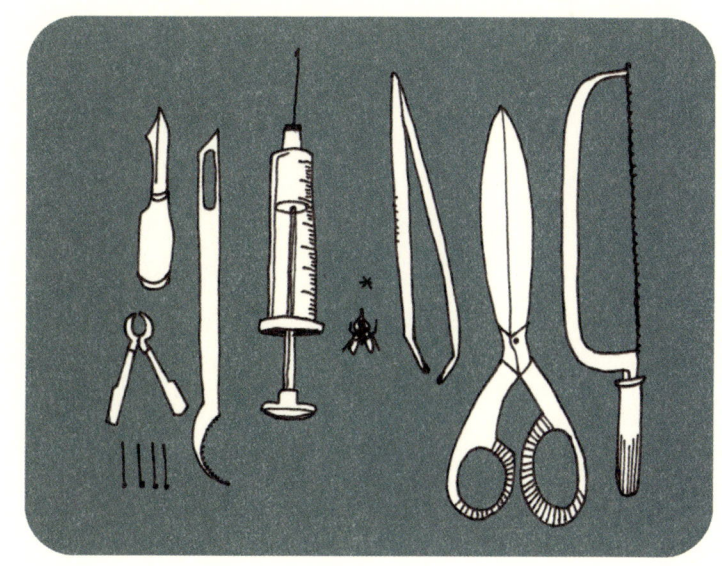

법의학자의 도구들

50 등에 집을 지고 다니는 정원달팽이

- **달팽이**는 '자웅 동체'야. 자웅 동체란 몸 안에 수컷과 암컷의 성기가 같이 있다는 뜻이야. 달팽이 두 마리가 만나 짝짓기하면 서로를 수정시킬 수 있어. 그리고 알을 낳아.

- 달팽이는 점액의 흔적으로 짝짓기 상대를 찾아. 연체동물인 달팽이는 상대를 만나면 더듬이로 서로 만지고 성기를 찾아가. 이들의 성기는 몸의 오른쪽과 머리 바로 뒤에 있어. 성기가 어디 있는지 알고 나면, 서로에게 작살 같은 것을 쏘아 사정해. 두 달팽이의 짝짓기는 몇 시간이 걸릴 수도 있어.

- **정원달팽이**는 잎이나 돌 아래에 숨어 작고 투명한 알을 낳아. 작은 아기 달팽이는 태어났을 때부터 이미 작은 집을 짓고 있어. 이걸 바로 배아집이라고 해. 달팽이가 자라면 집도 함께 커 나가지. 이를 위해 '외투막'이라는 기관이 달팽이집을 둘러싸. 그래야 집이 딱딱해지니까 말이야.

- 정원달팽이는 아주 천천히 기어다니면서 짝짓기를 하고 집 안으로 들어가서 오랫동안 잠을 자기도 해. 3년 동안이나 말이야! 하지만 극단적인 상황에서만 이렇게 오래 잠을 자지. 너무 덥거나 추울 때, 또는 먹이가 충분하지 않을 때 더 나은 시기를 꿈꾸며 잠에 빠지는 거야. 그래서 달팽이들은 전쟁통에도, 심지어는 빙하기에도 살아남을 수 있을 거야.

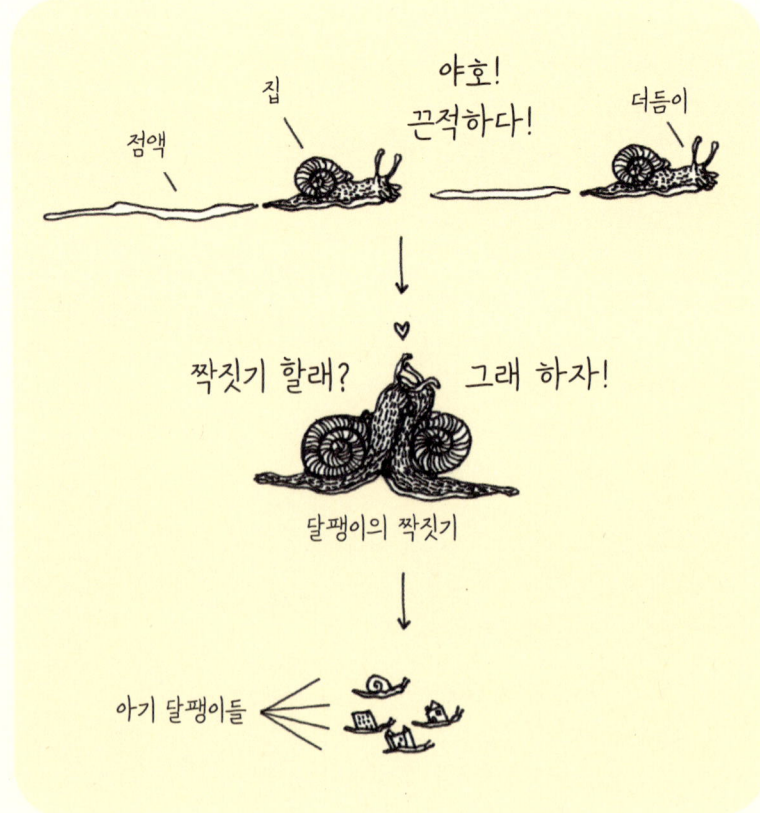

51 고양이가 골골대는 이유

질문 1: 고양이는 어떻게 골골대는 걸까?
어떤 나라에서는 고양이의 골골대는 소리가 물레로 실을 잣는 소리와 비슷하다고 생각해. 고양이는 어떻게 이런 소리를 내는 걸까? 과학자들이 그 방식을 알아내기까지 오랜 시간이 걸렸어.

고양이의 후두는 구조가 특별해. 골골대는 고양이는 이 후두를 여닫으며 긴장을 풀어. 계속해서 이걸 반복하면 짧은 마찰음이 이어지지. 우리는 그 소리를 정확히 구분할 수 없고, 대신에 '골골' 하는 소리를 반복해서 듣는 거야.

질문 2: 고양이만 골골댈까?
전혀. 하이에나, 너구리, 기니피그 모두 골골대는 소리를 내. 사자, 호랑이, 표범같이 크게 울음소리를 내는 동물들은 골골대지 않지. 이들의 후두는 유연해서 소리가 나지 않아.

질문 3: 고양이가 골골대는 이유는 무엇일까?
백만 명이 넘는 사람들이 궁금해할 질문이지만 과학자들도 그 이유를 밝혀내지 못했어.

고양이는 주인 무릎에 편히 앉아 있을 때나, 주인이 귀 뒤를 살며시 긁어 줄 때 골골거리지. 그런데 이렇게 기분이 좋을 때뿐만 아니라 상처를 입었거나, 몸이 아프거나, 무서울 때도 골골대고는 해.

새끼 고양이는 출생 직후에 엄마 젖을 먹을 때만 골골대. 그 소리 때문에 엄마 고양이의 몸에서 젖이 만들어지기도 해. 엄마의 골골대는 소리는 아직 보지도 듣지도 못하는 아기 고양이에게 자신의 위치를 알리는 방법일 수도 있어. 골골대는 소리의 진동을 아기 고양이가 느낄 수 있으니 말이야.

수컷 고양이도 골골대고는 해. 과학자들은 고양이가 골골대는 건 자신들이 위험한 생물이 아니라는 것을 알리는 방법이라고 생각해. 동료들에게서 떨어져 나와 햇빛을 받으며 낮잠을 자고 싶은 고양이들은 골골대는 소리를 내서 혹시 모를 싸움을 방지하는 거지.

다치거나 겁을 먹었을 때 스스로 안심시키는 방법일 수도 있어. 인간이 긴장했을 때 짓는 어색한 미소와 비슷한 거야.

집고양이들은 골골대며 주인과 대화할 수 있어. 귀를 긁어 주면 기분이 좋다는 걸 골골대며 확실히 표현하지. 사료 통조림을 따 줬을 때도 골골대며 좋아한다고 표현할 거야.

52 개의 조상이 늑대라는 소문

알다시피 **개**는 **늑대**의 후손이야. 둘의 외모는 비슷하지만 성격이 매우 다르지. 개는 충성스러우며 주인을 껴안고 함께 놀기를 좋아해. 함께 사는 가족을 자신의 무리로 간주하기 때문이야. 그렇기 때문에 개는 의심할 여지없이 세계에서 가장 인기 있는 반려동물이지.

늑대가 개로 어떻게 진화했는지는 분명하지 않아. 아마도 옛날에 늑대 중에서도 가장 붙임성 좋은 무리들이 사람이 남긴 음식을 먹으러 따라갔던 일이 시초가 아니었을까. 결과적으로는 사람들에게 익숙해져서 가까이 지내게 된 거야. 그 외에도 많은 일이 있었을 거야. 미국의 연구원들에 따르면, 유전적인 장애였을 수도 있다고 해. 윌리엄스 보이렌 증후군이라는 장애인데, 이 장애를 가진 사람들은 매우 사회적이고 친근하며 누군가를 두려워하지 않아. 개들은 이와 비슷한 유전자를 가진 것 같지만, 늑대들은 그렇지 않아.

53 당나귀는 고집이 세지 않아. 그저 소심할 뿐

네덜란드에는 '**당나귀**처럼 고집이 세다'라는 말이 있어. 남의 말을 듣지 않는다는 뜻이야. 하지만 실제로 당나귀들은 고집이 세지 않아. 그저 소심할 뿐이야.

당나귀는 말과 비슷해 보여도 행동은 매우 달라. 말은 깜짝 놀라면 도망치는 반면에 당나귀는 깜짝 놀라면 그 자리에 멈춰서. 당나귀가 길을 가다가 멈췄다면, 그럴 만한 이유가 있어서야. 상황이 안전하다고 확신이 들면 다시 걷기 시작할 거야. 그러니 가만히 서서 생각하는 건 당나귀의 생존법이야.

당나귀는 비탈을 굴러내리는 돌멩이, 비닐봉지, 삐걱거리는 나뭇가지 등 전혀 위험하지 않은 것을 무서워할 때가 있어. 그러니 네가 당나귀의 주인이라면 계속 길을 가도 괜찮다고 안심시켜 줘야 해. 당나귀가 우리를 신뢰한다면, 다시 움직이기 시작할 거야.

당나귀를 타고 여행을 가고 있다고 생각해 보자. 가는 도중 쉽게 건너갈 수 있는 개울을 만났어. 하지만 당나귀는 그 자리에 가만히 서 있지. 당나귀를 설득하기 위해 직접 물에 들어가서 물이 전혀 깊지 않다는 것을 보여 주면 당나귀가 물이 위험하지 않다는 것을 알고 스스로 들어갈 거야. 그리고 나면 맛있는 사과나 당근을 줘서 용기를 칭찬해 주면 돼.

당나귀는 뭐든 빨리 배우는 편이야. 금세 위험한 것과 그렇지 않은 것을 구분하지. 그러니 움직이지 않고 서 있는 일도 점차 줄어들 거야. 고집이 약해진 게 아니라, 더이상 무서워하지 않기 때문이야.

당나귀는 절대로 같은 장애물에 두 번 부딪히지 않는다고!

저게 뭐지…
일단 멈춰 볼까?

54 비둘기는 최고의 도박꾼

이 이야기를 이해하려면 먼저 '몬티 홀 문제'를 알아야 해. 몬티 홀은 미국의 1960년대 텔레비전 쇼 진행자였어. 참가자들이 문 3개 중 하나를 선택해 그 문 뒤에 있는 상품을 차지하는 게임쇼였지. 1개의 문 뒤에는 자동차가, 다른 2개의 문 뒤에는 염소가 있었어.

참가자가 1번 문을 선택했다고 가정해 보자. 진행자 몬티 홀은 남은 2번, 3번 문 가운데 어디에 염소가 있는지 알고 그 문을 열어 보였어. 그러면 이 문은 참가자의 선택에서 제외되지. 자, 이제 참가자는 남은 두 문 중 하나를 다시 선택해야 해.

최선의 전략은 참가자가 처음 선택한 문에서 다른 문으로 바꾸는 거야.

이 전략을 이해하려면 수학적 머리가 필요해. 3개의 문 가운데 하나만 선택할 수 있다면, 자동차가 아닌 염소가 있는 문을 선택할 확률은 3분의 2야.

하지만 진행자가 나머지 문 중 하나를 선택하고 나면, 3분의 2의 확률이 깨져 버려. 물론 처음 선택한 문 뒤에 차가 있을 가능성은 있지만, 수학적으로 봤을 때 내가 선택하지 않은 문 뒤에 차가 있을 확률이 훨씬 높아.

큰 숫자로 가정해 생각해 보면 이해하기 쉬워. 문 100개 가운데 하나를 선택해야 한다고 가정하자. 내가 선택하고 나면 진행자가 다른 98개의 문을 열어 본 뒤 말하지. 원한다면 남은 문으로 선택을 바꿀 수 있다고. 그러면 바꾸고 싶은 마음이 더 커질 거야.

사람들이 이 마음을 이해하기란 어렵지만, **비둘기**에게는 쉬워. 비둘기를 상대로 이와 비슷한 실험을 했을 때, 모든 비둘기가 선택을 바꾸었어. 즉 몬티 홀 문제를 해결하기에는 인간보다 비둘기가 낫다는 소리야. 물론 사람보다 비둘기가 더 똑똑하다는 말은 아니야. 비둘기는 단순하게 생각하거든. 사람들은 생각이 너무 많아서 모든 걸 어렵게 만들어.

비둘기는 아주 똑똑한 새야. 아홉까지 숫자를 세고, 이미지를 다양하게 분류하고, 인간의 단어도 인식할 수 있지. 그런데 우리가 비둘기의 말을 이해할 수 있는지는 모르겠네. 비둘기가 '구구구' 하고 말하면, 우리는 무슨 뜻인지 알아들을 수 있을까?

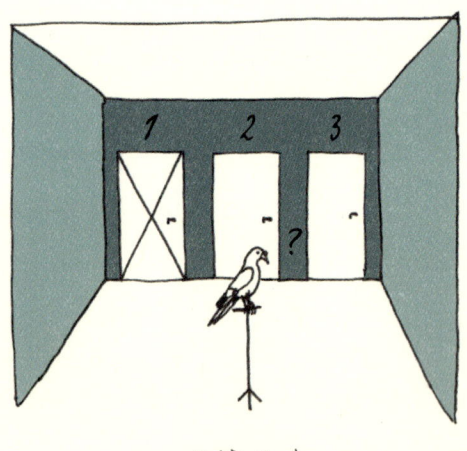

몬티홀 문제

* 인간은 알아듣지 못할 비둘기의 선택

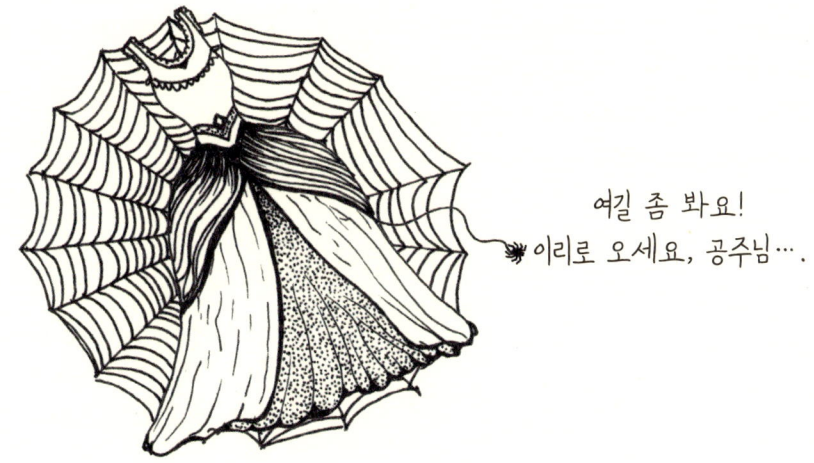

여길 좀 봐요!
이리로 오세요, 공주님….

55 거미줄에 관한 이야기

정원에 거미줄이 보여? 자세히 봐. 정말 작은 기적 같아.

거미줄은 명주실로 만들어졌어. 강하고, 오래가며, 신축성이 있어. 방탄조끼를 만드는 데 사용되는 가장 강한 직물인 케블라보다 훨씬 더 강력하다고.

거미는 명주실, 즉 실크를 어디에나 사용해. 거미가 알에서 나오면 명주실을 자아내기 시작해. 그리고 바람을 타고 날아갈 수 있을 때까지 기다려. 이렇게 자아낸 거미줄 덕에 땅에 떨어지지 않을 수 있지. 그리고 이 명주실로 집을 만들어서 곤충이나 다른 먹이를 잡고는 해. 간혹 커다란 거미줄을 나무 사이에 다리처럼 걸칠 때도 있고, 그 다리 사이를 연결해 일종의 안전망을 만들기도 하지.

타란툴라 같은 큰 거미들은 공중에 거미집을 만드는 대신 자신들이 사는 땅굴의 벽을 막으려고 거미줄을 쳐. 그러면 땅에 단단하게 자리 잡을 수 있고, 구멍이 무너질 가능성도 줄어들지.

암컷 타란툴라는 알을 명주실로 감싸서 누에고치를 만들어. 또한 공격자들을 막기 위해 굴 주변에 거미줄을 쳐. 이 아름다운 실크 거미줄로 파티복을 만드는 거미는 안타깝게도 본 적이 없어.

아름다워!

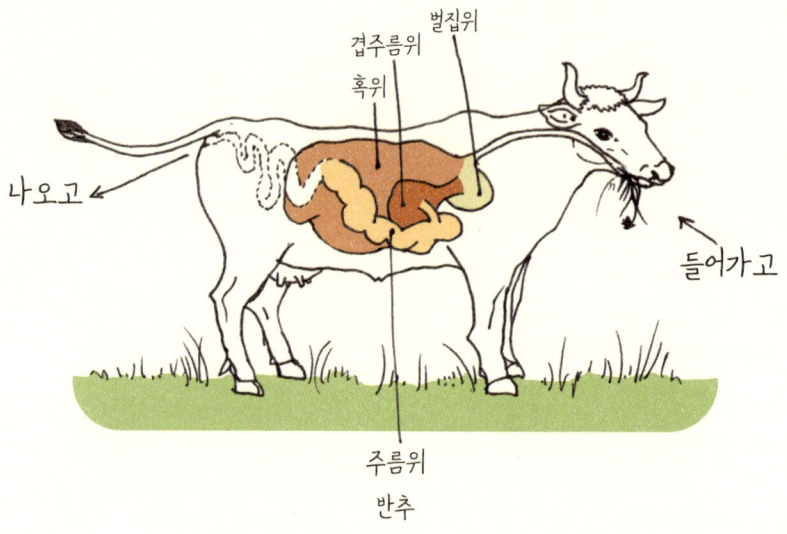

56 위가 4개인 소

소는 위가 4개야. 식도에서부터 순서대로 봤을 때 가장 첫째 위가 혹위, 그 다음부터 벌집위, 겹주름위, 주름위야. 이 4개의 위는 모두 연결돼서 소가 방목장에서 뜯어 먹는 풀을 소화해.

풀이나 건초가 박테리아에 의해 분해되는 걸 '발효'라고 하는데, 보통 일이 아니지. 정상적인 위장에서는 이루어지지 않는 현상이야. 소가 먹은 것을 모두 소화하려면 3일이 걸려.

소는 하루에 8~10시간 동안 평균 100킬로그램의 풀을 먹어. 보통 씹지 않고 삼켜 버리지. 풀은 먼저 혹위로 들어가는데 최대 수용량이 120리터야. 혹위가 가득 차면 풀은 다시 소의 입으로 되돌아가고 소는 그걸 씹어. 씹어서 알갱이가 작아진 풀은 두 번째 위, 바로 벌집위로 들어가. 모양이 꼭 벌집처럼 생겨서 벌집위라는 이름이 붙었어. 이 속에선 모든 게 둥글게 굴려진 다음 소가 다시 씹을 수 있게 입으로 돌아가. 세 번째 위는 겹주름위인데, 주름이 꼭 페이지가 많은 책처럼 보여. 수분과 미네랄이 흡수된 풀은 이제 마지막 위인 주름위로 이동해. 이 주름위가 바로 인간의 위처럼 작용하는 위야. 산성을 띠는 위액 덕에 풀이 소화돼.

이렇게 다 소화된 풀은 소장과 대장을 거쳐 결국은 펑퍼짐한 모양으로 배설되어 나와. 정말 엄청난 과정이지?

57 개가 시계를 볼 수 있다는 거야?

매일 4시에 학교에서 집에 돌아온다고 가정해 보자. 그 시간이 가까워지면 너의 반려견은 벌써 흥분해 있을 거야. 이미 문 앞에 서서 친구가 곧 집에 돌아오길 기뻐하며 기다리겠지. **개**가 시계를 볼 수 있는 걸까.

개는 그럴 수 없어. 그러니 개에게 시계를 선물해 봐야 쓸모가 없지. 개들은 대체 어떻게 네가 돌아오는 시간을 아는 걸까?

과학자들의 말에 따르면 개는 후각을 통해 시간을 알 수 있다고 해. 개는 냄새를 아주 잘 맡거든. 개에게 코는 가장 중요한 기관이고, 뇌의 많은 부분이 냄새를 인식하는 데 쓰여. 개의 코에는 후각 세포가 종에 따라 많게는 2억 2천만 개가 자리하고 있어. 인간은 5백만 개에 불과하지.

네가 집에 머무르는 동안 개는 네 냄새를 강하게 맡을 거야. 하지만 집을 떠나면, 네 냄새는 사라지겠지. 개는 특정 냄새의 농도에 따라 시간을 알아챌 수 있어. 냄새가 얼마나 나냐에 따라, 어떤 일이 일어날지 아는 거야.

원한다면 실험을 통해서 직접 확인할 수 있어. 개가 4시에 네가 오는 걸 안다고 했지? 그러면 부모님께 네가 입었던 옷을 3시 반에 개와 가까운 곳에 걸어 달라고 부탁해 봐. 운동복처럼 체취가 강하게 묻어 있는 옷이 적합해. 그러면 개는 4시에 너를 기다리고 있지 않을 거야. 네 냄새가 강하기 때문이지. 이번에는 냄새가 문 옆에 언제 서 있어야 하는지 알려 주지 않는 거야.

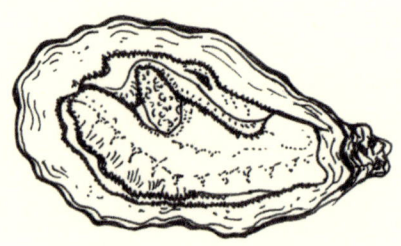

걸러내기 ← 출구   걸러내기 ← 입구

굴은 하루에 190리터의 물을 정화한다.

58 물을 정화하는 굴

굴 한 마리는 하루에 물 190리터를 걸러내. 굴 양식장은 하루에 9,000만 리터를 걸러낼 수 있지. 그 정도면 올림픽경기 전용 수영장 36개를 채울 수 있어.

물은 굴의 아가미를 통해 섬모를 지나가. 플랑크톤과 조류를 비롯해 물속에 든 모든 작은 입자는 섬모와 점액에 달라붙은 후 굴의 입으로 들어가. 마치 콧물을 먹는 거나 다름없는데, 동시에 물에서 많은 걸 걸러내. 밖으로 배출된 물은 정화됐다고 볼 수 있어. 이런 이유에서 굴은 다른 바다 생물에게 이로워. 그래서 굴 서식지에는 종종 다른 해양 생물들이 함께 살지. 작은 물고기와 바다 말미잘이 함께 살고, 다른 큰 종들이 따라 들어오고는 해.

굴 서식지는 일종의 하수 처리장이라고 볼 수 있는데, 하수 처리보다 더 많은 걸 할 수 있어. 폭풍우가 칠 때 거센 파도를 막아 주는 자연 방파제 역할도 하지. 바다에 설치된 굴 양식장이 파도 에너지의 76~93퍼센트를 흡수할 수 있거든.

하지만 안타깝게도 야생 굴 서식지의 85~90퍼센트가 사라졌어. 인간 때문이지. 먹기 위해 굴을 잡을 뿐만 아니라, 환경 오염으로 서식지를 파괴하거든. 수질이 나쁘면 굴도 좋지 않아.

다행히 좋은 소식도 있어. 새로운 굴 양식장을 만들기 위한 프로젝트가 곳곳에서 진행 중이거든. 굴의 수가 현재보다 212퍼센트 증가하면 다른 해양 생물은 850퍼센트 이상 증가한대! 굴이야말로 정말 환경 친화적인 생물이야!

정말이야?
최고의 정수기네!

59 보석을 만드는 굴

굴은 자웅 동체야. 암컷이며 동시에 수컷일 수 있다는 뜻이지. 하지만 다른 자웅 동체들과 달리 스스로 번식할 수는 없어. 일부 굴은 성적으로 성숙하고도 2년이 지난 다음 해에야 정자를 생산할 수 있어. 또 다른 굴은 수컷으로 태어나지만, 수온과 먹이 조건에 따라 성별이 달라지기도 해.

암컷 굴의 알이 수정되면 작은 아기 굴이 태어나. 엄마 굴은 아기 굴을 쫓아내서 바다 밑으로 가라앉지. 아기 굴은 바위의 오목한 쪽에 가서 붙어야 하는데, 여기에 성공하는 굴들은 많지 않아. 성공하면 2~5년 사이에 어른 굴로 자라나.

때로는 굴 안에 진주가 있어. 껍질과 외투막 사이의 먼지 때문이지. 그 외투막이 진주모를 형성하고, 진주모가 다시 먼지를 감싸게 돼. 그 덩어리가 아름다운 야생 진주가 되는 거야.

사람들은 이런 진주를 오랫동안 사랑했어. 수천 년 전에도 굴이 보석을 숨기고 있다는 걸 알았어. 때로는 진주를 행운의 부적으로, 그리고 약으로도 사용했어.

야생 진주는 구하기 어려워. 굴 15만 개 가운데 하나에만 진주가 만들어질 수 있거든. 일본의 고키치 미키모토는 19세기에 굴에서 진주를 재배하는 기술을 발명했어. 아주 작은 진주 자개를 굴에 넣고 2년이 지나면 진주를 수확할 수 있지. 오늘날에도 널리 쓰이는 방법이야.

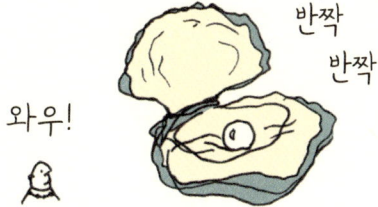

60 내 열 개의 심장은 너만을 위해서 뛰어…

지렁이를 잡고 싶어? 소나기가 내린 후, 젖은 땅에서 발을 탕탕 구르고 춤을 춰 봐. 잠시 후 지렁이가 자연스럽게 나올 거야. 지렁이가 나오는 데는 2가지 이유가 있어. 첫 번째 이유는 땅이 진동하면 지렁이들은 두더지가 오는 줄 안다는 점이야. 두더지가 자신을 붙잡지 못하게 재빨리 지상으로 올라가는 거야. 두 번째 이유는 호흡을 위해 산소가 있는 지상으로 올라가야만 한다는 거야. 흙 틈새의 구멍에 물이 차오르면 지렁이는 익사하거든.

지렁이는 몸이 여러 체절로 나뉘어져 있어. 그래서 정면에서 봤을 때, 최대 4개의 체절을 잃어도 살 수 있어. 시간이 지나면 잘린 부위가 다시 자라나거든. 지렁이의 체절에는 강모가 있어. 지렁이는 점액을 배출하고, 강모의 도움을 받아 부드럽게 땅 위를 기어갈 수 있어.

지렁이도 사랑에 빠지면 사람처럼 심장이 뛰는지 우리는 알 수 없어. 아, 그런데 지렁이는 심장이 10개야. 그러니까 정확하게 말하면, 우리는 아직 지렁이가 사랑에 빠지면 10개의 심장이 뛰는지 알아내지 못했어.

지렁이는 암컷과 수컷으로 나뉘지 않아. 양쪽 다 해당돼. 자웅 동체이기 때문이야. 번식을 위해 수정하려면 상대가 필요해. 지렁이들은 서로 옆에 누워 정자를 교환해. 잠시 후, 환대가 입 끝으로 내려와 알주머니를 만들고, 알주머니가 바로 고치가 되지. 몇 주가 지나면, 새끼 지렁이가 나와. 지금부터는 마냥 지루하게만 보였던 지렁이가 새롭게 보일걸?

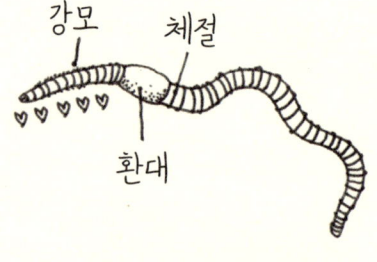

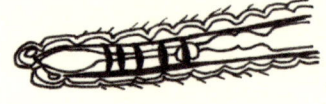

지렁이의 사랑

4

동물의 식생활

61 땅돼지는 개미와 땅돼지오이를 좋아해

돼지 몸에 토끼 귀, 개미핥기 혀와 캥거루 꼬리를 가진 동물은 무엇일까? 바로 **땅돼지**야!

땅돼지는 아프리카에 살아. 땅돼지는 17세기 네덜란드 정착민들이 붙여 준 이름이지. 당시 정착민들은 땅에 구멍을 파는 돼지 같은 동물을 보았어. '땅돼지'라는 이름은 정말 사실적이지. 하지만 이들은 돼지와는 달라. 땅돼지의 가장 가까운 친척은 코끼리라고!

땅돼지는 개미와 흰개미를 먹어. 뾰족한 숟가락 모양을 한 발톱으로 딱딱한 흙이나 흰개미 집을 깨부수지. 그 다음 둥지에 끈적거리는 혀를 30센티미터 이상 넣어 거기 사는 모든 개미를 먹고는 해. 이렇게 먹이를 즐기는 동안 개미나 흙먼지가 들어가지 않도록 콧구멍을 막을 수도 있어. 얼마나 편리한지! 땅돼지는 하룻밤에 개미와 흰개미를 최대 6만 마리까지 먹어 치워.

개미와 흰개미 말고도 땅돼지는 '땅돼지오이'와 '땅돼지호박'이라는 식물을 먹기도 해. 이 식물들은 땅돼지의 배설물을 통해서만 자랄 수 있어. 서로 꼭 필요한 존재야!

땅돼지는 먹이를 씹지 않고 한 번에 삼켜. 그들의 이빨은 씹기에 적합하지 않거든. 삼킨 먹이는 위장으로 운반되어 강한 근육에 의해 분해되고 완전히 소화돼.

땅돼지는 먹이를 구하러 매일 밤 최대 16킬로미터를 이동해. 낮에는 집으로 돌아가. 땅돼지의 집은 길이가 최대 13미터이고, 입구가 많아. 기다란 집을 따라 땅돼지는 여분의 굴을 파서 휴식을 취하고, 적들로부터 숨을 수 있어. 그리고 좋아하는 땅돼지오이를 먹어.

이미 개미 간식 5만 9,999마리 먹어 치움

큰 귀

낼름

날카로운 발톱

끈적끈적거리는 혀

땅돼지

오오, 돌아왔는데!

붕붕

말레이곰

62 말레이시아에 사는 곰돌이 푸

동남아시아의 숲에는 꿀을 사랑하는 작은 곰이 살고 있어. **말레이곰** 또는 **태양곰**이라고 불리지. 현지 언어로는 비로앙 또는 브로앙 이라고 불러. '높은 곳에 앉기를 좋아하는 사람'을 의미하지. 말레이곰은 높은 나무에 집짓기를 좋아해.

이 곰은 귀여운 둥근 귀와 짧은 주둥이가 있으며 몸집은 작고 튼튼해. 머리 아래에는 턱받이 모양의 흰색 또는 황금색 반점이 있지. 털은 짧아서 열대 기후에서 체온이 너무 올라가지 않게 해. 피부가 튼튼해서 나뭇가지에 상처를 입지 않아.

긴 발톱으로 흰개미 둥지를 열었을 때, 대신에 벌집이 나오면 얼마나 신나하는지 몰라. 발톱으로 벌집을 조각내 긴 혀로 꿀을 핥아. 혀는 최소 25센티미터는 될 거야.

간혹 꿀벌을 삼킬 때도 있는데, 벌 침에 상처 입지는 않는 것 같아.

안타깝게도 개미나 꿀 대신 현지 농부들이 재배하는 바나나나 야자 열매를 훔칠 때가 있어. 그러면 농부들은 불쌍한 곰을 죽이고 말아. 가죽을 얻으려고 사냥하기도 해. 아기 곰을 애완동물로 팔기 위해 엄마 곰을 죽이기도 해. 말레이곰은 애완용이 아닌데 사냥하다니, 정말 한심한 짓이야.

63 술을 좋아하는 침팬지

서아프리카 기니의 주민들은 야자술을 좋아해. 야자술을 만들기 위해서는 키 큰 야자나무 꼭대기에 특수한 플라스틱 병을 걸어 놓아야 해. 나무의 달콤한 수액은 모이자마자, 즉시 '발효'하기 시작하지. 이게 바로 천연 야자술을 만드는 방법이야. 주민들은 매일 아침과 저녁에 야자술을 거둬들여.

야자술을 거두는 건 주민들만이 아니야. 침팬지들도 가담했어. 어느 날, **침팬지**들이 야자술 한 병을 맛보고선 너무나 좋아하게 된 거야! 심지어 야자술을 흘리지 않고 마실 방법까지 알아냈어. 일단, 숲에서 나뭇잎을 모아 잘게 씹어. 그러면 스펀지처럼 뭉쳐지거든. 그 나뭇잎 스펀지를 병 안에 넣으면, 그게 술을 모두 흡수해. 그렇게 얻은 술을 매일 1리터 정도 마시는 것 같아. 야자술에는 3~7퍼센트 정도의 알코올이 포함돼 있어. 맥주와 비슷한 도수니 이 술을 마시면 취하는 게 당연해. 야자술을 마시고 잠에 골아떨어지는 침팬지도 있고, 너무 신나서 잠을 자지 못하는 침팬지도 있어.

침팬지도 숙취에 시달릴까? 그건 나도 잘 모르겠는걸. 함께 파티하면서 알아내 볼까?

올해는 아주 운이 좋군!

64 배가 고프면 고슴도치를 먹는 여우

여우는 일반적으로 편식하지 않아. 눈에 보이는 것을 먹지. 쥐 같은 작은 설치류일 수 있고, 토끼·새·곤충이나 딸기류, 또는 땅에 떨어진 과일일 수도 있어. 쓰레기를 먹거나 새 둥지에서 알을 훔치기도 해. 날카로운 송곳니를 사용해 쓰레기통에 구멍을 내는 거야. 보통 여우는 하루에 500그램 정도의 먹이를 먹어야 한대.

여우는 정말 배가 고파도 먹이를 구할 수 없을 때는, 고슴도치를 잡고는 해. 가시 때문에 잡기가 매우 어렵지만 말이야. 고슴도치는 여우가 다가오는 걸 보면 재빨리 몸을 둥글려서 가시를 세워. 하지만 여우는 매우 머리가 좋지. 고슴도치를 굴려서 배 쪽에 소변을 누면 고슴도치가 깜짝 놀라 둥굴렸던 몸을 펼쳐. 이때 여우가 재빨리 고슴도치를 강하게 때리고 물어서 죽여 버리지.

소변이 마렵지도 않고, 고슴도치가 먹고 싶을 때는 어떻게 할까? 만약 비가 내린 지 얼마 되지 않았을 때라면 길에 생긴 물웅덩이로 고슴도치를 굴려. 그러면 고슴도치가 몸을 펼치게 돼. 고슴도치는 똑똑하지 못하고, 여우는 참 영리하지?

여우 대 고슴도치

으~시원하다!

윽 더러워!

65 적을 가두어 버리는 매

북아프리카 모로코 왕국의 서해안에 있는 작은 섬 모가도르는 철새들에게 잘 알려진 번식지야. **엘레오노라매** 같은 큰 매가 번식하고, 작은 새들에게도 인기가 많아.

매는 일반적으로 곤충을 먹는다고 해. 그러나 번식기에는 맛있고 작은 새를 선호하지. 알을 낳기 며칠 전 매는 사냥을 떠나. 잡은 새를 움켜쥐지만 즉시 죽이지는 않고 가두어 놓아. 바로 빠져나올 수 없게 바위 사이의 구멍으로 밀어 넣지. 날개나 꼬리의 깃털을 뽑아 버릴 때도 있어서, 불쌍한 새들은 더 이상 날 수 없어.

잡힌 새들은 바위 속에 갇혀 있다가 매와 새끼들이 배고파질 때 잡아먹히고 말아. 이는 매가 지능적이라는 것을 보여 주는 예이기도 해. 모든 것을 계획하고 미래를 위해 먹이를 잡는 거거든.

잔인하지만 우리 인간도 같은 일을 벌이고 있지. 우리도 소, 돼지, 닭을 가두어 놓고 기르잖아.

우하하

엘레오노라매

* 들켰다!

66 올빼미가 식사를 준비하는 방법

올빼미는 야행성이야. 어둠 속에서 사냥하기 때문에 청력이 매우 발달했어.

올빼미를 살펴보면 귀의 높이가 다르거나 귀가 비대칭인 개체가 많다는 것을 알 수 있어. 또한 귀의 크기도 서로 달라. 그 귀로 맛있는 생쥐가 어디에 숨어 있는지 정확하게 알 수 있어.

올빼미의 머리를 정면에서 보면 평평해서 귀에 소리가 더 잘 전달되고, 심지어는 증폭되기까지 해. 결과적으로 올빼미는 사람이 들을 수 없는 소리까지 듣지. 또 머리를 270도까지 돌릴 수도 있어. 덕분에 어디서 소리가 나든 그 출처를 정확하게 알아낼 수 있어.

사냥감이 어디 있는지 알아채면, 올빼미는 조용히 날아가. 하늘을 날 때 나는 소리를 줄여 주는 멋진 깃털 덕분이야. 얼마나 부드러운지 만져 보면 촉감이 아주 좋아.

올빼미가 좋아하는 사냥감은 생쥐야. 원숭이올빼미는 1년에 수천 마리를 먹어 치워. 그래서 농부들은 농장 근처에 원숭이올빼미를 끌어들이려 노력해. 헛간의 생쥐 문제가 해결되니까 말이야. 올빼미는 생쥐를 완전히 삼켰다가 뼈·피부·이빨과 털을 다시 토해 내. 토해 낸 것을 관찰하면, 올빼미의 먹이에 대해 많은 것을 알 수가 있어. 주변에 올빼미의 서식지가 있는지 잘 알아보고, 토해 낸 먹이 찌꺼기를 찾아내 봐.

67 쇠똥구리야, 고마워!

지구에는 6,000종 이상의 **쇠똥구리**가 있어. 남극을 뺀 거의 모든 지역에서 볼 수 있지. 쇠똥구리는 씨를 뿌리고 땅을 비옥하게 만들기 위해 꼭 필요한 존재야. 호주 농민들은 쇠똥구리를 수입하기까지 해.

쇠똥구리는 소, 말뿐만 아니라 코끼리 같은 초식 동물의 배설물을 굴려. 하지만 육식 동물의 배설물은 좋아하지 않아.

쇠똥구리는 때로 자기 체중보다 5배나 더 무거운 배설물 덩어리를 굴리기도 해. 코끼리의 배설물을 굴리는 데는 단 15분이면 충분해. 안전한 장소로 배설물 덩어리를 굴려 가지. 이들은 뒷걸음으로 걸어서 혹시나 앞에 있을 적에만 주의를 기울이지, 주변의 장애물은 신경 쓰지 않아. 쇠똥구리의 눈은 인간이 볼 수 없는 빛의 파장도 볼 수 있거든. 덕분에 뒤로 걸어도 똑바로 걸어갈 수 있어.

간혹 다른 쇠똥구리가 굴리고 있는 배설물을 뺏으려는 쇠똥구리가 있어. 그때는 엄청난 싸움이 일어나. 앞발로 싸우며 등 쪽을 노리는 거야. 힘이 센 쇠똥구리는 상대를 1미터 정도의 거리까지 던질 수 있어.

배설물을 굴리지 않고, 배설물 안에 사는 쇠똥구리도 있어. 이들은 생존에 필요한 모든 것을 배설물에서 구해. 또 어떤 쇠똥구리들은 배설물을 굴려 공 모양을 만드는 데 그치지 않고, 축구 선수처럼 배설물을 이리저리 차거나 땅속 깊이 숨기기도 해.

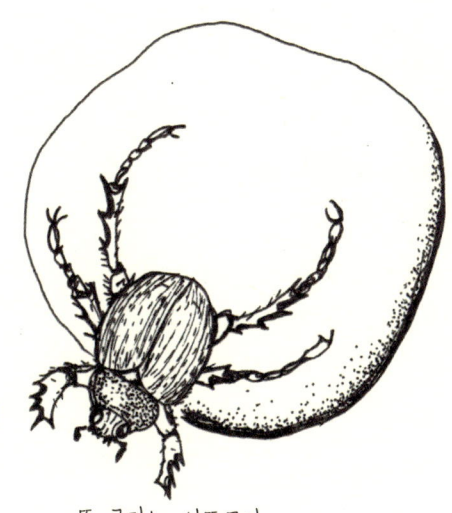

으쌰!

똥 굴리는 쇠똥구리

사냥 중인 사냥꾼

68 먹고 먹히는 카이만과 재규어

카이만은 남미 대륙의 북동쪽에 살아. 카이만 6종 가운데 4종은 일반 악어보다 체구가 작지. 다 큰 수컷의 길이는 약 1.5미터야. 하지만 검정카이만은 일반 악어보다 더 크게 자랄 때도 있어. 5미터가 넘는 늙은 수컷 검정카이만이 간혹 발견되기도 해.

카이만의 천적은 재규어와 아나콘다야. 이 둘은 작은 카이만은 사냥하지만, 검정카이만은 놔두지. 재규어와 아나콘다를 간혹 잡아먹는 검정카이만도 있어!

카이만이 사람도 잡아먹을까? 아니야. 대부분의 카이만은 너무 작아서 사람을 공격할 수 없어. 검정카이만이라면 가능하지만 이들은 카피바라나 멧돼지같이 정글에 사는 동물을 선호해.

인간들은 가죽과 고기를 얻기 위해 카이만을 사냥해. 그래서 이제 카이만은 보호 종이 됐어. 카이만을 집에서 키우는 사람들도 있어. 소파에 앉아 껴안을 수 있는 작은 동물만이 반려동물이라는 편견은 버려야 해.

누가 누굴 먹어 치울까?

69 무시무시한 코모도왕도마뱀

코모도왕도마뱀은 부끄러움도 없이 자신의 새끼를 잡아먹어. 그래서 새끼들은 배가 고픈 부모가 쫓아올 수 없는 키 큰 나무로 재빨리 올라가 숨어 버려. 먹이를 먹고 물을 마시기 위해 내려오기도 하지만, 용무가 끝나면 재빨리 올라가고는 해. 덩치가 너무 커져서 재빨리 먹고 마실 수 없게 돼서야, 땅 위로 내려와.

코모도왕도마뱀은 곤충, 도마뱀, 뱀, 새, 돼지를 먹고 물소나 사슴처럼 자신보다 큰 생물을 먹기도 해. 이들에게 공격당한 동물들은 도망치기도 하지만, 결국은 물린 상처 때문에 죽고 말아. 코모도왕도마뱀의 입에는 독샘이 6개 있어서 사냥감을 마비시키는 독이 나와. 독에는 혈액을 희석하는 물질이 있어서, 물린 상처에서 출혈이 더 심해지게 해.

때로는 죽은 동물을 먹어. 코모도왕도마뱀은 갈라진 혀를 통해 공기 중의 냄새를 감지해. 이런 방식으로 8킬로미터 떨어진 곳에서 죽은 동물의 냄새를 맡을 수 있어.

코모도왕도마뱀은 지구상에서 가장 큰 도마뱀이야. 길이는 3미터 이상 무게는 평균 80킬로미터에 이르지.

인도네시아의 몇몇 섬에는 총 3천 마리의 야생 코모도왕도마뱀이 살고 있어. 야생에 천적은 없고 인간, 산불 및 화산 폭발의 영향을 받아.

암컷 코모도왕도마뱀

70 항상 도시락을 싸 갖고 다니는 십자가무늬두꺼비

십자가무늬두꺼비는 십자가처럼 보이는 등 뒤의 어두운 점 때문에 그런 이름을 얻었어.

노랑 또는 녹색 빛을 띤 십자가무늬두꺼비는 대개 호주의 건조한 땅속에 살아. 건조한 기후에서 살아남기 위해 땅속에 들어가 일종의 누에고치가 돼. 그리고 비가 내리기 시작하면 지상으로 나와 물웅덩이에서 생활하지.

십자가무늬두꺼비는 개미와 흰개미를 먹고 살아. 아주 평범하게 식사할 때도 있지만, 특이한 방식으로 먹는 경우도 있어. 자신의 등에 일종의 접착제를 붙이는 거야. 천적인 뱀과 도마뱀을 막기도 하면서 다른 장점도 있어. 바로 개미와 흰개미들이 붙는다는 거야. 몇 분이 지나면 이 접착제가 딱딱해져. 십자가무늬두꺼비는 지루할 때마다 그 막을 벗기고 붙어 있는 곤충들을 떼어 먹어.

정말 편리한 도시락이야. 항상 갖고 다닐 수 있잖아.

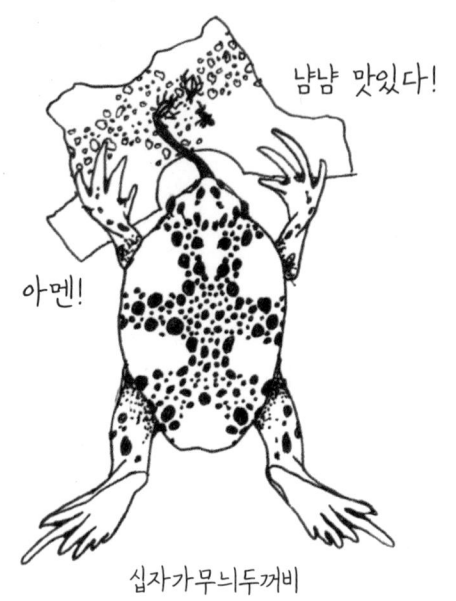

71 시럽 같은 소변을 보는 야생낙타

야생낙타는 중국과 반건조지대, 몽골, 그리고 고비사막에서만 살아. 인간이 길들인 낙타보다 몸집이 작고, 혹 역시 확실히 작아. 낙타의 혹에는 비상시를 대비한 예비 영양분이 담겨 있는데, 보통 36킬로미터 거리를 걷는 동안 갖고 다닐 수 있어.

야생낙타는 물 없이 오랫동안 생존할 수 있어. 실제로 땀을 많이 흘리지도 않고, 소변 역시 매우 양이 적고 진해. 야생낙타의 오줌을 보면 시럽이라고 생각할지도 몰라.

야생낙타들은 물을 보면 망설이지 않아. 10분 만에 100리터 넘게 물을 마실 수 있지! 커다란 욕조를 채울 수 있는 양이야.

야생낙타의 코는 수분을 유지하기 쉽게 되어 있어. 콧구멍에 작은 홈통이 있는데 숨을 쉬며 잃었던 수분들이 여기에 모여. 야생낙타는 필요하다면 바닷물을 마실 때도 있어. 이런 포유류는 흔치 않아.

72 불을 좋아하는 아름다운 비단벌레

- **비단벌레**는 이름처럼 아름다워. 날씬한 몸통에는 녹색, 빨간색 또는 파란색의 밝은 점과 줄무늬, 띠가 올라와 있어. 금속 같은 광택이 나서 예술 작품처럼 보여.

- 임신한 비단벌레는 산불을 좋아해. 80킬로미터 떨어진 거리에서도 불 냄새를 맡을 수 있어. 비단벌레의 더듬이는 연기가 나는 나무의 작은 입자를 감지할 수 있거든. 임신 중인 비단벌레는 불에 탄 나무로 날아가 알을 낳아. 다른 포식자들은 불이 난 재난 현장을 떠났으니, 숯 안에서 자랄 수 있는 애벌레들은 안전하겠지.

- 나무를 사랑하는 사람들은 비단벌레를 좋아하지 않아. 암컷 비단벌레는 불탄 나무뿐만 아니라, 어린 나무에도 알을 낳거든. 애벌레는 나무를 파먹으며 속으로 들어가 겨울을 지내. 그리고 바깥이 따뜻해지면 밖으로 나오지. 비단벌레 애벌레는 2년이 지나야 번데기가 돼. 그러고 나서야 어른 비단벌레가 되어 날아가지. 간혹 1미터 이상 나무 속으로 파고드는 수가 있어. 비단벌레 애벌레가 많이 사는 나무들은 수액이 잘 흐르지 못하고, 죽을 수도 있어.

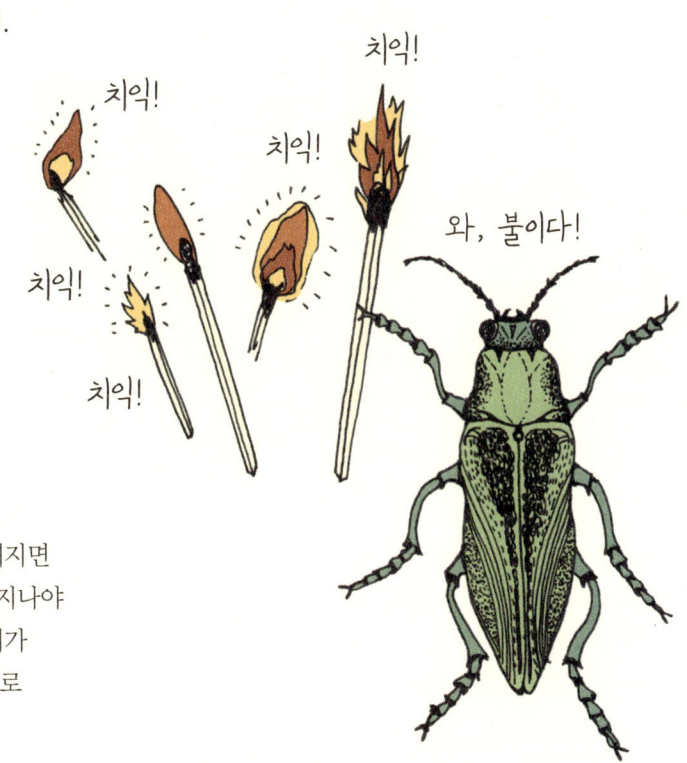

73 개미는 훌륭한 농부

수확개미의 일개미들은 먹이로 여러 가지 씨앗을 수집해. 때때로 최대 30만 종의 씨앗이 저장되는 지하 창고로 씨앗을 가져가. 모두 다른 씨앗이라 한꺼번에 자라나지 않도록 조심해서 거두어 온 씨앗들이야. 가장 작은 씨앗은 날카로운 턱으로 물어 깨 먹을 수 있지만, 씨앗이 크면 물기가 어려워져. 그러면 씨앗들이 발아할 때까지 두었다가 이후에 발아한 부분을 맛있게 먹지. 개미는 큰 씨앗에 먹을 것이 더 많은 줄 알기 때문에 큰 씨앗을 모아. 게다가 각각 다른 시기에 발아하는 다양한 식물의 씨앗이 필요하다는 것도 알고 있지. 이런 식으로 항상 많은 양의 씨앗을 저장해 둬.

수확개미는 식물의 수액을 얻기 위해 다른 곤충의 도움을 받기도 해. 주로 진딧물이야. 진딧물은 식물에서 자신들이 필요한 양보다 더 많은 수액을 빨아들여. 넘치도록 많이 빨아들인 달콤한 수액이 진딧물의 몸에 매달려 있지. 진딧물은 개미가 자극을 주면 수액을 나눠 주고는 해. 개미는 이걸 잘 알아서 마치 가축을 키우듯 진딧물을 정성껏 돌보지. 먹이가 떨어질 때를 대비해 이런 진딧물들을 겨우내 따뜻하고 건조한 장소에 옮겨 놓아. 무당벌레 같은 사냥꾼이 근처에 있을 경우에는 자신의 몸처럼 진딧물을 지켜 줘.

진딧물도 이런 개미의 보호를 얼마나 좋아하는지 몰라. 심지어는 자기 새끼들을 개미들이 기르도록 하지. 아기 진딧물들은 개미집에서 완전히 어른으로 성장하기도 해.

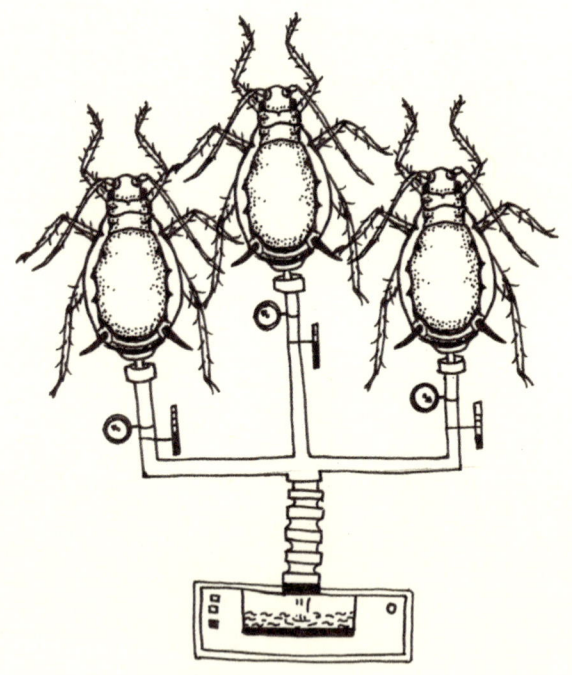

개미 왕국 가축 농장의
기술발전이 이루어 낸 쾌거

목요일은 채식하는 날이야.

74 채식주의 피라냐

피라냐를 생각해 봐. 피에 굶주려 누구든 공격하는 물고기가 떠오르니? 안타깝게도 오늘 너의 선입견을 깨 버려야겠구나. 세상에 존재하는 30~60종의 피라냐 중에서, 오직 4종만 육식을 해. 대부분은 잡식이고, 심지어 몇 종은 채식을 해.

육식성 피라냐조차 보통은 인간을 괴롭히지 않아. 다른 어종이나 죽은 동물, 또는 건강하지 못한 동물만 먹거든. 피라냐는 저 멀리 어딘가의 물에 떨어진 피 한 방울의 냄새도 맡을 수 있어. 이빨은 면도날처럼 날카로워서 뼈를 쉽게 물 수 있으니, 피라냐에게 공격당한 동물을 보는 건 어려운 일이 아니야.

수위가 너무 낮아지거나, 아마존강에 먹이가 풍부하지 않은 때에는 인간을 공격하기도 하지만 보통은 사람에게 낯을 가린다고 볼 수 있어.

피라냐가 악명을 떨치기 시작한 건 미국의 전 대통령 시어도어 루즈벨트가 1913년에 브라질을 방문했을 때부터야. 현지인들이 미국 대통령에게 엄청난 공연을 보여 주고 싶었거든. 그래서 아마존강에서 많은 수의 피라냐를 잡아서 가두어 놓고 며칠 동안 먹이를 전혀 주지 않았어. 루즈벨트가 도착했을 때, 현지인들은 물에 젖소를 넣고 굶주린 피라냐를 풀었지. 피라냐들은 망설임 없이 몇 분 안에 소의 살과 가죽을 먹어 버렸어. 루즈벨트 대통령은 미국으로 돌아온 후, 이 이야기를 모두에게 전했고 그때부터 피에 굶주린 피라냐라는 오해가 생겨난 거야.

75 방이 더럽다고? 그럼 군대개미를 초청해 보자!

군대개미 또는 **장님개미**는 평판이 좋지 않아. 이들은 집을 짓지 않고 5천만 마리가 무리를 지어 이주해. 느리게 움직이는 길고 검은 선처럼 보여. 이들은 이주하는 동안 크고 작은 동물들을 공격해. 이론적으로 사람을 먹을 수도 있지만, 흔치 않은 일이야. 보통은 사람들이 이주하는 개미들로부터 멀리 떨어져 있거든.

그렇다면 방 청소하는 데 왜 이 개미들을 초대해야 할까? 청소를 잘하니까 그렇지! 아프리카 사람들은 이 사실을 무척 잘 알아. 그래서 군대개미가 오면, 가족들과 멀리 떨어진 마을로 잠시 피난을 가. 이 개미들은 쥐, 바퀴벌레, 그리고 다른 해충을 먹어 치운 다음 계속해서 이동해.

카메룬의 모푸족은 애벌레, 개미 및 다른 곤충들 때문에 스트레스를 받으면 군대개미를 불러들이고는 해. 골치아픈 벌레들이 득실득실한 집으로 군대개미 몇백

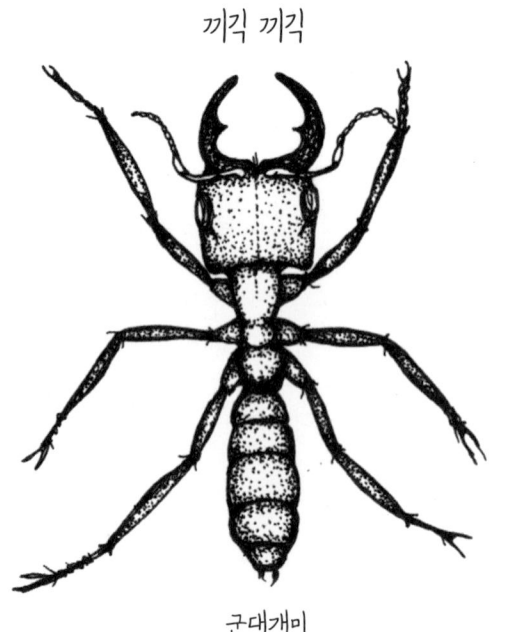

마리를 데려오지. 이들은 며칠 만에 모든 해충을 쫓을 수 있어.

군대개미는 날카로운 턱으로 얼마나 잘 무는지 몰라. 물리면 아프기도 하지만, 굉장히 단단하게 잡고 있기도 해. 그래서 케냐의 마사이족은 이 개미를 사용하여 벌어진 상처를 붙여. 상처 가장자리를 잡고 군대개미를 1마리 이상 올려놓지. 그러면 이 개미들이 턱을 조여 상처를 닫아. 군대개미는 머리와 몸통이 분리돼 죽었을 때도, 며칠 동안은 단단히 문 턱을 풀지 않아.

큰곰은 맛있는 음식의 유혹에 빠지지 않아.

76 다이어트에 강한 큰곰

다이어트에 대해 이야기할 때 빼놓을 수 없는 게 바로 **큰곰**이야. 암컷 큰곰은 겨울잠을 자는 동안 몸무게의 3분의 1을 잃어. 하루 평균 0.5킬로그램이 줄어들 테니 약 73킬로그램 정도가 빠지는 거야.

여름이 막바지에 이르면, 큰곰은 먹이를 마구 먹기 시작해. 엄청나게 먹지. 짧은 시간에 수만 칼로리를 얻으려는 노력이야. 이 에너지를 사용하지 않고, 털가죽 아래 두꺼운 지방으로 저장해.

날씨가 추워지면 큰곰은 굴을 찾아 겨울잠을 준비해. 곰의 체온은 37도에서 33도까지 떨어지고, 심박수는 분당 20회로 느려져. 결과적으로, 평소보다 에너지를 훨씬 적게 사용하는 거야. 겨울잠을 자는 동안 곰은 거의 먹거나 마시지 않아. 털 아래 지방이 겨울을 나게 도와주지.

암컷 큰곰은 봄까지 기다리지 않고 겨울잠을 자는 동안 새끼를 낳아. 가장 춥고 가장 습한 시기에 말이야. 갓 태어난 아기곰은 크기가 쥐 정도밖에 되지 않고, 3주가 지나면 눈을 떠. 그리고 엄마곰과 함께 3개월 동안 굴속에 머물러.

다시 밖에 나가야 할 때가 오면, 곰의 생체 시계가 알려 줘. 활동할 수 있는 시기가 왔다고 말이야. 잠에서 깨려면 시간이 좀 걸려. 일어난 첫날, 곰들은 행동이 매우 느리고 먹이를 거의 먹지 않아. 이걸 '걸어다니는 동면'이라고 하는데, 햇볕을 더 받으면 곧 예전처럼 신나게 돌아다닐 수 있어.

77 바퀴벌레를 좀비로 바꾸는 앰퓰렉스 디멘터

앰퓰렉스 디멘터(디멘터 말벌)의 크기는 약 2.5센티미터밖에 되지 않아. 정말 순진해 보이지만, 바퀴벌레를 좀비처럼 만들 수 있어. 그런 이유로 소설 《해리포터》에서 사람의 영혼을 흡수하는 존재인 디멘터의 이름을 따서 '앰퓰렉스 디멘터'라는 이름을 얻었어.

암컷 앰퓰렉스 디멘터는 임신하면 큰 바퀴벌레를 잡으러 가. 주둥이로 바퀴벌레의 가슴 신경을 빠르고 강하게 쳐서 기절시키지. 바퀴벌레가 등을 대고 뒤집어지면, 살이 연한 목 쪽에 침을 쏘아. 그러면 독이 뇌로 바로 퍼지지. 그리고 바퀴벌레의 주변에 독을 계속해서 뿌려. 그렇게 한참 후 깨어난 바퀴벌레는 좀비가 돼서 앰퓰렉스 디멘터가 시킨 모든 일을 하게 돼. 노예가 되는 거야.

앰퓰렉스 디멘터는 이렇게 노예가 된 바퀴벌레를 다른 앰퓰렉스 디멘터에게 데려가. 그러면 그 앰퓰렉스 디멘터가 바퀴벌레의 다리에 알을 낳아.

3일이 지나면 바퀴벌레의 몸에서 애벌레가 태어나. 애벌레들이 바퀴벌레를 속부터 파먹지만, 바퀴벌레는 겉으로 보면 아주 멀쩡해. 2주 후, 애벌레가 어른이 될 때면 바퀴벌레는 완전히 먹히고 말아.

좀비 바퀴벌레

78 유칼립투스 똥을 먹는 아기 코알라

코알라는 참 귀여워. 북슬북슬한 귀, 굵은 코, 동그란 몸통…. 가끔 나무에서 잡아 오고 싶어. 아름다운 털을 가진 코알라는 20세기 초, 모피코트를 만들려는 사람들에게 사냥을 당했어. 그 결과 코알라는 거의 멸종됐지. 이제는 코알라 사냥이 금지되었지만, 여전히 코알라는 힘든 시간을 보내고 있어. 유칼립투스 나무를 베어 내면 코알라의 유일한 먹이가 사라져. 심지어 코알라는 모든 유칼립투스 잎을 먹을 수 있는 것도 아니야!

유칼립투스 나무 600종 가운데 코알라가 잎을 먹는 것은 단 20종에 불과해.

그중에서도 코알라가 좋아하는 것은 오직 5종뿐이야. 코알라가 살아가려면 하루에 약 200~400그램씩 유칼립투스 잎을 먹어야 해. 암컷 코알라는 2년에 한 번 출산해. 갓 태어난 코알라는 6센티미터밖에 되지 않아. 아기 코알라는 엄마의 육아 주머니에서 6개월 동안 머물러. 코알라의 육아 주머니는 아래쪽으로 열려 있어.

똥을 재활용하는 코알라

이런 주머니를 가진 동물은 코알라뿐이야. 갓 태어난 아기 코알라는 젖을 먹지만, 얼마 지나지 않아 유칼립투스 잎을 먹기 시작해. 어떻게 먹냐고? 엄마 코알라가 한 번 먹고서 배설한 유칼립투스 잎을 먹어. 보통은 소화하기 힘든 잎이 이미 엄마 배 속에서 한 번 처리됐으니 아기 코알라가 먹기 수월할 거야.

79 문 앞에 덫을 놓는 가시올빼미

가시올빼미는 세상에서 가장 작은 올빼미 중 하나야. 최대 25센티미터까지 자라고, 펼쳤을 때 날개의 길이는 약 60센티미터야. 가시올빼미는 북미와 남미의 사바나와 초원에 살아. 대부분의 경우, 길고 가녀린 다리로 바닥을 쓸고 다녀.

가시올빼미가 좋아하는 먹이는 메뚜기와 딱정벌레, 그리고 쥐나 작은 다람쥐야. 또한 가시 올빼미는 과일과 씨앗을 먹는 유일한 올빼미 종이야.

가시올빼미는 다른 올빼미와 마찬가지로 먹이를 찾아 하늘을 날아다녀. 다른 방법으로 먹이를 챙기기도 해. 온갖 종류의 동물이 배설한 분뇨를 가져다가 자신의 굴 입구에 쌓아 놓는 거야. 이 구멍은 나무가 아니라 땅 위에 있어. 이런 이유로 가시올빼미는 동굴올빼미라고 불리기도 해.

올빼미 굴 앞의 분뇨 냄새에 매료된 곤충들이 모여들어. 그러면 이 분뇨를 뚫고 가시올빼미가 튀어나와 가장 오동통한 곤충을 잡아먹어. 얼마나 쉬운 방법인지!

가시올빼미

80 다리로 맛을 보는 나비

산호랑나비는 알을 낳아야 할 때가 되면 적당한 장소를 구해. 사람과 마찬가지로, 아이들을 위해 최선을 다하고 싶은 거야. 알에서 부화한 애벌레가 모든 나뭇잎을 좋아하진 않아. 수분이 많은 잎을 좋아하지. 그래서 엄마 산호랑나비가 미리 맛을 봐. 하지만 모든 잎을 다 맛보면 배가 불러 움직이지 못하니까 다리로 잎을 꽉 눌러서 맛을 봐. 다리의 7가지 감각기관을 통해 맛을 보는 거야. 이 미세한 감각으로 식물의 나이가 많은지, 건강한지 알 수 있어. 애벌레가 부화할 때 먹이가 충분해야 하니, 식물의 건강 상태도 매우 중요하거든. 애벌레가 먹기 전에 이미 식물이 죽어 버리면 헛수고일 테니 말이야.

다리의 감각을 활용해 바람의 방향을 알 수도 있어. 산호랑나비는 비행 전, 다리를 들어 쉽게 날 수 있는지를 체크하기 위해 바람의 방향을 확인하지.

음, 맛있는 나뭇잎이로군!

맛은 다리로 보지만 먹을 때는 주둥이를 사용해. 나비가 하늘을 나는 동안 주둥이는 돌돌 말려 있어. 그러다가 꿀이 든 꽃이 보이면, 주둥이를 쭉 펴고 꽃 안으로 집어넣지.

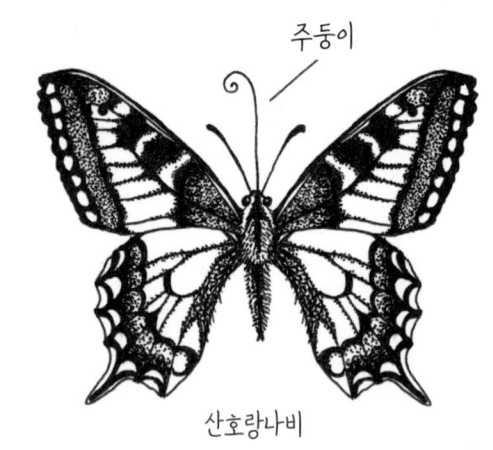

주둥이

산호랑나비

긴 주둥이를 사용하면 꽃에서 꿀을 빨아 먹거나 푹 익어 말랑말랑한 과일의 즙을 마실 수 있어. 세상에서 가장 긴 말린 주둥이를 가진 나비는 마다가스카르에 사는 **크산토판 박각시나방**이야. 딱히 예쁘게 생기지는 않았지만, 주둥이가 30센티미터 정도나 된다고!

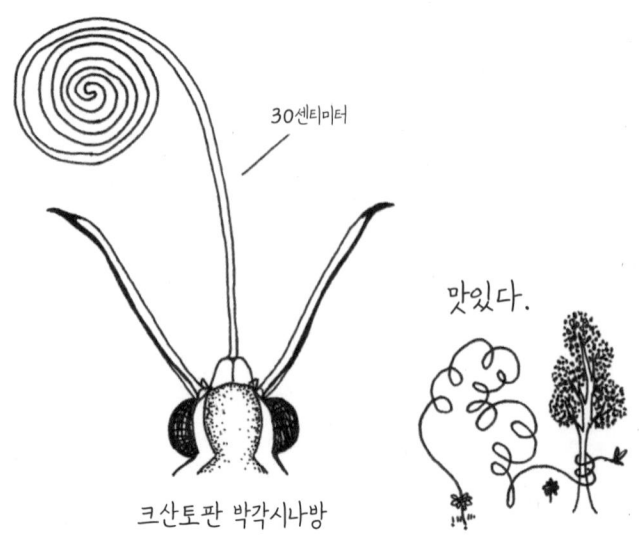

크산토판 박각시나방

맛있다.

81 벨벳 신발을 신은 맵시벌

맵시벌은 인간에게 해를 끼치지 않는 작은 말벌이야. 귀 주위에서 윙윙거리는 소리를 내니 짜증이 나기는 하지. 인간에게 해를 끼치지 않더라도 다른 곤충들의 애벌레들에게 이보다 더한 천적이 없어. 암컷 맵시벌은 알을 낳을 때가 되면, 오동통한 애벌레를 찾지. 하얀 양배추에 사는 애벌레 말이야. 막 탈피한 애벌레를 특히 좋아하는데, 그래야 말랑말랑한 몸에 쉽게 구멍을 뚫어 알을 낳을 수 있거든.

사냥당한 애벌레는 앞으로 태어날 맵시벌 애벌레의 먹이가 돼. 알이 부화하자마자 맵시벌 애벌레가 몸통 안쪽에서부터 먹어 치우기 시작해. 애벌레를 다 먹으면 날아가 버려.

맵시벌은 냄새를 아주 잘 맡아. 애벌레가 조금씩 움직일 때 식물에서 나는 냄새를 맡고 애벌레의 위치를 찾지.

인간들은 바로 그 특징을 활용해서 지뢰를 탐지하는 데 맵시벌을 사용하기 시작했어.

전쟁이 벌어졌던 곳에는 사람들이 실수로 밟을 수 있는 지뢰가 수천 개 묻혀 있거든.

당연히 맵시벌은 지뢰 냄새를 좋아하지 않아. 그렇지만 과학자들이 러시아의 생리학자 파블로프가 사용했던 방법으로 벌들을 훈련시켰지. 파블로프는 개에게 밥을 줄 때마다, 종을 울렸어. 개는 음식을 보자 침을 흘렸지. 그렇게 훈련한 뒤에는 종소리를 듣자마자 침을 흘리기 시작했어. 이걸 파블로프 조건 반응 실험이라고 해. 맵시벌을 비롯해서 동물들을 훈련할 때 쓰는 방법이야.

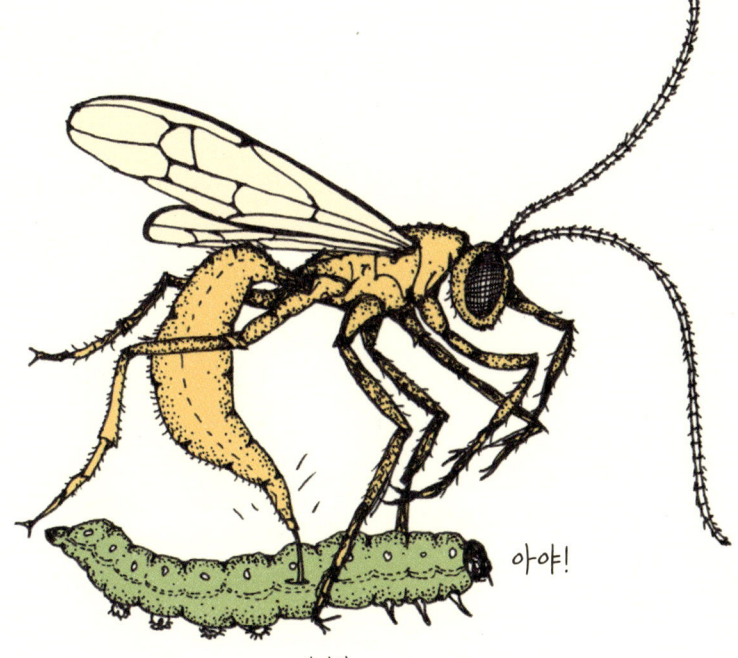

아야!

맵시벌

악어거북

82 혀로 하는 낚시

물고기를 잡으려면 미끼가 필요해. 작은 벌레를 미끼로 삼지.

북미에 사는 **악어거북**도 이 원리를 이해했어. 악어거북은 민물 연못의 바닥에 살지. 아주 조용하고 보이지 않아. 등껍질이 연못 바닥과 색이 비슷하고, 등껍질 위에서 이끼도 자라거든. 입을 벌리면 꼭 벌레처럼 생긴 분홍색 혀가 튀어나오지. 그러면 주변에 다니던 물고기와 바닷가재가 악어거북의 혀를 자신들이 먹을 수 있는 벌레라 생각해서 다가와. 그 벌레에 매달린 100킬로그램이 넘는 악어거북은 보지 못한 채 말이야. 물고기가 악어거북의 입속으로 헤엄쳐 들어오자마자, 악어거북은 날카로운 이빨이 난 턱을 닫아 버려.

악어거북은 때때로 물고기 말고 별식이 먹고 싶을 때가 있어. 하늘에서 날아다니는 새 말이야. 그럴 때면 갈매기 같은 새가 물 위에 떠다닐 때 확 잡아채 익사시키지.

그리고 통째로 먹어 버리는 거야.

악어거북은 200살까지 살 수 있어. 그리고 암컷 악어거북은 한 번에 10~15개씩 알을 낳기 때문에 자손을 많이 남길 수 있어. 하지만 수많은 새끼 악어거북이 다 크기도 전에 천적들에게 잡아먹히지.

83 한쪽 다리로 서서 머리를 거꾸로 처박고 식사하는 홍학

- **홍학**은 종종 한쪽 다리로 서 있어. 대체 이유가 뭘까? 과학자들은 아직 그 이유를 알아내지 못했어. 한쪽 다리로 서서 잠시 휴식을 취하고 싶을 수도 있어. 아니면 체온이 내려가는 걸 막으려고 한쪽 다리를 털 속에 숨겨 놨을 수도 있어. 너도 차가운 물속에 두 발을 다 넣고 있으면 한쪽은 빼고 싶을걸? 그런데 따뜻한 물에서도 홍학은 한쪽 다리를 들어올려. 심지어 육지에 올라와서도 그런다니까! 홍학이란 정말 이상한 새야. 어떻게 다리를 들어 올리고 계속 서 있을 수 있을까? 홍학은 다리를 들어 올린 자세가 흐트러지지 않게 관절을 고정시킬 수 있어. 그게 바로 오래 서 있을 수 있는 비결이지. 홍학의 무릎 관절은 특수해서 그 상태로 잠들 수 있을 정도로 안정적인 자세를 유지할 수 있거든. 심지어 죽은 다음에도 그 자세 그대로 있을 수 있어.

- 홍학은 먹이를 먹으려면 머리를 거꾸로 뒤집어야만 해. 구부러진 부리 때문이지. 물에 머리를 거꾸로 박고, 진흙과 함께 물을 빨아들여. 부리의 필터를 통해 다시 진흙을 뱉어낼 수 있어.

- 홍학의 둥지는 원뿔처럼 생겼어. 암컷과 수컷이 함께 둥지를 짓고, 암컷이 그 안에 알을 낳아. 부화한 새끼 홍학들은 어른 홍학의 머리에 있는 땀샘에서 나오는 일종의 우유를 마시고 자라. 그렇게 2~3년이 지나면, 새끼의 몸이 회색에서 분홍색으로 바뀌어.

잘난 척하기는!

84 남아프리카의 피리 부는 사나이에 대해 알고 있니?

아마 《하멜른의 피리 부는 사나이》 이야기를 알 거야. 그런데 남아프리카에 정말 피리로 쥐를 쫓는 동물이 있다는 거 알고 있니? **뱀잡이수리**는 피리로 쥐를 유혹하지는 않지만, 피리처럼 길고 튼튼한 발로 잘 조준한 펀치를 한 방 먹이곤 해. 쥐뿐만 아니라 뱀, 거북 및 모든 종류의 파충류를 잡아먹어.

수컷 뱀잡이수리는 맘만 먹으면, 자기 체중의 6배가 넘는 동물을 집어던질 수 있어. 그런 이유로 '닌자 독수리'라고 불리기도 하지. 정말 특이한 외양의 독수리야. '비서 새'라고 불리는데, 아마도 머리의 특별한 깃털 때문에 생긴 이름일 거야. 옛날에 비서가 귀 뒤에 꽂고 있는 펜을 연상시키거든. 뱀잡이수리의 다리는 매우 길고 강력해. 그 다리를 사용해 쾌활하게 뛰어다녀. 위험에 빠지거나 사냥꾼이 다가오면, 날개를 사용해 더 빨리 달아나.

제가 쥐를 쫓아 드렸으니 곧 청구서를 보내겠어요.

뱀잡이수리

85 눈 덮인 산을 냉장고로 사용하는 울버린

근육질의 몸과 손에서 칼이 나오는 마블의 슈퍼 히어로 울버린과 이름이 같은 동물이 있어.

영화 속 울버린은 늑대와 비슷하지만, 동물 **울버린**은 늑대와는 전혀 관련이 없고 오히려 족제비와 가까워. 생김새는 긴 주둥이와 짧은 다리 때문에 곰과 비슷해 보이지. 울버린은 눈 주위와 이마에 검은 털 마스크를 쓴 것처럼 보여.

울버린은 식물, 새알, 딸기류뿐만 아니라 작은 설치류와 다람쥐도 먹어. 순록이나 야생염소를 사냥하기도 하지. 강한 턱과 이빨로 뼈와 이빨까지 다 먹어 치운다고. 정말 엄청나!

울버린은 북반구의 위도가 높은 곳에 살아. 완전히 벌어지는 발을 가지고 있어서, 꼭 설상화를 신은 것처럼 보여. 특이한 발 덕분에 눈 위에서도 쉽게 걸을 수 있어. 울버린이 살아남으려면, 눈이 꼭 필요해. 첫 번째로 눈을 먹이를 저장하는 냉장고로 사용하거든. 울버린은 덩치 큰 사냥물을 한 번에 다 먹지 않아. 먹이가 고갈됐을 때를 대비해 차가운 눈 속에 묻어 두지. 고기를 차갑게 유지하면 곤충이나 박테리아 때문에 상할까 봐 걱정하지 않아도 되거든. 이렇게 저장한 먹이는 새로 태어날 아기 울버린들에게 특히 유용해. 여기서 바로 눈이 중요한 두 번째 이유를 설명할 수 있어. 암컷 울버린은 눈에 깊은 굴을 파서 새끼를 낳아. 보통 겨울 끝 무렵이나 이른 봄에 번식해. 암컷은 꽁꽁 얼어붙은 먹이를 먹으며 겨울을 나. 하지만 수컷 울버린은 새끼들에게 그다지 신경을 쓰지 않아.

흰동가리와 말미잘은 환상의 커플이야.

86 사이 좋은 흰동가리와 말미잘

만화영화 〈니모를 찾아서〉를 본 적 있어? 그러면 **흰동가리**라는 물고기가 **말미잘** 안에 사는 걸 봤겠지. 이 물고기와 말미잘이 서로 돕는다는 것도 알고 있니? 흰동가리는 독이 있는 말미잘을 쉼터로 삼아. 몸통이 특수한 점액으로 덮여 있기 때문에 말미잘의 독에 상처를 입지 않지. 흰동가리는 말미잘이 먹다 남긴 찌꺼기를 먹기도 해. 말미잘 역시, 흰동가리에게 살 곳을 마련해 주는 걸 좋아해. 흰동가리가 천적으로부터 말미잘을 보호해 주고, 불쾌한 기생충도 먹어 치우거든. 말미잘은 흰동가리의 배설물에서 영양분을 얻기도 해. 흰동가리는 말미잘 주변에서 열심히 헤엄치고, 말미잘은 더 많은 생물을 유혹해. 생물학에서는 이런 관계를 '공생'이라고 불러.

흰동가리는 건강이 나빠지면, 말미잘을 떠나야 해. 건강하지 못하다는 건 말미잘의 독으로부터 자신을 보호하는 점액이 충분히 분비되지 않는다는 뜻이거든. 그러면 자칫하다 말미잘에게 잡아먹힐 수도 있으니까.

5
특이한 동물, 이상한 동물

87 바하마의 명물, 수영하는 돼지

바하마의 돼지섬에는 바다 수영을 좋아하는 **야생돼지**가 살아. 돼지들이 어떻게 섬에 살게 됐는지는 잘 알려지지 않았어. 선원들이 나중에 데려가려고 놔뒀던 걸까? 난파선에서 떠내려 온 걸까? 아무도 답을 알지 못해.

하지만 돼지들은 섬에 완벽하게 적응했지.

이 섬의 해변에서는 돼지들을 쉽게 볼 수 있어. 다들 행복하게 뛰어다니고 헤엄을 치거든.

하지만 돼지들은 위험에 빠져 있어. 이미 약 절반이 죽어 버리고 말았지. 섬에 찾아오는 수많은 관광객 때문이야. 다들 해변으로 먹이를 너무 많이 던지는데, 돼지들이 그 먹이를 주워 먹으면서 많은 양의 모래를 함께 먹거든. 모래는 소화되지 않고 배 속에 남아 있기 때문에 돼지에게 치명적일 수 있어. 돼지들이 마시던 민물도 다 말라 버렸어. 그래서 사람들이 머리를 맞대고 살아 남아 있는 돼지들이 오랫동안 수영을 즐길 수 있는 방법을 찾는 중이야.

음, 아주 상쾌해!

바하마의 돼지섬에서 돼지가 수영을 해.

88 바다에서 가장 아름다운 용

이 용의 공식 이름은 **파란갯민숭달팽이**야. 거의 6센티미터로, 작은 용처럼 생겼어. 꼭 디즈니 영화에서 나오는 캐릭터 같아. 포켓몬스터 같기도 하고.

사실 파란갯민숭달팽이는 바다 달팽이야. 옆면에 매우 특별한 돌출부가 달린, 길쭉한 몸체를 지니고 있지. 그 끝은 꼭 가는 손가락이 달린 손같이 생겼어. 이 부분을 세라타라고 해. 파란갯민숭달팽이는 이 부분을 사용해서 헤엄쳐.

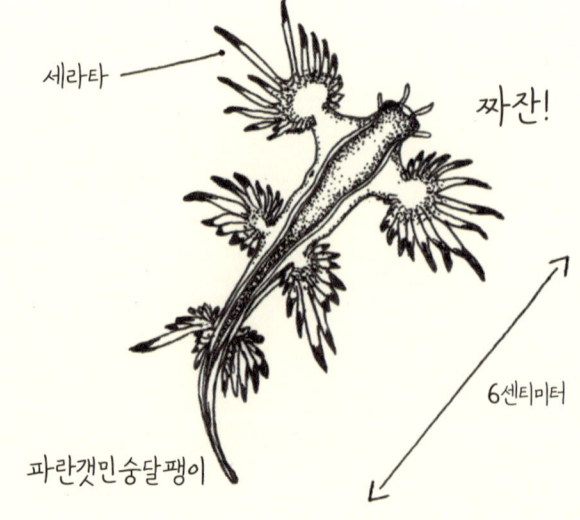

세라타

짜잔!

6센티미터

파란갯민숭달팽이

바다 어디서든 파란갯민숭달팽이를 볼 수 있어. 누군가 잘 그려 놓은 그림처럼 생겼지. 등은 은회색이고, 배는 밝고 진한 파란색이야. 다리도 파란색과 회색이지. 그들은 방광에 공기를 빵빵하게 채워서 물 위를 둥둥 떠다녀. 배영하듯이 등을 아래로 두고 헤엄치고 튼튼한 다리는 수면에 닿아 있어.

조심해! 파란갯민숭달팽이는 보이는 것만큼 순진하지 않아! 상당히 큰 동물도 공격하지. 현존하는 가장 위험한 생물인 작은부레관해파리(176번 이야기 참조)도 공격해. 파란갯민숭달팽이는 독을 신체 조직에 저장하는데, 자기는 그 독에 면역이 돼 있기 때문에 괜찮아. 혹시 파란갯민숭달팽이를 발견했니? 만지면 안 돼. 쏘이면 엄청 아플 거야.

89 머리 위에 소변을 보는 바닷가재

바닷가재의 소변 배설 기관은 머리에 달렸어. 두 더듬이 말고도, 소변을 볼 수 있는 몇 개의 개구부가 머리에 달려 있지. 바닷가재는 의사소통을 위해 서로의 얼굴에 소변을 봐. '싸우자'라는 결투 신청과 '너를 사랑해'라는 애정 표현을 소변으로 하는 거야.

수컷 바닷가재는 실제로 엄청난 싸움꾼이야. 상대방을 공격하기를 즐기지. 이때 강력한 집게발을 사용해. 이 집게발이 얼마나 강하냐면, 성인 남성의 팔이 부러질 만큼의 힘을 줄 수 있어. 상대에게 치명상을 입힐 수 있지. 하지만 부상을 입었다고 해서 그렇게 심각한 문제가 되는 건 아니야. 왜냐하면 바닷가재는 탈피하면서 잘린 부분이 다시 자라거든. 다리는 20~30번 정도 다시 자랄 수 있어.

짝짓기를 위해, 바닷가재는 서로의 은신처에다 소변을 봐. 암컷들은 그 순간에 탈피를 해. 탈피하지 않으면 성장할 수 없거든. 그리고 딱딱한 갑옷을 벗어야만 짝짓기를 할 수 있어. 암컷 바닷가재는 기분이 좋을 때만 짝짓기를 해. 주변의 환경이 조성될 때까지, 수정하지 않고 정자를 지니고 있지. 예를 들어 먹이가 충분한 계절에만 수정을 진행해. 짝짓기 후 6~9개월 지난 때에 수정할 수도 있다는 말이야. 여러 수컷과 짝짓기를 하기 때문에 여러 정자로 수정된 알을 낳을 가능성이 있어.

바닷가재는 짝짓기 상대를 구할 때 아주 특이한 방법을 사용해.

90 지구에서 가장 특이한 동물, 오리너구리

18세기, 호주에서 보낸 **오리너구리** 박제를 본 유럽의 과학자들은 누가 장난을 친다고 생각했어. 호주에 있는 동료들이 여러 동물을 이어 붙여 박제를 만들었다고 생각했지만, 진실은 알 수 없었지. 오리너구리를 처음 봤기 때문이야.

오리너구리는 호주 태즈메이니아섬과 몇몇 지역에서만 사는 동물이야. 수달의 몸, 비버의 편평한 꼬리, 오리의 발과 크고 넓적한 검은 주둥이를 지니고 있지. 주둥이가 얼마나 민감한지 귀·눈·코를 막아도 사냥이 가능할 정도야.

오리너구리는 특별한 주둥이로 강바닥에서 모든 종류의 생물을 잡아먹어. 이빨이 없기 때문에 먹이를 갈아 으깨기 위해 자갈이 많은 곳에서만 먹이를 구하지.

오리너구리의 다리에는 물갈퀴가 있어서 헤엄을 잘 칠 수 있어. 뭍으로 올라가면, 막이 수축하면서 날카로운 발톱이 나타나. 걷는 모습이 우아하지는 않지만 땅에서 걷기에는 효율적인 발톱이야.

오리너구리는 알을 낳는 몇 안 되는 포유류이기도 해.

그 밖에 오리너구리가 특이한 이유가 또 있을까? 물론이야! 수컷 오리너구리의 뒷다리에는 독성 물질을 분비할 수 있는 침이 달려 있어. 갈고리처럼 생겼지. 다른 수컷들이 자기 짝 가까이 오지 못하게 하려는 게 아닐까? 독은 치명적이지 않지만, 고통을 주기는 해.

자, 어때? 이제는 오리너구리가 특이하다는 걸 인정할 수 있겠어?

유연한 꼬리
꽥?
예민한 주둥이
발톱과 물갈퀴가 달린 발
오리너구리

액솔로틀은 지하 세계의 가이드야.

91 신성한 액솔로틀

액솔로틀은 멕시코의 호히밀코 운하와 호수에서만 사는 특별한 도롱뇽이야. 솔로틀 신으로부터 액솔로틀이라는 이름을 얻었지. 솔로틀은 개의 모습을 하고, 죽은 자들을 아즈텍의 지하 세계로 인도했어. 그러던 어느 날, 자신도 죽을까 봐 두려워졌지. 그래서 액솔로틀로 변해서 물속으로 숨어 버렸어. 안타깝게도 더 이상 개의 모습을 지닐 수 없게 됐고, 영원히 물속에 머물게 됐지.

액솔로틀에게는 신성하다고 볼 수 있는 몇 가지 능력이 있어. 많은 도롱뇽이 '재생' 및 회복 능력이 있다는 건 알지? 예를 들어 오래된 꼬리가 잘려 나가면 새로운 꼬리가 생겨나잖아. 액솔로틀 역시 훌륭한 재생 능력이 있어. 꼬리나 팔다리뿐만 아니라 등뼈, 턱, 심지어 뇌까지 재생이 가능해! 자라난 자리에 흉터가 남지도 않아. 당연히 과학자들이 엄청난 관심을 보이지. 그 원리가 무엇인지 알아내서 사람들에게 도움이 되기를 바라지만 아직도 회복 능력의 비밀은 밝혀지지 않았어.

야생 액솔로틀은 녹갈색 또는 검은색을 띠고 있어. 얼굴에는 항상 웃음을 짓고 있지. 머리 옆에는 재미있는 깃털이 달린 3개의 돌출부가 있어. 바로 아가미야. 이 아가미를 통해 몸속에 더 많은 산소를 공급할 수 있어. 불행히도 액솔로틀은 거의 멸종됐지. 액솔로틀이 사는 호수에 많은 하수가 방출되어서 심하게 오염됐거든. 2009년 기준으로 1,200마리의 야생종만이 남아 있어.

수족관에 가면 액솔로틀을 볼 수 있어. 이 액솔로틀들은 보통 붉은 아가미와 검은 눈을 가진 흰색 표본이야. 이들의 조상은 유전적 결함을 가진 수컷으로, 1863년 프랑스 파리로 옮겨졌어. 그때부터 번식을 시작했지. 이렇게 액솔로틀은 이름만큼이나 특이한 동물이야.

진정하자! 숨을 들이쉬고, 숨을 내쉬고.

민물거북은 자신만의 방법으로 숨을 쉬어.

92 궁둥이를 통해 숨을 쉬는 거북

거북은 냉혈동물, 또는 변온동물이라고 불려. 주변의 온도에 따라 체온이 달라져. 외부의 온도가 15도 이상이면, 거북의 체온도 15도가 돼.

그럼 거북은 어떻게 겨울을 버텨 낼까? 날씨가 추워지면, 거북의 신진대사 능력은 최소한으로 떨어져. 꼭 필요하고 중요한 기능만 작동해. 최소한의 산소와 에너지만을 소비하는 거야.

여기에도 한계가 있어. 거북의 등껍질에 얼음 결정이 생기면 죽거든. 하지만 민물거북들은 살아남을 방법을 찾아냈지. 바로 물속에서 동면하는 거야. 물론 물의 표면은 얼어도 물속까지 얼지는 않거든. 물의 온도는 안정적일 테고, 거북의 체온도 마찬가지일 거야.

하지만 거북도 숨을 쉬어야 하지 않을까? 당연하지. 동면하는 동안에는 물속에 녹아 있는 산소를 쓸 수 있어. 되도록 산소를 많이 얻기 위해 거북은 입뿐만 아니라 몸 뒤쪽을 사용해 호흡하지. 거북의 궁둥이 쪽에는 산소를 흡수할 수 있는 혈관이 많이 있어.

거북의 몸은 한동안 산소 없이도 버틸 수 있어. 하지만 근육에는 항상 산소가 필요하기에 이런 환경이 달갑지만은 않아. 산소가 없으면 근육이 산화돼. 운동을 너무 열심히 했을 때 근육 경련이 올 때가 있지? 그게 근육의 산화야. 어떤 거북들은 100일 동안이나 산소 없이 버틸 수 있지만, 그러고 나면 근육에 경련이 일어나. 그리고 체온을 높이려면 햇볕 아래에서 숨을 쉬어야 하지. 그러니 햇볕을 쬐며 천천히 움직이는 거북을 본다면, 친절하게 대해 주렴.

93 공룡보다 나이가 많은 물고기

칠성장어의 치어는 가늘고 긴 끈 같은 모양으로 이빨도 눈도 없어. 온갖 종류의 미생물을 먹고 자라. 몇 년이 지나면, 15센티미터에서 1미터까지 자라서 '물고기'가 돼. 그때부터 칠성장어는 기생을 시작해. 일부는 자신들이 태어난 민물에 남고, 또 다른 일부는 바다로 이주해.

칠성장어는 원반형의 입에 들어찬 작고 날카로운 이빨로 물고기, 돌고래 또는 다른 큰 동물에 붙어서 비늘을 뜯어먹고 피를 빨아. 다 큰 칠성장어는 굵은 뱀장어나 뱀처럼 보여. 시력이 좋은 눈 한 쌍, 등지느러미 2개, 꼬리지느러미, 몸 양쪽에 위치한 아가미 7개, 그리고 머리 꼭대기에 콧구멍이 달렸어. 전체 골격은 딱딱한 뼈가 아니고 연골로 이루어져 있지. 이미 공룡 이전부터 존재해 왔던 매우 원시적인 동물이야.

칠성장어는 중세 시대에 왕실 연회에서 먹는 진미였어. 영국의 헨리 1세가 특히 좋아했지. 하지만 이 물고기는 왕을 죽음으로 몰고 갔어. 헨리 1세는 1135년에 칠성장어를 너무 많이 먹은 탓에 사망했지.

너도 한번 먹어 볼 테야? 그러면 며칠 동안 피를 빼낸 후에 요리해야 된다는 점을 꼭 기억해. 사람들은 칠성장어가 오징어와 비슷한 맛이 난다고 하지만 다들 직접 먹어 보지는 않아서, 실제로 어떤 맛인지는 알 수 없어.

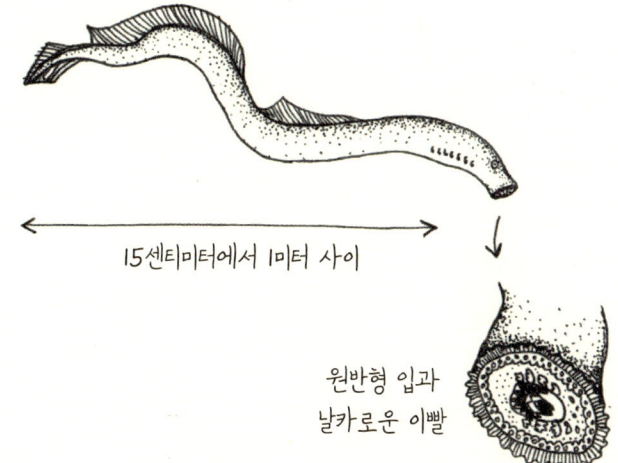

15센티미터에서 1미터 사이

원반형 입과 날카로운 이빨

아야!

공룡은 칠성장어보다 오래 살지 못했어.

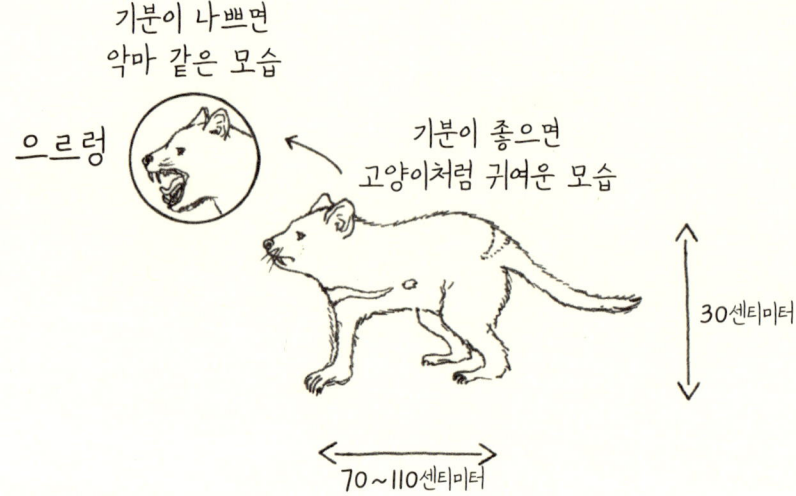

기분이 나쁘면 악마 같은 모습

으르렁

기분이 좋으면 고양이처럼 귀여운 모습

30센티미터

70~110센티미터

태즈메이니아데빌은 조울증을 앓고 있어.

94 태즈메이니아에 '악마'가 살고 있어!

태즈메이니아데빌이라 불리는 동물이 있어. 몸통은 검고, 가슴에 흰색 무늬가 있는 유대류*야. 전체 길이는 약 70~110센티미터, 땅에서 어깨까지 잰 길이는 30센티미터 정도 되고 무게는 14킬로그램이야.

태즈메이니아데빌은 호주의 태즈메이니아섬에만 살아. 물론 호주 본토에서도 살았지만, 그곳에서는 400년 전에 모두 멸종했어. 이들은 사람들을 공격하지 않고 위험하지도 않아. 물론 네가 먼저 건드리지 않는다면 말이지. 태즈메이니아데빌은 턱과 이빨이 튼튼해서 뼈까지 으스러트릴 수 있어.

호주에 도착한 최초의 유럽 정착민들은 태즈메이니아데빌을 좋아하지 않았어. 농장의 닭을 잡아먹었고, 소까지 공격할까 봐 농부들은 두려웠지. 그래서 태즈메이니아데빌을 잡는 사냥꾼들이 생겨난 거야.

사냥꾼들은 태즈메이니아데빌을 죽이면 특별한 상을 받았어. 1941년이 돼서야 이 동물을 보호하는 법이 생겼지.

사실 태즈메이니아데빌은 우리를 돕는 동물이야. 약해지거나, 이미 죽은 동물의 시체를 먹어서 초원을 깨끗하게 청소해. 또한 태즈메이니아에서 야생 고양이가 많아지지 않게 해 주지. 야생 고양이가 많아지면 조류가 줄어들 수 있기 때문에 야생 고양이의 개체 수 유지가 중요해.

이런 유용한 동물에게 '악마(데빌)'라는 이름이 붙은 이유가 무엇일까? 태즈메이니아데빌이 가끔 성질을 부릴 때가 있거든. 위협을 느끼거나, 자신의 먹이를 빼앗길 것 같으면 성질을 버럭 내고 마는 거야. 소리를 내고 으르렁거리는 모습이 약간 악마 같다는 이야기가 있어.

*캥거루처럼 암컷이 배 앞주머니에서 새끼를 기르는 동물.

95 매서운 부리를 가진 선사 시대 조류

선사 시대에 살던 조류는 어떻게 생겼는지 알아? **넓적부리황새** 또는 **슈빌**이라고 불리는 이 새가 아마 선사 시대의 새와 가장 비슷한 모습을 가졌을 거야. 화석에서 볼 수 있는 새와 무척 닮았어.

넓적부리황새는 흔히 1.5미터까지 자라고 날개 너비는 2미터 이상이야. 이 새에게 넓적부리황새라는 이름이 붙은 건 19세기 중반이었지. 이 새들은 동아프리카의 늪에서 살고, 낯을 많이 가려.

넓적부리황새는 종종 물에 발을 담그고 서 있어. 그러고는 뱀장어, 폐어, 악어가 헤엄치는 모습을 그저 지켜봐. 인내심이 강해서 몇 시간 동안 그냥 보고만 있는 거야. 그러다 중요한 순간이 오면 무자비하게 공격해. 큰 부리로 먹이를 덥석 물어 버리지. 잠시 후 부리를 살짝 열면 먹이가 머리를 내미는데 그때 다시 부리를 확 다물어서 먹이의 머리를 댕강 잘라 내버리지. 그리고 머리를 흔들어서 부리 안의 모래와 물을 다 빼 버린 후 먹이를 삼켜.

넓적부리황새는 다 같이 모여서 짝짓기를 해. 수컷은 암컷을 발견할 때까지 입을 열지 않아. 넓적부리황새 부부는 자식을 한 마리만 돌봐. 가장 힘센 새끼가 나머지를 둥지에서 쫓아내 버려. 쫓겨난 새끼들은 죽고 말지.

넓적부리황새를 보고 싶어? 우간다의 엔테베 야생 동물 교육 센터에 사는 '스시'에게 가 보자. 조심스럽게 다가가면, 살며시 만져 볼 수도 있을 거야.

넓적부리황새

96 다리에 거머리를 올려 볼까?

거머리만 떠올리면 소름이 끼쳐? 몸에 붙어서 피를 빠는 벌레라니… 누가 좋아하겠어.

하지만 거머리를 좋아하는 사람들도 있어. 쓸모가 많다고 여기거든. 그들은 거머리를 이용하면 병을 치료할 수 있을 거라 생각해. 거머리는 중세 시대부터 치료 목적으로 사용했어. '거머리 요법'이라고 부르지.

수술 후 붓기를 가라앉히거나 관절염 치료에 거머리를 사용할 수 있어. 특히 손가락, 귀 및 눈꺼풀의 혈액 순환을 돕지. 피로를 회복시켜 주기도 해. 하지만 많은 과학자들과 의사들은 거머리 요법을 의학에 무지한 민간요법으로 여겨.

거머리는 몸 양쪽에 특수한 돌기가 달린 검은색 또는 갈색의 작은 벌레야. 입안의 이빨로 희생자를 꽉 물지. 희생자는 새나 다른 동물일 수도 있고, 인간일 수도 있어. 거머리의 침에는 피가 엉기지 않게 하는 물질이 들어 있지. 물려도 아프지는 않지만, 알레르기 반응이 나타날 수 있어.

거머리는 보통 습하고 따뜻한 곳에서 살아. 산책하는 동안에도 다리에 달라붙을 수 있지. 일단 물리면 소금, 비누로 문지르거나 라이터의 불로 뗄 수 있어. 물론 물리지 않는 게 가장 좋아. 그러니 열대 지방에서 산책할 때는, 바지 끝을 양말에 넣어서 입는 게 좋아.

거머리는 한 번 빨아 먹은 피로 1년 가까이 생존할 수 있어. 1년이 지나면 다시 배가 고파지고, 흡혈할 동물을 찾지.

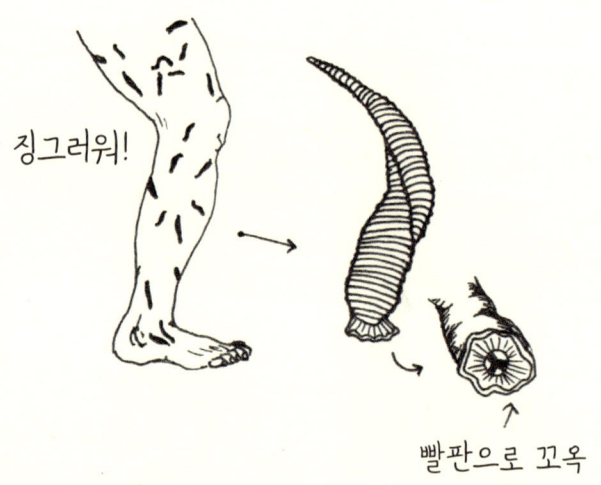

징그러워!

빨판으로 꼬옥

97 하늘을 나는 다람쥐가 다가올 때…

유대하늘다람쥐는 호주, 태즈메이니아, 인도네시아 및 뉴기니에 사는 유대류 동물이야. 캥거루와 웜뱃과에 속해. 크기는 약 30센티미터 정도야. 거기서 꼬리를 빼면 키는 15센티미터 정도 될 거야.

유대하늘다람쥐의 가장 큰 특징은 손목에서 뒷다리까지 이어진 막이야. 다리를 펼치면 공중에서 떠다닐 수 있는 일종의 낙하산이 돼. 유대하늘다람쥐의 체중은 최대 160그램이고, 이 낙하산으로 최대 50미터까지 비행할 수 있어. 다리와 꼬리를 사용해 방향을 조정하지.

히하!
낙하산
날아간다!
방향키
방향키
30센티미터

유대하늘다람쥐가 땅에 떨어질 일은 거의 없어. 오래된 나무에 구멍을 뚫고 15~30마리 정도가 무리를 지어 살아. 외국에서는 유대하늘다람쥐를 '슈가글라이더'라고 부르기도 하는데, 달콤한 먹이를 매우 좋아하기 때문이야. 가장 좋아하는 건 고무나무의 수액이지. 수액이 나무에서 흘러나올 때까지 날카로운 이빨로 껍질을 긁어.

유대하늘다람쥐를 반려동물로 기르는 경우도 있어. 사람들은 유대하늘다람쥐에게 설탕을 먹이는 실수를 저지르고는 해. 안타깝게도 유대하늘다람쥐는 설탕을 먹으면 건강이 나빠지기 때문에 조심해야 해.

98 키위새라고? 키위 열매에 다리가 달렸나?

사람들이 간혹 묻곤 해. 맛있는 키위를 좋아하냐고 말이야. 과일에 대한 질문이겠지? 설마 호주에 사는 귀여운 **키위새**가 맛있다는 건 아니기를! 키위새가 꼭 다리가 달린 키위 열매처럼 보이기는 해. 타원형의 몸에 짧은 다리, 그리고 뾰족한 부리를 가졌어. 작은 닭 정도의 크기로 뉴질랜드에서만 사는데, 뉴질랜드의 비공식적인 상징 가운데 하나야.

세계의 다른 새와 견주어 보면, **키위**는 몸 크기에 비해 가장 큰 알을 낳아. 알은 암컷 키위새 크기의 약 20퍼센트 정도의 크기야. 사람과 비교해 볼까? 태어나기 직전의 아기는 고작 엄마 몸의 5퍼센트 정도 크기야. 그러니 키위새의 알은 엄청 큰 거지.

키위새는 날개가 너무 작아 날 수 없어. 대신에 작고 긴 부리를 사용해서 먹이를 잡으러 다녀. 키위새의 부리에는 먹이를 구하는 데 도움이 되는 콧구멍이 있어. 갈색과 회색 깃털은 깃털보다는 털처럼 보이지. 천적들을 상대로 훌륭하게 위장할 수 있어.

마냥 귀여워 보이더라도, 키위새를 건드리지 않는 게 좋아. 특히 자기 영역이 침범당하면 매우 화를 내. 칼만큼이나 날카로운 발톱으로 할퀼 수도 있어. 그러면 전혀 귀여워 보이지 않겠지.

터벅 터벅 터벅

키위

99 밤에도 밝게 빛나는 물방울무늬청개구리

아르헨티나의 과학자들은 빨간 점이 박힌 녹색 개구리를 발견했어. **물방울무늬청개구리**라고 이름을 붙였지.

과학자들이 어둠 속에서 개구리에게 자외선을 비추어 보았더니, 밝은 파란색과 녹색 빛을 냈어. 몸에 지닌 특수한 형광 분자 때문이지. 다른 동물에게서는 한 번도 나타나지 않았던 분자야.

과학자들은 아직까지도 왜 물방울무늬청개구리가 어둠 속에서 밝게 빛을 내는지 완전한 답을 찾지 못했어. 짝짓기 상대를 유혹하기 위한 수단일 수도 있지만, 의사소통 방식이라던가 특수한 형태의 위장술일 수도 있지.

종종 물고기, 해파리 및 기타 수중 생물들도 스스로 빛을 내는 경우가 있어. 생물 발광이라는 현상이지. 과학자들은 어류의 70퍼센트와 해파리의 90퍼센트 이상이 생물 발광을 한다는 것을 알아냈어.

심해 동물은 이 능력으로 위장을 해. 어두운 물속에서 빛을 내서 숨는다니 이상하게 들릴 수도 있지만, 정말이야. 빛이 나지 않으면, 물 아래서 올려다봤을 때 어두운 점으로 보여서 정체를 들킬 수 있거든. 하지만 빛이 나면 물 밖에서 들어오는 빛과 섞여서 오히려 보이지 않아.

먹이를 구하거나 짝짓기 상대를 유혹하기 위해 이런 능력을 쓸 수도 있어. 어떤 상어들은 배에서 빛이 나. 엄청 작은 부분만 어두울 뿐이야. 큰 물고기들은 그 점을 작은 물고기라 생각하고, 그 방향으로 헤엄쳐 가. 큰 물고기가 가까이 오면, 상어는 이 틈을 놓치지 않고 먹이를 덥석 물어.

또 이 능력으로 다른 동물들을 놀라게 할 수도 있어. 어떤 오징어나 갑각류는 물에 빛나는 형광 물질을 뿌려 사냥꾼을 헷갈리게 하기도 해.

물방울무늬청개구리의 생물 발광

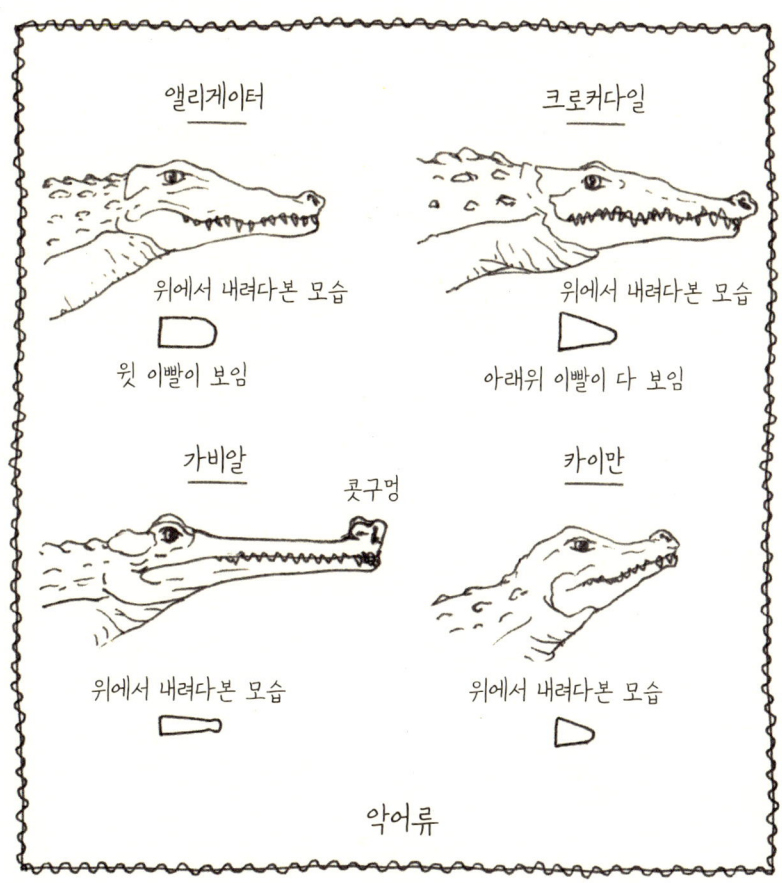

100 이제 200마리밖에 남지 않은 야생 가비알

가비알은 인도, 네팔 및 파키스탄에 사는 매우 특별한 생물이야. 잘 알려지지는 않았지만 악어와 같은 종류지. 길고 좁은 주둥이로 가비알을 구별할 수 있어. 인도에서는 '가리알'이라고 부르기도 해. 수컷 가비알의 콧구멍에 달린 혹이 인도의 냄비인 '가라'와 비슷하게 보이기 때문에 지어진 이름이야.

악어와 마찬가지로 가비알도 최대 6미터까지 자랄 수 있어. 물에 살며 어류를 먹이로 삼지. 땅에서 걷는 건 어려워. 짧은 다리가 가비알의 체중을 견딜 수 없어서 땅에서는 배를 대고 앞으로 미끄러지며 움직여야 하기 때문이야.

안타깝게도, 가비알은 멸종 위기에 처했어. 이제 약 200마리만 남았지.

마다가스카르손가락원숭이

101 내 엄지를 눌러 봐…

누가 자기 엄지를 눌러 보라는 장난을 친 적이 있어? 누르면 방귀를 뀌는 장난 말이야. 그런데 **마다가스카르손가락원숭이**의 엄지를 눌러도, 방귀를 뀔까? 불가능할지도 모르지만, 그 종에 대해 많은 걸 알 수 있어.

마다가스카르손가락원숭이는 큰 눈과 귀 때문에 박쥐처럼 보이지만 침팬지, 원숭이, 그리고 인간처럼 포유류야. 자신의 몸보다 길고 푹신한 꼬리를 가졌고, 털은 어두운 갈색 또는 검은색이지. 마다가르카르손원숭이의 가장 큰 특징은 바로 손이야. 손에서도 가운데 긴 손가락이 두드러지지. 이 긴 손가락으로 나무껍질을 두드려서 나무에 사는 곤충을 찾고 큰 귀로 소리를 들어. 곤충을 발견하면 긴 손가락으로 집어내지. 또한 이 손가락으로 코코넛이나 다른 과일을 후벼 파서 먹기도 해.

마다가스카르에 사는 사람들은 이 마다가스카르손가락원숭이를 보면 불행이 닥친다고 믿어. 또 밤에 긴 손가락으로 사람들의 마음을 찌르기 위해 찾아온다고 믿지. 물론 실제로 벌어지는 일들은 아니지만, 이 이야기를 사실처럼 생각해. 보통 이 원숭이를 본 사람들은 사악한 영혼을 쫓는다는 이유로 그 자리에서 쏘아 죽이고 말아. 이건 부끄러운 일이야. 마다가스카르손가락원숭이는 날아서 도망가지도 못하고, 사람에게 해를 끼치지도 않거든. 오히려 인간과 친해지고 싶어하는데 말이야!

102 개미귀신은 개미를 기다려

명주잠자리는 우리가 흔히 아는 잠자리가 아니야. 우리가 이제부터 살펴볼 '개미귀신'은 명주잠자리의 애벌레야.

개미귀신은 크기가 평균 1.5센티미터이며 모래밭에서 살아. 모래를 이리저리 던지며 깔때기 모양의 구멍을 파곤 하는데, 깔때기의 밑바닥에 개미귀신이 숨는 거야. 그런 다음 개미가 그 깔때기 속으로 미끄러져 들어오기만을 기다려.

개미귀신은 온몸이 털로 덮여 있어. 이 털로 주변의 움직임을 감지해. 앞을 제대로 보지 않고 걷던 개미는 이 덫에 순식간에 빠져들겠지? 개미는 다시 땅 위로 올라가려고 발버둥치겠지만 그럴수록 아래로

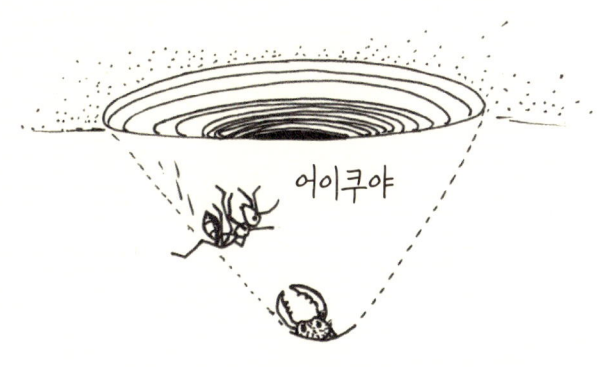

어이쿠야

흘러내리는 모래알 때문에 쉽지 않아. 더구나 개미귀신이 계속해서 모래알을 던져 개미가 절대 빠져나갈 수 없도록 만들거든. 꼭 산사태가 난 것 같아서 개미는 점점 더 밑으로 빠져들 거야.

개미가 덫의 바닥까지 미끄러져 내려오면, 개미귀신은 개미를 확 물어서 치명적인 독을 퍼트려. 그러면 개미의 속이 다 녹아 버려서 개미귀신이 쭉 마실 수 있게 변해. 개미귀신이 그 속을 다 먹어 버리고, 결국 불쌍한 개미는 껍데기만 남고 말지.

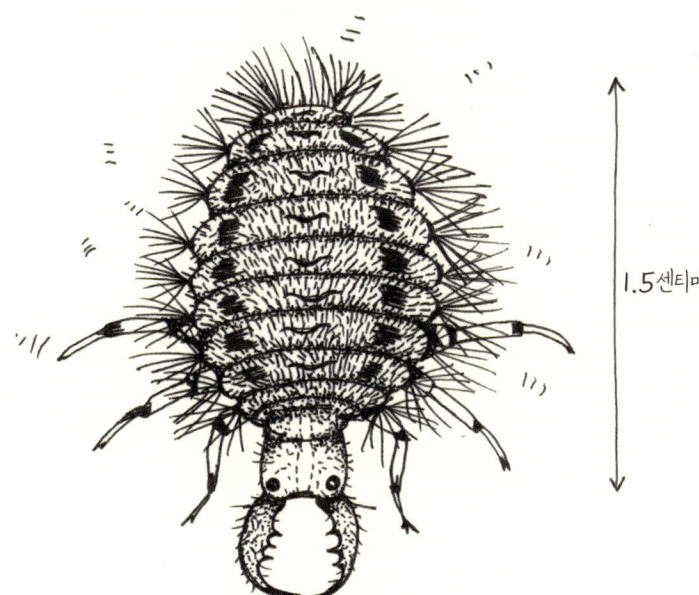

1.5센티미터

아하, 손님이 오시는군!

103 한 번에 새 열 마리를 잡는 카라칼

그림 형제의 동화 속에는 용감한 꼬마 재봉사 이야기가 나와. 꼬마 재봉사는 돌을 던져 새를 일곱 마리나 잡았어. 물론 꼬마 재봉사도 강하지만, **카라칼**에 비하면 아무것도 아니야. 카라칼은 3미터까지 점프할 수 있고, 한 번 점프해서 새를 열 마리에서 열두 마리까지 때려잡을 수 있어. 그 능력 때문에 옛날, 페르시아의 귀족들은 오락을 위해 카라칼을 사육했어. 비둘기를 풀어 놓은 경기장에 카라칼을 몰아넣고, 한 번에 점프해 잡은 새의 숫자로 도박을 했지.

카라칼은 자신보다 덩치가 세 배나 큰 동물을 망설임 없이 사냥해. 사냥은 보통 밤에 이루어져. 아주 몰래 가까이 다가가 무자비하게 공격해.

카라칼의 새끼들은 정말 귀여워서 집에서 키우고 싶어 하는 사람들도 있어. 하지만 그건 좋은 생각이 아니야. 난폭하거든. 일단 다 자라고 나면 너를 확 물어 버릴 수도 있어.

카라칼

104 큰개미핥기의 혀는 60센티미터야

길쭉한 스파게티 면을 상상해 봐. 삶아 놓으면 얼마나 부드러운지! 한 개 말고, 두 개를 연결해 보자. **큰개미핥기**의 혀는 그만큼 길고 유연해. 개미집에 깊이 넣을 수 있도록 설계된 거나 마찬가지야. 큰개미핥기는 개미와 흰개미를 무척 사랑하거든.

일단 날카로운 발톱으로 커다란 개미집을 조심스럽게 열어. 그리고 뾰족한 주둥이를 들이밀고 끈적한 혀를 넣었다 뺐다를 반복해. 끈적끈적한 침과 혀에 있는 갈고리 덕에 개미들이 딸려 나오지. 그런 다음 개미들이 혀를 물지 못하도록 재빨리 삼켜.

개미핥기의 혀는 1분에 150번 정도 개미집 안팎으로 들락날락해. 약 2분 후, 식사를 마친 다음 다른 개미집을 찾아가. 조금 뒤에 처음 왔던 개미 식당을 또 방문할 때도 있어.

큰개미핥기는 하루에 최대 3만 5,000마리의 개미와

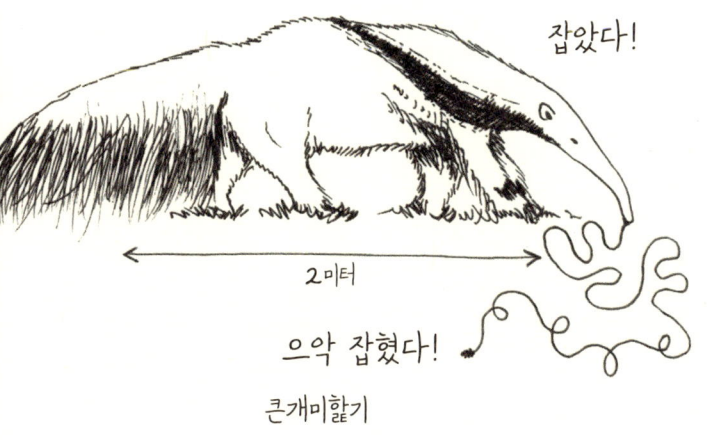

잡았다!

2미터

으악 잡혔다!

큰개미핥기

흰개미를 먹어. 엄청나게 많이 먹는 것 같지만, 덩치에 비하면 그렇지도 않아. 큰개미핥기는 키가 2미터가 넘거든. 식사로는 충분한 양이야. 게다가 개미에게는 영양분과 단백질이 엄청 많이 들어 있거든. 두꺼운 스테이크보다 더 많아. 그리고 큰개미핥기는 나무에서 떨어진 과일들도 먹어.

105 가장 강한 방어 장비, 도마뱀의 꼬리

도마뱀이나 **도롱뇽**은 특별한 도망 기술이 있어. 적에게 잡히자마자 꼬리를 자르고 도망가는 거야. 우리는 이런 현상을 자절, 또는 제자르기라고 불러.

도마뱀은 자신을 공격하는 적에게 꼬리만 남겨 놓고 재빨리 도망쳐. 잘린 꼬리는 계속 꿈틀대며 적을 유인해. 포식자는 도마뱀이 도망간 줄은 상상도 못 할 거야.

꼬리가 잘린 후, 피가 나지만 도마뱀은 치유 속도가 빨라. 며칠 만에도 꼬리가 자라날 수 있지. 이건 도마뱀에게 신체 조직을 빠르게 형성할 수 있는 특별한 세포가 있기 때문이야.

그래도 도마뱀이나 도롱뇽을 잡고 싶다고? 그러면 그물이나 특수한 함정을 사용해 봐. 도마뱀과 도롱뇽에게 해를 끼치지 않는 그런 덫 말이야. 도마뱀은 전혀 위험하지 않아. 집안의 해충을 없애 주기도 해. 그러니 도마뱀을 잡지 말고 그대로 벽에 붙어 있도록 하는 것도 좋을 거야.

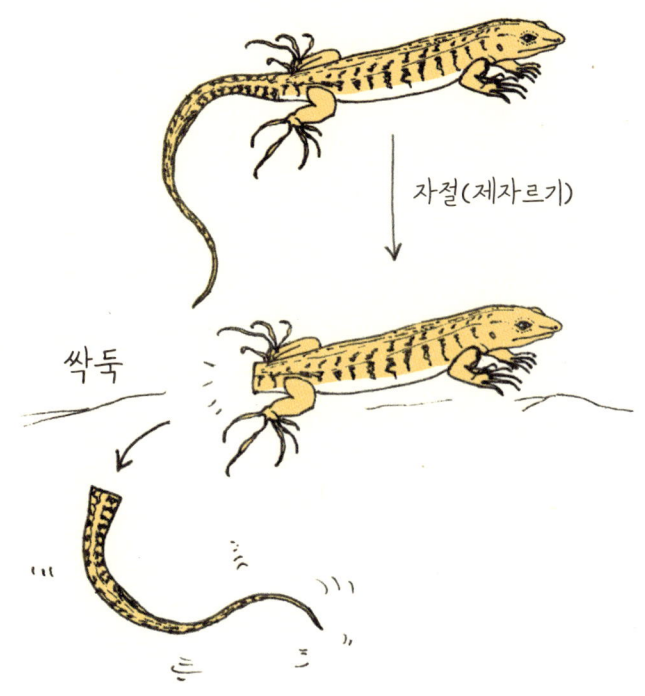

자절(제자르기)

싹둑

똑바로 서서 걸어가 보자.

소금쟁이

106 물 위를 걷는 소금쟁이의 기적

어느 봄날, 도랑 옆에서 물을 가만히 지켜봐. 수생 식물이 많은 깨끗한 물이라면 **소금쟁이**가 지나갈 거야. 물 위를 걸을 수 있기 때문에 영어로는 **예수벌레(Jesus bug)**라고 불리기도 해.

소금쟁이는 물결이 잔잔한 곳을 찾아 떠다녀. 가만히 일광욕을 할 때도 있지만, 에너지가 넘쳐날 때도 있어. 점프하고, 재주를 넘고, 심지어 10센티미터 높이로 뛰어오를 때도 있지. 꼭 올림픽에 출전한 체조 선수 같아! 소금쟁이는 다리를 펼쳐 초당 1미터까지 튀어나갈 수 있어. 인간에 비교하면 1초에 100미터를 움직인다거나, 시속 360 킬로미터의 속도를 내는 거나 다름없어. 2센티미터도 되지 않는 곤충치고는 기록이 상당히 좋아.

소금쟁이는 물의 표면 장력을 이용해 물 위에 떠 있을 수 있어. 몸과 다리가 물 위에서도 견딜 수 있는 털로 둘러싸여 있지. 털 사이에 공기가 가득하고, 자체 생성한 왁스층으로 둘러싸여 있어. 소금쟁이는 완벽하게 물에 떠 있기 위해 평소에 털을 오래 다듬는 편이야.

소금쟁이가 살아남으려면, 오염된 물을 피해야 해. 예를 들어 비누 거품은 표면 장력을 낮추는 물질 중 하나야. 물이 깨끗해야 소금쟁이가 물 위에서 스케이트를 탈 수 있다고.

107 머리 없이도 살 수 있는 바퀴벌레

공포 영화에나 나올 법한 이야기 같은데, 사실이야. **바퀴벌레**는 머리가 없어도 며칠 동안이나 살 수 있어. 인간은 뇌가 없으면 생존할 수 없는데, 어떻게 바퀴벌레는 살 수 있는 거지? 그건 바로 생존을 위한 주요 기관이 가슴 쪽에 있기 때문이야. 그리고 몸에 난 작은 구멍으로 호흡을 할 수 있어.

머리가 없으면 수분과 영양분 섭취도 어려워. 하지만 바퀴벌레는 에너지를 거의 소비하지 않는 냉혈 동물이기 때문에 한 달 동안은 영양분이 공급되지 않아도 생존할 수 있지. 단, 적어도 2주에 한 번씩은 수분을 섭취해야 하기 때문에, 머리가 없으면 결국 탈수로 죽어.

머리 없이도 생존이 가능하다니, 엄청 강한 곤충인 게 틀림없어. 지구상에서 가장 적응을 잘하는 곤충이지. 이미 3억 년 넘게 지구에 살고 있다는 게 바로 그 증거야. 공룡보다도 역사가 길지. 그런 이유로 바퀴벌레를 박멸하는 건 매우 어려워. 계속해서 번식하기 때문에 집에서 쫓아내기도 어렵지. 혹시 바퀴벌레를 잡아 변기에 넣고 물을 내린 적이 있니? 큰 도움이 되지는 않아. 바퀴벌레는 30분까지도 물속에서 생존할 수 있거든. 변기 아래 배수관에서 탈출하는 것도 별로 어려운 일이 아니야.

낮은 온도에서 얼리면 죽을까? 물론 그 방법도 써 봤지. 하지만 바퀴벌레는 얼려도 조금 지나면 다시 움직이더라니까. 바퀴벌레를 죽이려면 원자폭탄 같은 거대한 에너지가 필요할 거야. 실제로 나가사키와 히로시마에서 원자폭탄이 터진 후, 바퀴벌레와 더불어 모든 생명체가 죽었어. 슬픈 일이야. 하지만 사람들이 이 도시에 다시 들어오기도 전에, 바퀴벌레가 먼저 나타났어. 바퀴벌레는 다른 벌레나 동물에 비해서 방사선을 더 잘 견딜 수 있거든.

바퀴벌레는 말 그대로 모든 것을 먹어 치워. 인간이 먹을 수 있는 음식물뿐만 아니라 종이, 먼지, 비누, 목재, 접착제, 머리카락, 심지어는 배설물까지 먹어. 그리고 바퀴벌레는 다른 바퀴벌레들에게 먹이가 어디 있는지를 알리는 물질을 남겨. 그러니 네가 알기도 전에 바퀴벌레 파티가 벌어지는 거야!

라 쿠카라차*

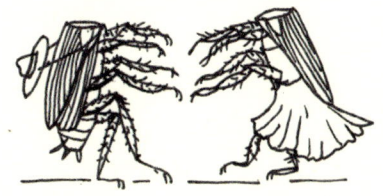

힘들어서 포기하는 순간까지 춤을 추자.

*쿠카라차(Cucaracha)는 스페인어로 바퀴벌레라는 뜻이야. 마치 바퀴벌레처럼 발을 엇갈리며 추는 춤동작을 말하기도 해.

108 유니콘은 실제로 존재하는 동물일까?

동화 속의 흰색 또는 분홍색 뿔이 달린 말이 정말 존재하냐고? 아니…. 안타깝게도 내가 말한 유니콘은 북극에 사는 **일각고래**야.

수컷 일각고래의 입 왼쪽에서는 긴 엄니가 자라나. 최대 3미터까지도 자라지. 긴 나선형의 창처럼 보여.

과학자들은 일각고래가 대체 어디에 이 엄니를 사용하는지 연구했어. 알려진 바로는 짝짓기 상대를 찾기 위한 전투와 얼음에 구멍을 내는 용도로 쓴다고 하는데, 새로운 연구에 따르면 그뿐만이 아니래.

일각고래의 엄니에는 중심부에서 밖으로 퍼져 나가는 신경 터널 수백만 개가 있어. 그래서 엄니를 사용해 박쥐처럼 초음파를 쏘고 돌아오는 것을 감지해서 주변 물체의 위치를 확인하지. 과학자들은 이걸 '반향정위'라고 불러. 일각고래는 주변의 모든 것에 초음파를 수백만 번 보내. 돌아오는 초음파를 통해 아무리 주변이 어둡고 흐려도 어디로 헤엄쳐 가야 하는지를 정확하게 알아. 또한 물의 온도, 압력, 주변 공기에 대해서도 잘 알 수 있어.

가장 최근에는 일각고래가 엄니를 사용해 물고기를 기절시키는 모습이 발견됐어. 엄니로 물을 강하게 쳐서, 그 안의 물고기를 기절시키고 잡아먹는 거야.

북극의 유니콘

109 살아 있는 장신구

멕시코의 유카탄 지역에 가면 살아 있는 장신구를 파는 노점상이 많아. 살아 있는 **거저릿과 딱정벌레**를 금과 보석으로 장식한 거야. 그리고 브로치처럼 착용할 수 있게 작은 목걸이나 핀이 붙어 있어. 살아 있는 벌레가 네 옷 위를 기어 다니는 거야. 이 딱정벌레의 등은 검은 반점이 박힌 금빛이기 때문에 갖가지 금과 보석 장식이 없이도 마야의 전통 장신구처럼 보여.

마케쉬라고 불리는 이 살아 있는 장신구에는 수 세기 동안 중남미에 전해 내려오는 전설이 있어. 당시 마야의

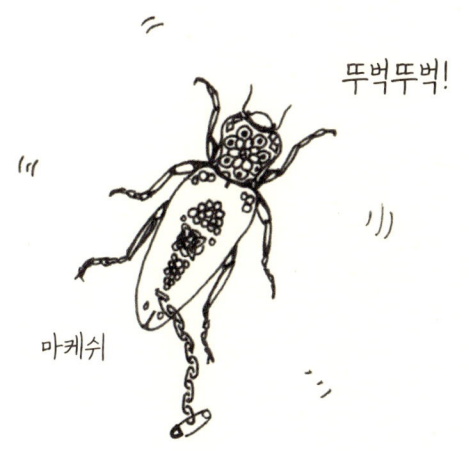

뚜벅뚜벅!

마케쉬

가까운 곳에 이 딱정벌레를 브로치처럼 달고 다녔어.

이 딱정벌레는 날지도 않고, 영양분과 물 없이도 오랫동안 살 수 있어. 그래서 장신구로 만들기가 좋아. 아주 적은 양의 먹이로도 오랫동안 죽지 않거든.

물론 이 딱정벌레에게 사슬을 붙이는 것은 좋지 않은 일이야. 그래서 동물보호단체에서는 마케쉬의 판매를 금지하는 운동을 벌이고 있어. 그렇지만 환경을 조성해 주면 집에서도 키울 수 있는 곤충이야.

공주가 어떤 소년과 사랑에 빠졌어. 하지만 공주의 부모는 그 사랑을 반대했고, 결국 둘은 결혼할 수 없었지. 시름에 빠진 공주를 본 왕실의 주술사는 안타까운 마음에 공주가 사랑에 빠진 소년을 반짝이는 딱정벌레로 만들었어. 공주는 영원한 사랑을 보여 주는 의미로 자신의 심장

110 헤엄칠 수 없는 물고기

새들은 하늘을 날고, 물고기는 물에서 헤엄치는 게 정상이라고 하지. 하지만 항상 그렇지는 않아. 헤엄은 못 치지만 다른 방식으로 움직이는 물고기가 있어. 평영, 배영, 접영, 그 어떤 영법도 쓸 수 없고, 평범한 물고기들처럼 수영을 하지도 못해.

씬벵이류에 속하는 물고기들은 꼬리를 흔들어 앞으로 나아가. 앞으로 가면서 몸속으로 들어온 물은 아가미 뒤에 있는 작은 구멍으로 빼내. 엄청 빨리 움직이는 물고기 같지만 그렇지 않아. 씬벵이류는 수영 속도가 매우 느려. (어쩌면 이렇게 천천히 움직이기 때문에 다른 물고기를 사냥할 수 있는 건지도 몰라.) 씬벵이류의 머리 위에는 미끼로 쓸 수 있는 벌레나 작은 물고기처럼 보이는 혹이 있어. 다른 수중 생물이 이 미끼를 보고 가까이 다가오면, 씬벵이가 바로 물어 버리지.

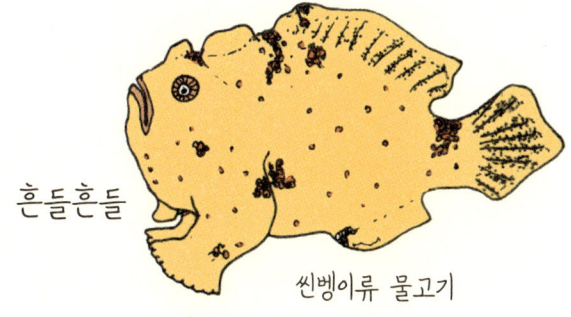

흔들흔들

씬벵이류 물고기

해변에서 씬벵이류 물고기를 볼 수 있냐고? 아니, 볼 수 없어. 씬벵이류는 밖으로 나오자마자 더이상 움직일 수 없거든. 그리고 씬벵이는 마주치지 않는 게 좋을 거야. 울룩불룩 이상한 몸과 입에는 면도날만큼 날카로운 이빨로 가득 차 있어서, 그리 예쁜 모습이 아니거든.

111 귀여운 건지, 징그러운 건지

꼭 허연 콧물 더미처럼 보여. 뭉툭한 코와 검은 두 눈이 정말 이상해. 몸 옆에 달린 지느러미도 그다지 인상 깊지는 않아. 내가 어떤 생물에 대해 이야기하고 있는지 알겠니?

바로 **블로브피시**야. '세상에서 가장 못생긴 동물'이라는 불명예스러운 별명이 붙었지. 그러니 블로브피시의 입이 항상 슬픈 듯 쳐져 있는 것도 당연해. 이런 별명이 붙었는데 누가 신이 나겠어. 더 이상한 점은 뭔지 알아? 물속에서는 다른 평범한 물고기처럼 생겼다는 거야. 물 밖에서만 그렇게 못생겨 보이는 이유는 뭘까? 그건 블로브피시의 몸에 근육이 많지 않기 때문이야. 물 밖으로 나오면 극심한 압력의 차이 때문에 말 그대로 온몸이 스러지는 거야.

블로브피시는 호주 본토와 태즈메이니아 주변의 약 800~1200미터 깊이에서 살아가며 바다 바닥에 붙어서 살아. 다른 물고기들처럼 부레가 없기 때문에 방향을 조정하기가 어려워. 그저 물결을 따라 천천히 떠다니지. 그래서 에너지를 많이 사용할 일도 없고, 많은 영양분을 필요로 하지도 않아.

블로브피시는 무리 지어 다니지 않아. 매우 독립적이고 주변에 인간들이 있는 걸 좋아하지 않기 때문에 블로브피시의 짝짓기를 목격한 사람은 아직 없지만 알을 낳고 부화하는 건 관찰할 수 있었어. 꼭 새처럼 알이 부화할 때까지 그 위에 앉아 있지. 암컷뿐만 아니라 수컷들도 함께 하는 일이야.

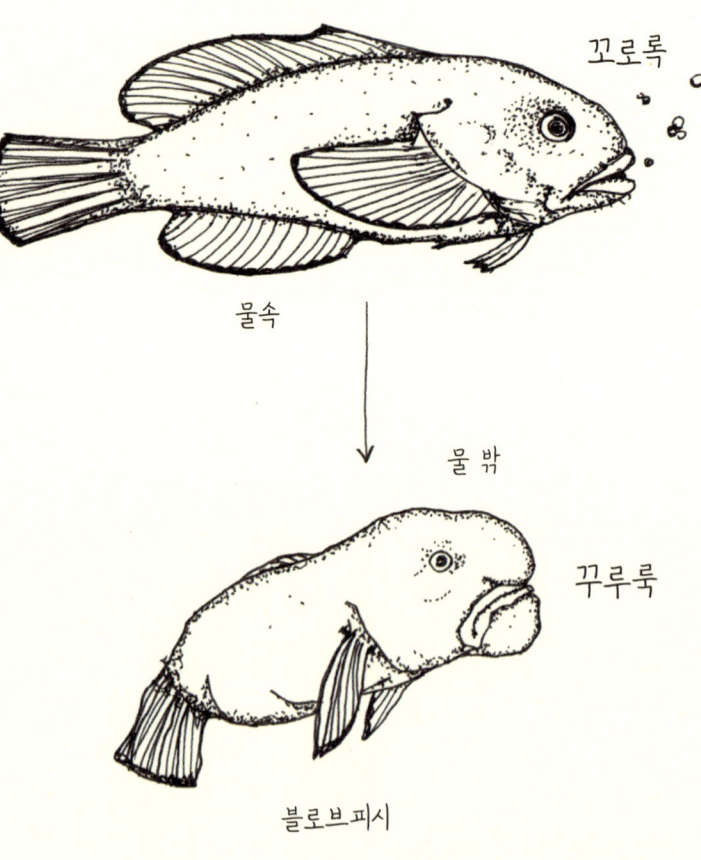

꼬로록

물속

물 밖

꾸루룩

블로브피시

복어

112 복어의 슈퍼 파워

복어는 초능력이 있어. 거짓말이 아니야! 적이 가까이 오면, 복어는 엄청난 양의 물을 삼켜. 그러면 몸이 공처럼 동그랗게 팽창해. 더 커지고 싶으면, 공기를 들이마셔서 몸집을 키워. 그러니 적은 복어를 공격하기 전에 한 번 더 고민하겠지. 한입에 삼킬 수 없을 만큼 커졌으니. 아마 잡아먹기 힘들 거야.

복어는 헤엄을 잘 못 쳐. 느리기도 하고, 조금 이상하게 헤엄치거든. 그래서 몸을 부풀리는 슈퍼 파워를 개발했겠지. 그런데도 적에게 잡히면 어떡하지? 복어에게도, 그리고 적에게도 안타까운 일이야. 왜냐면 복어는 테트로도톡신이라는 독을 품고 있거든. 한 번에 사람을 30명까지도 죽일 수 있어. 심지어 해독제도 없어.

복어의 색깔이 알록달록할수록 독성이 더 강해. 그래도 한국과 일본에는 복어 요리를 좋아하는 사람들이 있어. 게다가 복어 요리는 엄청 비싸. 특별한 자격을 지닌 요리사만 만들 수 있는 요리지. 만약 조금이라도 독이 남아 있다면, 먹는 사람은 죽고 말아. 굳이 그런 음식은 먹지 않아도 될 텐데 말이야.

113 거미에 대한 멋진 이야기

혹시 거미 공포증이 있니? 가까이 가기도 싫다고? 그 마음 다 이해하지만, 가끔 거미를 관찰해 보는 게 좋을 거야. 정말 멋진 곤충이거든.

- **거울거미**는 빛나는 미러볼 같아. 둥근 몸통이 작은 유리 조각처럼 반짝이는 물질로 덮여 있거든. 그 장식 때문에 우리 눈에 잘 띌 거라고 여길 테지만, 그 장식이 주변 환경을 반사하기 때문에 오히려 눈에 띠지 않아.

- **골리앗버드이터**는 지구에서 가장 큰 거미 가운데 하나야. 머리끝에서 다리 끝까지의 가장 긴 길이가 30센티미터지. 곤충뿐만 아니라 생쥐, 개구리, 가끔은 새까지 먹어 치워. 혹시 누가 위협하면 눈에 보이지 않을 만큼 얇은 털로 상대의 눈이나 입을 공격해.

- 혹시 **모로코의 굴러가는 거미**에 대해서는 들어봤니? 위협을 받으면 곡예를 부리는 거미지. 긴 다리를 이용해 공중제비를 돌며 얼마나 빠르게 달리는지, 평소보다 두 배는 더 빨리 움직여.

- **공작거미**는 엄청나게 아름다워. 짝짓기 상대를 찾을 때, 공작거미의 수컷은 춤을 춰. 춤을 잘 춰야 할 이유는 짝짓기뿐만이 아니야. 공작거미의 암컷은 수컷의 춤이 맘에 들지 않으면 잡아먹어 버린다고!

- **문짝거미**는 굴을 파고 주변과 색이 비슷한 풀이나 나뭇가지로 문을 만들어서 함정의 입구를 닫아. 주변의 움직임에 진동이 느껴질 때까지 숨어서 조용히 기다려. 그리고 중요한 순간이 오면 문짝을 벌컥 열고 사냥감을 잡아당겨. 이때 밖으로 나오지도 않고 먹이를 굴속으로 끌어들이지. 이 거미는 굴속에서 35년까지도 버틸 수 있어.

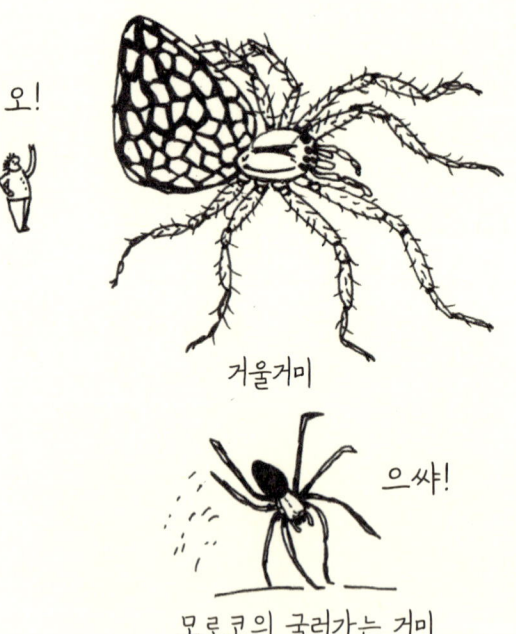

오!

거울거미

으쌰!

모로코의 굴러가는 거미

잡아먹어 버릴 거야!

공작거미

114 바다의 카나리아

노랗고 예쁜 카나리아는 하늘을 날 수 있지만 '바다의 카나리아'는 날 수 없어. 왜냐고? 바다의 카나리아는 **벨루가**, 즉 **흰고래**의 별명이거든. 이름처럼 몸이 하얀 흰고래는 북극해에 살아.

이런 별명이 붙은 이유는 뭘까? 흰고래는 어두운 바다에서 길을 찾고 동료들과 의사소통하기 위해 초음파를 쏘아. 대개 높은 휘파람 소리처럼 들린다고 해. 그 소리는 주변의 사물이나 생물과 부딪힌 뒤 흰고래에게 돌아와. 그러면 먹이로 삼을 수 있는 생물의 크기와 위치를 정확히 알 수 있지. 이 기능을 바이오 소나라고 불러. 반향정위라고도 하지. 바다의 카나리아라는 별명은 선실의 벽을 뚫고 들려오는 이 휘파람 소리를 들은 선원들이 붙여 준 거야.

흰고래의 머리에는 '메론'이라고 불리는 기관이 있어. 모든 이빨 고래에게 공통으로 있는 기관이지만, 흰고래만 메론의 모양을 바꿀 수 있어. 반향정위에 도움이 되지. 흰고래에게 얼음으로 덮힌 바다 속에서 숨 쉴 구멍을 찾는 일은 매우 중요해.

흰고래의 지방층은 12센티미터 이상으로 무척 두꺼워. 추위에 맞서려면 꼭 필요하지. 흰고래는 300미터 깊이까지 잠수하거든. 흰고래의 등에는 지느러미가 달려 있지 않아서 수면의 얼음 가까이에서도 헤엄을 칠 수 있어. 그렇게 범고래에게서 벗어나는 걸 보면 매우 영리하다는 걸 알 수 있지. 범고래의 등지느러미는 너무 커서 흰고래처럼 얼음 가까이에서 헤엄칠 수가 없거든.

115 까마귀의 기생충 퇴치법

까마귀는 연기가 나오는 굴뚝을 좋아해. 혹시 집에 불을 지르려는 걸까? 그렇지는 않아. 다른 조류와 마찬가지로 까마귀는 깃털에 사는 여러 기생충들 때문에 상당히 고생을 해. 진드기나 이 말이야. 하지만 까마귀가 얼마나 똑똑한지, 이 성가신 기생충들이 불과 연기를 좋아하지 않는다는 사실을 알아냈어. 그런 이유로 굴뚝에 앉아 날개를 펄럭거리는 거지. 심지어는 불이 붙은 담배 앞에서도 날갯짓을 한다니까.

똑똑한 새들이 깃털을 깨끗하게 유지하는 다른 방법이 있어. 바로 개미야. 개미가 없으면, 포름산을 찾아. 포름산은 개미산이라고도 불리는데, 개미나 벌의 독샘에 존재해. 그래서 개미를 깃털 사이에 넣고 문지르는데, 이걸 '개미 목욕'이라고 불러. 벌레들 때문에 견딜 수 없을 만큼 가려우면, 개미 집 위에 날개를 펴고 앉아 개미가 지나가길 기다려. 그러면 가려움이 훨씬 덜해지거든. 까마귀들이 이걸 얼마나 좋아하는지 몰라.

이렇게 개미들이 까마귀의 깃털 속을 지나면서 기생충들을 죽인다고 믿는 과학자들이 있는 반면, 까마귀가 그저 포름산을 너무 좋아해 중독된 거라고 생각하는 과학자도 있어. 개미가 까마귀의 기생충을 먹는 건 맞아. 그리고 우습게도 까마귀는 깃털에 머리를 박고 부리를 크게 벌려서, 기생충을 잡아먹은 개미를 맛있게 먹어 치우지. 그러니 포름산으로 기생충을 죽이는 것도 맞는데, 까마귀가 포름산에 중독됐다고 말해도 지나친 말이 아니야.

까악 까악

화려한 모습의 카멜레온

116 기분에 따라 변하는 몸의 색깔

카멜레온은 매우 특별한 도마뱀이야. 몸의 색을 바꿀 수 있지. 녹색 또는 갈색에서 밝은 분홍색, 파란색, 주황색, 빨간색 또는 노란색에 이르기까지 다양한 색으로 말이야.

생물학자들은 오랫 동안, 카멜레온의 색이 변하는 건 적의 눈에 띠지 않기 위한 위장술이라고 여겼어. 하지만 딱히 그렇지도 않아. 카멜레온은 시속 30킬로미터로 매우 빠르게 달릴 수 있거든. 그냥 도망치면 돼.

가장 밝은색은 수컷이 암컷을 유혹하거나 경쟁자를 쫓기 위해 사용해. 즉 짝짓기와 관련이 있지.

이게 다는 아니야. 연구자들이 카멜레온의 기분에 따라 색이 변한다는 것을 알게 됐거든. 화가 나면 색이 어두워지고, 밝은색은 유혹하고 싶다는 뜻이야.

온도 변화에 적응하기 위해 색깔이 변하기도 해. 몸이 차가워지면 열을 보존하기 위해 몸의 색이 어둡게 바뀌고, 몸이 따뜻해지면 다시 색이 밝아져.

색깔이 변하는 원리는 무엇일까? 바로 '색소포' 덕분이야. 이 특별한 세포는 색으로 가득 찬 세포야. 뇌가 세포에 메시지를 보내서 색소가 이동하고 몸의 색깔이 변하는 거지. 색소포 외에 다른 것들도 있어. 바로 '홍색소포'야. 홍색소포에 들어 있는 '결정질'은 빛을 반사해. 그래서 홍색소포의 구조가 바뀌면 카멜레온의 색이 갑자기 밝은 분홍색, 밝은 노란색 또는 밝은 주황색으로 휙휙 변하는 거야. 다양한 색의 미러볼로 바뀌는 인생이라니, 얼마나 즐거울까!

117 엄청나게 게으른 미국독도마뱀

미국독도마뱀은 길이가 50센티미터에 무게는 거의 2킬로그램이 나가는 큰 도마뱀이야. 짧고 두꺼운 꼬리, 넓적한 목과 머리에 덩치가 크지. 특히 몸의 무늬가 매우 특별해. 몸 전체에 광택이 도는 검은색 바탕에 밝은 분홍색이나 노란색 또는 주황색 무늬가 있어. 발톱은 매우 날카롭지. 미국독도마뱀은 독이 있어. 일단 상대를 한 번 잡으면 절대 놓치지 않고 계속 물고 씹어서 몸에 독이 침투하게 만들어. 물론 물리면 매우 아프고, 기절할 수도 있지만 인간을 죽일 만큼 치명적이지는 않아.

미국독도마뱀에게 물릴까 봐 항상 조심할 필요는 없어. 이 도마뱀은 미국과 멕시코의 사막에 살고 있기 때문에, 사람이 거기에 살지 않는 한 마주칠 일은 거의 없어. 미국도마뱀은 엄청 게을러. 하루의 95퍼센트를 굴에서 보내고, 나머지 시간은 일광욕을 하거나 사냥감을 구하러 다녀. 보통 개구리, 설치류, 곤충 및 애벌레를 먹고, 둥지에서 알을 훔치거나 다른 동물의 굴에서 갓 태어난 포유류를

미국독도마뱀

독훔치기도 해. 씹기를 귀찮아해서 한 번에 먹이를 삼켜. 미국독도마뱀은 한 번 식사할 때 본인 무게의 3분의 1을 해치워. 체중이 30킬로그램이라고 하면, 한끼에 10킬로그램까지 먹는 거야. 그리고 저녁 식사를 하고 나면, 다시 휴식을 취해. 다음번 식사 시간은 몇 달 뒤에나 돌아오지. 두꺼운 꼬리에 지방을 저장해 놓기 때문이야. 이 게으른 생물 같으니라고!

118 스위스 군용 칼보다 쓸모가 많은 갯가재

갯가재는 이름이 여러 가지야. 그중 하나는 '오줌싸개 새우'인데, 물에서 잡아 올리면 물총을 쏘기 때문에 그런 별명을 얻었지. 기다란 몸과 특이한 색으로 꽤 아름다운 동물이야.

하지만 갯가재는 항상 조심해서 다뤄야 해. 다리를 사용해 순식간에 펀치를 날려 공격할 수 있거든. 얼마나 빠른지, 꼭 총알 같아.

그 발로 굴, 홍합 또는 게를 깨부술 수 있어. 갯가재를 키우는 사람들 말로는 갯가재가 기분이 나쁘면 수족관의 유리를 깨 버리기도 한대.

그러고 보면, 스위스 군용 칼보다 갯가재가 더 쓸모 있을 지도 몰라. 몸에 여러 가지 도구가 달려 있거든. 발톱, 창, 망치까지… 모두 용도가 달라.

싸우자는 거야?

갯가재

갯가재는 적에게 절대 가만히 당하지 않아. 문어가 접근하면, 집에서 빠져나와 앞발을 뻗고 문어에게 경고하지. 그래도 문어가 더 가까이 다가오면 잽싸게 공격을 시작해. 그리고 문어가 도망갈 때까지 공격하지. 갯가재의 강한 힘은 근육뿐만 아니라 몸에 달린 스프링, 삽, 지렛대 같은 다리 덕분이야.

119 세상에서 가장 아름다운 웃음을 짓는 쿼카

쿼카는 세계에서 가장 행복한 동물이라고 불려. 이 작은 캥거루는 도톰한 뺨, 큰 눈과 웃는 입을 가지고 있기 때문이야.

쿼카는 토끼만 한 크기야. 예전에는 호주 여기저기서 쿼카를 볼 수 있었지만, 여우 때문에 그 수가 급격히 감소했어. 개와 고양이도 쿼카의 천적이야. 아직은 두 군데 섬과 호주의 남서부에서 볼 수 있어.

쿼카는 밤에 먹이를 구해. 주로 잎, 나무껍질 및 풀을 먹지. 혹시 먹이가 없더라도, 꼬리의 지방을 써서 오랫동안 생존할 수 있어.

어린 쿼카들은 엄마의 주머니 속에서 약 6개월을 머무르며 세상을 탐방해. 하지만 엄마 쿼카는 포식자가 쫓아오면 잽싸게 도망치며 주머니 속의 새끼를 던져 버려. 그러면 꽤나 날카로운 소리가 나고 포식자가 그쪽을 쳐다보겠지.

쿼카

그러면 엄마 쿼카는 도망칠 시간을 벌 수 있어. 그동안 새끼는 잡아먹혀 버릴 테고. 갑자기 장난기 가득한 얼굴의 쿼카가 싫어지지 않아…?

120 고양이가 날아간다! 조심해!

하늘을 나는 고양이를 상상해 봤니? 마녀의 빗자루 앞에 앉아 있는 검은고양이 말이야. 그 고양이가 지금 여기서 이야기할 날아다니는 고양이는 아니야.

날여우원숭이는 고양이나 여우가 아니야. 하늘을 날지도 않아. 회색 또는 회녹색 몸에 키는 33~42센티미터 정도이지. 꼬리는 18~27센티미터 정도이고 체중은 약 1킬로그램이야.

날여우원숭이의 몸을 둘러싼 막은 참 인상적이야. 어깨에서 앞다리까지, 그리고 발가락을 통해 발끝까지 연결돼 있고, 뒷다리와 꼬리 끝 사이가 막으로 연결돼 있어. 이 막 덕분에 날여우원숭이가 나무와 나무 사이를 날아다니는 것처럼 보일 수 있어. 이들은 나무 꼭대기로 올라가면서 나뭇잎, 꽃봉오리, 꽃과 과일 따위를 먹고서 다음 나무로 점프해. 이렇게 뛰어서 이동할 수 있는 거리는 최대 100미터인데, 거의 축구장의 길이와 같아. 그리고 다음 나무에서는 조금 낮은 곳에 착지할 거지만 금방 날카로운 발톱으로 나무를 타고 올라가겠지.

실제로 날여우원숭이는 잘 걷지 못해. 다리가 강하지 않고, 엄지손가락은 뭔가를 쥐기에 적절하지도 않아. 그래서 계속 조금씩 조금씩 뛰어다니는 거야. 날여우원숭이를 보고 싶니? 그러면 동남아시아의 열대 우림으로 가면 돼.

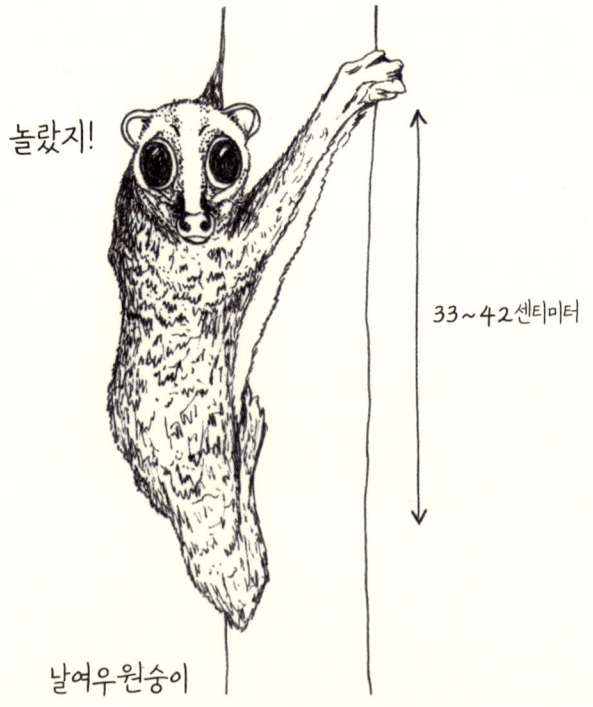

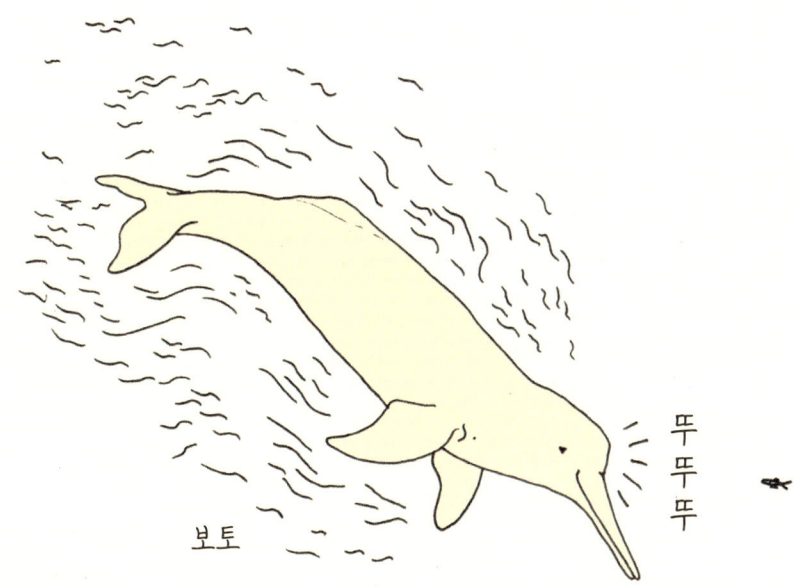

보토

뚜 뚜 뚜

121 분홍 코끼리는 없지만 분홍 돌고래는 있다

아마존강에 사는 **아마존강돌고래**는 피부가 분홍색이야. **보토**라고 불리기도 해. 나이가 어릴 때는 회색이지만, 자라면 분홍색으로 변해. 나이가 가장 많은 수컷 아마존강돌고래들이 가장 진한 분홍색을 띠지.

나이가 들수록 몸 색깔이 왜 분홍색으로 변하는지는 확실하지 않아. 일부 과학자들은 정맥이 피부 가까이에 위치하기 때문에 분홍색을 띤다고 생각해. 혹은 수컷 돌고래의 공격적인 행동 때문에 이런 색을 띠게 된다고 믿는 사람도 있어. 종종 서로 싸우고 물기 때문에 흉터가 분홍색으로 변한다는 거야. 어떤 과학자들은 아마존강돌고래가 강의 분홍빛 진흙 속에 숨어 적에게서 몸을 감추는 자연의 속임수라고 생각해.

아마존강돌고래는 헤엄을 매우 잘쳐. 매우 심하게 꺾인 좁은 틈에서도 몸을 틀어 방향을 바꿀 수 있지. 등뼈가 느슨하게 연결되어 있기 때문에 가능한 거야.

또한 얕은 물에서 매우 민첩하게 움직여. 눈이 달려 있기는 하지만, 반향정위를 사용해 진흙 강에서 위치를 파악해.

아마존강돌고래 머리 위의 불룩한 곳에는 초음파를 감지하는 일종의 센서가 있어.

아마존강돌고래는 보기가 워낙 어려워서 알려진 사실이 많지 않아. 강가에 살던 사람들은 이 돌고래를 둘러싼 모든 종류의 신화를 들려주곤 해. 예를 들어 밤에 인간 남자로 변신해 마을의 모든 여자들을 방문한다는 이야기 말이야.

이 동물을 보고 싶다면 브라질의 모카주바를 여행하도록 해. 아마존강돌고래는 아침에 시장 쪽 맑은 물에서 아이들과 함께 놀아 주지. 여러 마리가 떼를 지어 오는데, 전혀 공격적이지 않아. 이곳 아이들은 밤마다 아마존강돌고래의 꿈을 꾸지 않을까?

122 이상한 벌레들

이 세상에는 2만 5천 종 이상의 벌레가 살아. 어디서나 쉽게 볼 수 있지만 대부분의 벌레는 바다에 살아.

- 세상에서 가장 큰 지렁이는 **남아프리카거대지렁이**야. 약 6.7미터까지 자라고, 폭우가 내린 뒤 땅 위로 올라와. 그래도 바다에 사는 **거대리본벌레**와는 비교도 할 수 없어. 이 벌레는 최대 55미터까지 자라는, 지구에서 가장 큰 동물이야. 두께는 손가락만 해. 리본벌레는 몸을 확 줄였다가 5배까지 그 길이를 늘릴 수 있어. 만약 괴롭힘을 당하기라도 하면, 자기 몸을 조각내 버려. 그러면 그 조각에서 새로운 몸이 생겨나. 리본벌레의 몸에는 검은 섬모가 자라. 정면에서 보면 눈과 머리가 달려 있는데, 여기에 연결된 척추에 독을 품고 있어. 먹이를 사냥할 때는 독을 뿌리고 목을 졸라 한입에 먹어.

- **유조류**는 벨벳벌레라고도 불려. 그건 피부가 부드러운 벨벳처럼 보이기 때문이야. 갈고리가 달린 20쌍의 발 모습이 우습기도 해. 유조류는 생식 방법이 독특하지. 수컷이 암컷의 몸에 정자가 든 주머니를 심어 놓거든. 암컷의 몸은 수컷이 정자 주머니를 심을 동안 피부의 일부를 열어 둬. 거기서 알을 자라게 하는 거야.

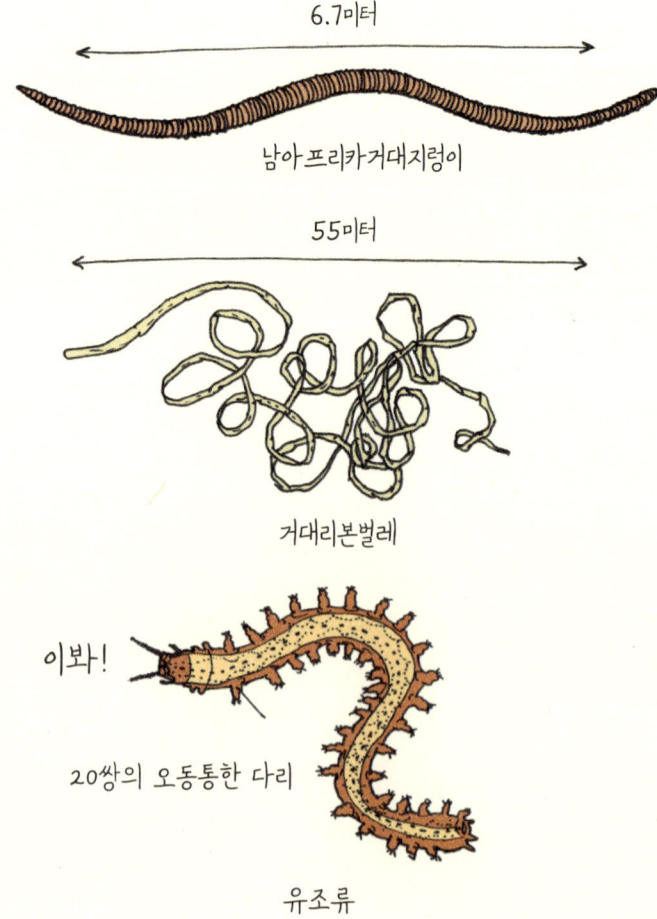

6.7미터
남아프리카거대지렁이

55미터
거대리본벌레

이봐!
20쌍의 오동통한 다리
유조류

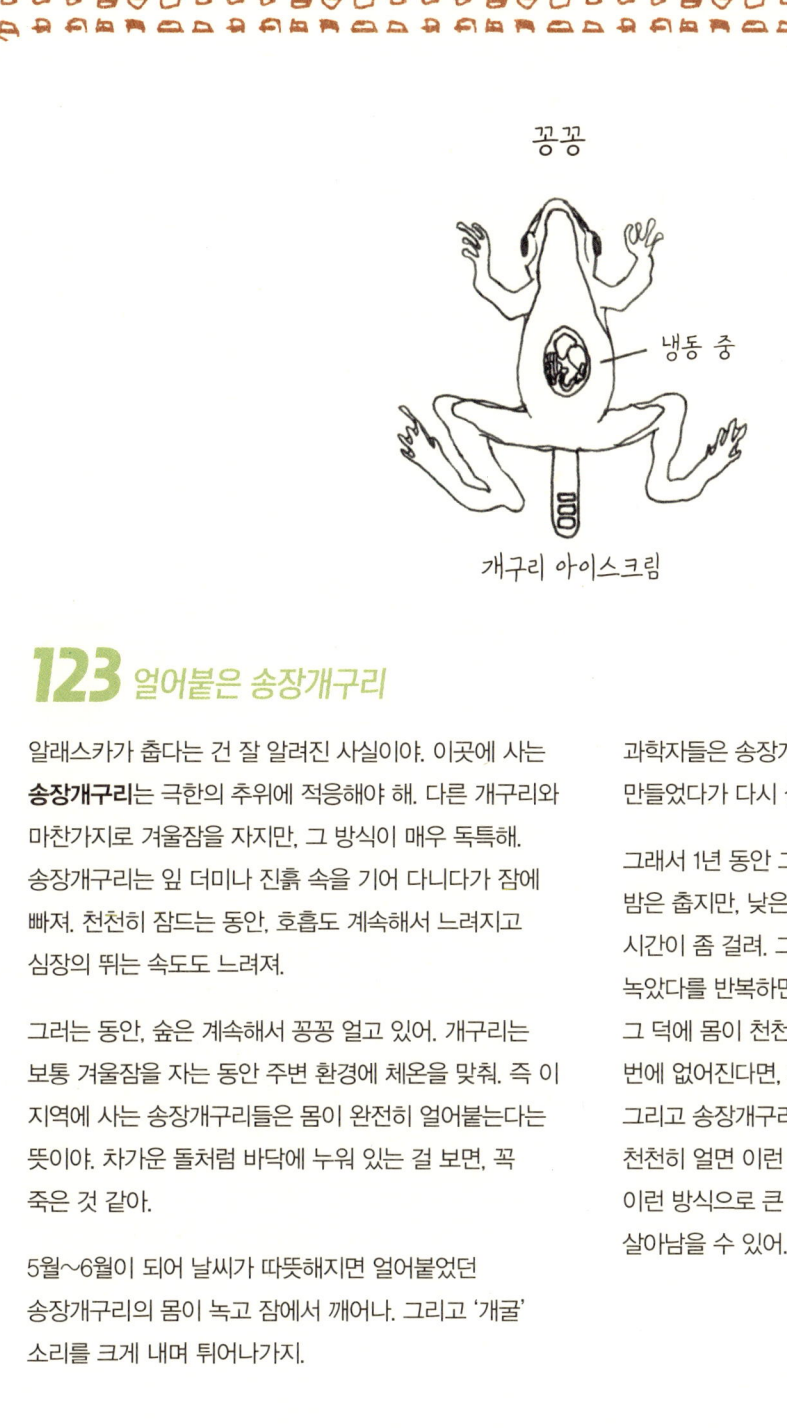

123 얼어붙은 송장개구리

알래스카가 춥다는 건 잘 알려진 사실이야. 이곳에 사는 **송장개구리**는 극한의 추위에 적응해야 해. 다른 개구리와 마찬가지로 겨울잠을 자지만, 그 방식이 매우 독특해. 송장개구리는 잎 더미나 진흙 속을 기어 다니다가 잠에 빠져. 천천히 잠드는 동안, 호흡도 계속해서 느려지고 심장의 뛰는 속도도 느려져.

그러는 동안, 숲은 계속해서 꽁꽁 얼고 있어. 개구리는 보통 겨울잠을 자는 동안 주변 환경에 체온을 맞춰. 즉 이 지역에 사는 송장개구리들은 몸이 완전히 얼어붙는다는 뜻이야. 차가운 돌처럼 바닥에 누워 있는 걸 보면, 꼭 죽은 것 같아.

5월~6월이 되어 날씨가 따뜻해지면 얼어붙었던 송장개구리의 몸이 녹고 잠에서 깨어나. 그리고 '개굴' 소리를 크게 내며 튀어나가지.

과학자들은 송장개구리가 7개월 동안 몸을 얼게 만들었다가 다시 살아날 수 있는 비밀을 알고 싶었어.

그래서 1년 동안 그 뒤를 쫓았어. 알래스카의 10월은 밤은 춥지만, 낮은 그다지 춥지 않아. 추워지기 전까지는 시간이 좀 걸려. 그동안 송장개구리의 몸은 얼었다 녹았다를 반복하면서 몸에 포도당을 형성해. 그 덕에 몸이 천천히 얼게 돼. 만약 몸에 당 성분이 한 번에 없어진다면, 체액이 얼어붙어 날카로워질 거야. 그리고 송장개구리의 몸을 파괴하겠지. 반대로 몸이 천천히 얼면 이런 일은 없을 거야. 결국 송장개구리는 이런 방식으로 큰 문제 없이 몸을 꽁꽁 얼렸다가 살아남을 수 있어.

124 바다의 나비, 익족류

익족류는 북극과 남극의 차가운 물속에 사는, 일종의 날개 달린 바다달팽이 또는 바다의 나비라고 할 수 있어. 지상에 사는 달팽이처럼 등에 집을 지고 있지. 그 무게 때문에 바다 밑으로 금방 가라앉을 것 같지만, 그렇지 않아. 몸에 달린 날개 덕분이야. 날개로 물에서 '날지는' 못하지만, 몸에서 배설되는 진액을 계속 붙잡아서 몸이 가라앉지 않게 도와줘.

미국의 연구원들은 땅 위의 곤충들과 같은 방식으로 헤엄을 치는 익족류를 포착했어. 이들은 날개로 8자 모양을 만들어 위아래로 움직였지. 연구원들에 따르면, 초파리가 초당 날갯짓을 200번 하는 반면, 익족류는 초당 5번만 흔든다는 사실을 발견했어. 달팽이라고 다 느린 건 아닌가 봐.

익족류

머리를 시원하게 하라, 오버!

왕부리새

신난다!

125 부리로 체온을 조절하는 왕부리새

왕부리새를 보면 그 큰 부리가 제일 먼저 눈에 들어오지. 왕부리새도 여러 종이 있는데, 그중에서도 가장 부리가 큰 종은 부리의 크기가 몸의 3분의 1이나 차지해.

진화론의 아버지 찰스 다윈은 왕부리새가 짝짓기 상대를 유혹하기 위해 부리를 사용한다고 했어. 다른 학자들은 과일 껍질을 벗기거나 경쟁자를 물리치기 위해 부리를 사용한다고 했지.

모두 틀린 말은 아니야. 하나 더, 왕부리새의 부리가 가진 또 다른 용도는, 열대 지방의 더운 날씨에 맞추어 체온을 효율적으로 유지하는 거야.

왕부리새의 부리에는 많은 혈관이 있어. 혈관은 부리 표면의 바로 밑에 위치해서, 체온 유지에 도움이 돼. 과학자들은 왕부리새가 잠을 자는 동안, 적외선 카메라로 체온 변화를 관찰했어. 관찰 결과, 왕부리새는 부리로 가는 피의 양을 조절할 수 있었어. 부리가 한 번은 체온을 따뜻하게 올려 주었고, 다른 때는 시원하게 내려 주었어. 새는 땀을 흘릴 수 없으니까, 왕부리새의 큰 부리가 이런 방식으로 체온을 조절해. 왕부리새는 입이 커서 여러모로 편리할 것 같아.

126 물 아래 사는 소, 듀공

여기서 말하는 소는 젖소가 아니고, **바다소** 또는 **듀공**이야. 인도양과 태평양 연안에서 해초를 먹고 사는 커다란 동물이지. 듀공은 커다란 해초밭 위를 미끄러지듯 움직이고, 해초를 뿌리째 뽑기도 해. 바다 바닥에서 커다란 듀공을 쉽게 만날 수 있어.

듀공은 최대 6분 동안 물속에 머무르다가, 머리를 물 밖으로 드러내고 숨을 쉬어.

듀공은 길이가 3~4미터에 체중은 250~900킬로그램까지 나가는 커다란 동물이야. 약간 졸려 보이는 외모와는 다르게 매우 예민하지. 활동적인 듀공이라면 멀지 않은 거리는 시속 20킬로미터로 이동할 수 있어.

듀공은 해로운 동물이 아니야. 아무도 해치지 않아. 혼자서 다닐 때도 있지만 짝을 지어서, 또는 크게 무리를 이루고 지낼 때도 있어. 지금은 멸종 위기에 처했지. 인간들이 듀공의 고기, 기름, 털가죽 및 이빨을 얻기 위해 사냥했기 때문이야. 다행히, 지금은 보호 생물로 지정되어 번식할 수 있게 되었어.

듀공

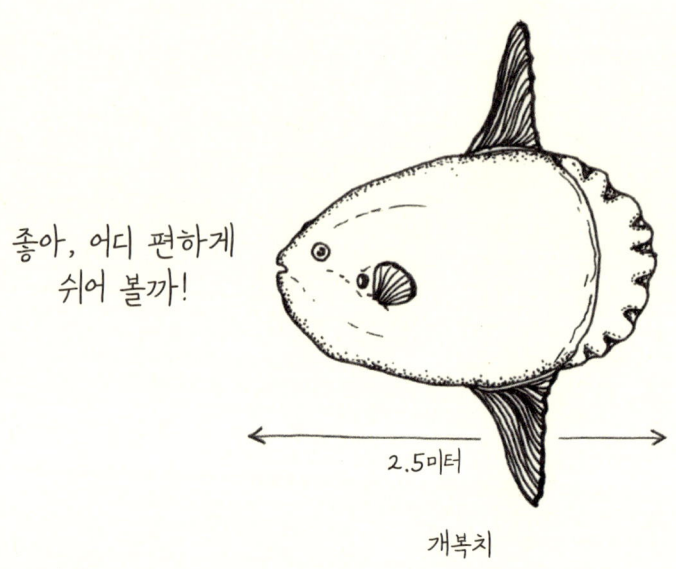

좋아, 어디 편하게 쉬어 볼까!

2.5미터

개복치

127 일광욕을 좋아하는 개복치

개복치라고 불리는 이 물고기는 바다에서 가장 눈에 띄어. 선사 시대 괴물처럼 보이는 외양 때문이야. 거대한 회색 머리통에 꼬리가 달린 것처럼 생겼어. 달고기의 학명은 몰라몰라(mola mola)야. 둥근 몸과 거친 회색 피부 때문에 맷돌을 의미하는 라틴어를 따서 지어진 학명이야.

개복치의 평균 무게는 1톤으로, 작은 자동차만큼이나 무거워. 길이는 평균 2.5미터야. 무게 2.3톤에 4미터 이상의 개복치가 발견된 적도 있어. 어느 바다에서나 사는데 해파리, 플랑크톤, 또는 자신보다 작은 물고기를 먹고 살아.

개복치는 대부분 수면 근처에서 일광욕을 해. 과학자들은 개복치가 너무 게을러 그저 떠다닌다고 생각했지만, 그건 사실이 아니지. 개복치는 매우 무섭고 빠른 사냥꾼이야. 먹이를 구하기 위해 엄청난 거리를 이동해서 깊고 추운 바다로 다이빙을 해야만 해. 그래서 식사 뒤에 체온을 다시 높이기 위해 일광욕을 하지.

개복치 암컷 한 마리는 한 번에 알 3억 개를 낳아. 척추동물 가운데 가장 알을 많이 낳지. 수컷은 그 알 위로 헤엄치며 정자를 뿌려서 수정을 시켜. 알에서 부화하는 새끼의 크기는 고작 2.5밀리미터 정도밖에 되지 않고, 무게는 1그램 이하야. 무리를 지어 머무르다가 다 자라고 나면, 독립해서 혼자 다녀.

6
유명한 동물들

우주 비행사 햄

128 우주에 다녀온 침팬지, 햄

사람이 우주에 가기 전, 미국에서는 원숭이로 실험을 했어. **히말라야원숭이 알버트 2세**는 1949년 6월 14일 로켓에 실려 우주로 떠났어. 비행 내내 마취된 상태였지. 알버트 2세의 몸에 붙은 감지기는 우주선 내부의 무중력 상태에서 신체의 반응을 모두 기록했어. 안타깝게도 알버트 2세는 지구로 귀환하는 도중에 낙하산 고장으로 추락해 사망했지.

우주를 비행한 가장 유명한 영장류*는 **침팬지 햄**이야. 우주 여행을 위해 만 두 살 때부터 미 공군에서 특별 훈련까지 받았어. 이때 다른 침팬지들도 함께 훈련을 받았는데, 테스트 결과 햄이 가장 똑똑한 침팬지였어. 얼마나 똑똑했냐고? 문제의 정답을 맞히면 상으로 바나나를 받는다는 걸 가장 빨리 알아챌 정도였지.

1961년 1월 31일은 햄이 우주 여행을 떠난 날이야. 250킬로미터를 여행하고, 우주에 머무른 시간은 16분 30초야. 기내 산소 공급에 문제가 생겨서 지구에는 예상보다 빠르게 돌아와야만 했어. 지구로 돌아오는 길도 험난했어. 햄이 탄 귀환선이 놀라운 속도로 대기를 뚫고 낙하해 바다에 떨어졌지. 다행히 코에만 부상을 입고 햄은 괜찮았어. 심지어는 밖으로 나오자마자 사과를 하나 먹었다니까.

우주 여행을 마친 햄은 워싱턴의 동물원으로 옮겨져 행복한 여생을 보냈어. 햄 덕분에 1961년 5월, 드디어 최초의 인간이 우주 비행을 떠났지.

*인류와 유인원을 말하는 분류학 용어.

129 태즈메이니아늑대는 정말 멸종된 걸까?

태즈메이니아늑대는 우리가 아는 늑대와는 다르게 생겼어. 등에 무늬가 있는 몸통에 머리통은 개와 비슷해. 꼬리는 캥거루의 꼬리처럼 두꺼워. 꼭 금방 샤워하고 나온 래브라도 리트리버처럼 보여.

태즈메이니아늑대는 원래부터 그 수가 많지 않았을 거야. 호주 태즈메이니아섬이 식민지가 되면서, 이주민들이 수많은 태즈메이니아늑대를 사냥했기 때문에 1800년에는 겨우 5,000마리만 남아 있었어. 게다가 태즈메이니아늑대는 번식이 빠르지 않아. 한 마리 당 새끼를 최대 네 마리까지 낳지. 또한 암컷 태즈메이니아늑대는 야생 개에게 훌륭한 먹잇감이었어. 하지만 태즈메이니아늑대의 개체 수 감소에 가장 큰 영향을 미친 건 백인 농장주들이야. 농장의 가축을 공격할까 봐 대대적으로 사냥했거든. 심지어 사냥 실적에 따라 정부에서 상금까지 줬어.

마지막 태즈메이니아늑대는 **벤자민**이야. 1936년까지 태즈메이니아의 한 동물원에서 지냈어. 안타깝게도 동물원 사육사가 밤에 벤자민을 우리 안으로 들여보내는 것을 잊어버려서 저체온증으로 사망했어.

일부 생물학자들은 다른 태즈메이니아늑대가 남아 있길 간절히 빌고 있어. 100년 전에 멸종됐다고 알려진 볏꼬리물가라를 생물학자 닉 무니가 발견했던 것처럼 말이야. 닉은 태즈메이니아늑대도 발견할 수 있다고 믿고 있어.

누가 알겠어. 닉의 말이 맞을지도 몰라. 최근 몇 년 동안 바이러스 때문에 태즈메이니아데빌의 개체 수가 줄었어. 보통 태즈메이니아데빌이 태즈메이니아늑대의 새끼를 잡아먹곤 했거든. 그리고 이제는 왈라비나 작은 캥거루의 수가 늘어났어. 이들은 태즈메이니아늑대가 좋아하는 먹이야. 결국 먹이도 충분하고 천적도 거의 없는 상황이야. 닉은 카메라를 곳곳에 설치해 놓고, 어디선가 태즈메이니아늑대가 나타나길 바라고 있어. 하지만 아직까지는 어떤 사진도 찍힌 적이 없어.

월월? 야옹야옹? 으르렁?

무리를 놓쳐 버린 태즈메이니아늑대

130 뉴질랜드의 홍보 대사가 된 앵무새

앵무새는 똑똑해. 너무 똑똑해서 **시로코**는 외교관이 됐어. 시로코는 2010년부터 뉴질랜드의 자연 보호 담당 대사로 활동하고 있어. 개인 웹사이트도 있고, 페이스북 페이지도 갖고 있지.

시로코는 **카카포**야. 뉴질랜드에서만 사는 날지 않는 앵무새의 한 종류야. 멸종 위기에 처해 있지. 1995년에 이미 49마리밖에 남지 않았었어. 그런 이유로 시로코가 멸종 위기에 처한 카카포를 대표하게 된 거야. 시로코는 매우 특별한 카카포야. 태어난 지 3주가 됐을 무렵, 매우 아팠거든. 그래서 사람들의 손에서 자라났어. 시로코는 자신이 사람이라고 굳게 믿었지.

시로코는 다른 카카포에게는 관심이 없고, 사람들이 주변에 있는 걸 좋아해. 카메라도 좋아하지. 암컷 카카포에게는 신경도 쓰지 않고, 인간에게만 짝짓기를 시도한대.

시로코는 자연 상태에서 천적이 없는 섬에 살고 있어. 한번 검색해 봐. 시로코를 사랑하게 될걸?

이쪽은 '존경하는' 대사님이십니다.

자연 보호 담당 대사 시로코

꼬치에 걸어 요리 중인 도도새

131 속이기 쉬운 도도새

오래전 모리셔스섬에는 특별한 새가 살았어. 바로 **도도새**야. 뚱뚱한 몸에다 신기하게 생긴 부리, 튼튼한 다리를 지녔어. 어떤 사람들은 일찍이 도도새를 역겨운 새라고 불렀고 또 어떤 사람들은 신성한 새라고 불렀어.

도도새의 키는 1미터이고 몸무게는 15~20킬로그램이야. 서식지에 천적이 없기 때문에 해변에서 행복하게 산책하고 다녔지.

모리셔스섬은 바다를 항해하는 선원들에게 중요했어. 식량과 물 같은 물자를 다시 보충하는 장소였거든. 섬에 들어 온 선원들은 도도새를 잡아갔어. 항해 중 식량으로 삼기 좋았기 때문이야.

모리셔스섬에 들렀던 배들은 그곳에 고양이, 쥐, 개, 그리고 돼지를 내려놓고 갔어. 자연 천적이 없던 도도새에게는 재앙이나 다름없었지. 자신을 공격할 뿐만 아니라 알까지 훔쳐가는 존재들이었으니까.

도도새는 결국 약 350년 전에 완전히 멸종하고 말았어. 1662년에 발견된 도도새가 마지막이었어. 인간이 모리셔스섬에 발을 디딘 지 채 100년도 지나지 않은 때였어.

도도새에 대해 자세히 알기는 쉽지 않아. 갖가지 인쇄물이나 그림은 남아 있었지만, 다른 증거는 찾아볼 수 없었거든.

다행스럽게도 2005년, 늪에 잠겨 있던 22개 이상의 도도새 화석이 발견됐어. 이 화석에 따르면 도도새의 새끼는 성장이 매우 빨랐어. 8월에 태어나서는 11월에서 3월까지 다가올 태풍에 대비했지.

도도새는 경계심이 별로 없어서 사람들은 도도새가 멍청하다고 생각했어. 하지만 도도새는 멍청한 게 아니라 공격성이 없고 속이기가 조금 더 쉬웠던 게 아닐까?

132 무기징역을 받은 개

"래브라도 레트리버 펩은 주지사의 고양이를 죽인 죄로 무기징역을 선고받았습니다."

1924년, 미국의 신문에 실린 기사야. 그 옆에는 수감번호 C2559라고 적힌 목걸이를 건 검은색 **래브라도 레트리버**의 사진이 있었지. 죄수들을 찍는 머그샷 말이야. 개는 자신의 잘못을 아는 것처럼 죄책감이 가득한 표정이었어.

수천 명의 독자는 당시 주지사이던 지퍼드 핀초에게 분노의 편지를 보냈어. 종신형은 너무 무겁다고 말이야. 고양이를 물어 죽인 건 그저 개의 본능이니까.

그런데 이건 그냥 가짜 뉴스였어. 어떤 기자가 **펩**의 재미난 머그샷을 보고 이야기를 지어낸 거야. 펩이 교도소에 가기는 했지. 그렇지만 주지사의 고양이를 죽여서는 아니었어.

그러면 진실은 무엇일까? 펩은 주지사의 친척이 선물로 데려와 키우던 개였어. 어느 날, 펩이 접이식 의자의 쿠션을 물어뜯기 시작했고, 주지사의 부인은 이게 너무 싫었어. 한번은 주지사가 업무상 미국 메인 주 동부에 위치한 주 교도소에 방문할 일이 있었어. 거기서 개들이 죄수를 보조하는 걸 보았지. 개와 함께 지낸 재소자들은 나중에 사회로 돌아가서도 적응이 비교적 쉬웠어. 주지사는 펩을 교도소에 기증하기로 결정했지. 치료견으로 말이야.

이 검정 래브라도 레트리버는 교도소 안에 있는 모든 사람들의 사랑을 받기 시작했어. 그리고 새로운 교도소 건물이 지어졌을 때는 양쪽을 오가며 통근을 했지. 펩은 그곳에서 행복하게 살았고, 죽고 나서도 교도소에 묻혔어.

누가 범인이지?

래브라도 레트리버 펩

나진과 파투, 수컷을 찾는 중

133 지구에 남은 단 2마리의 북부흰코뿔소, 나진과 파투

나진과 **파투**는 아프리카 케냐의 올페제타 자연 보호 구역에 사는 암컷 **북부흰코뿔소**야. 같은 종의 마지막 수컷인 수단은 2018년 3월에 사망했어. 멸종 위기에 처한 종이라 나진과 파투는 지속적인 관리를 받고 있어. 공원 주변에 높은 울타리가 쳐 있고, 뿔에는 송신기가 설치돼 있어. 무장 경비원이 높은 망루에서 둘을 감시하고, 경비견과 드론은 주변을 비행하며 둘을 살펴.

밀렵꾼으로부터 이들을 보호하기 위해서야. 밀렵꾼들은 뿔을 얻기 위해 동물을 죽여. 어느 지역에서는 코뿔소 뿔이 비싼 가격에 팔리거든. 숙취에서 암에 이르기까지, 만병통치약을 만들 수 있다고 알려졌어. 물론 진실이 아니지만, 아직도 사람들은 코뿔소 뿔을 사려고 해. 또한 코뿔소 뿔을 살 수 있다는 게 부의 상징이기도 해.

남부흰코뿔소의 사정은 그나마 나은 편이야. 북부흰코뿔소보다는 개체 수가 많거든. 19세기 후반, 이 종은 이미 멸종됐다고 알려졌지. 하지만 1985년에 남아프리카의 콰줄루나탈주에서 남부흰코뿔소 무리가 발견됐어. 이제는 2만 마리 이상의 남부흰코뿔소가 보호를 받으며 행복하게 살고 있어. 남아프리카 공화국, 짐바브웨, 케냐 및 나미비아에서 볼 수 있지. 이들은 무리를 지어 풀을 뜯고 누구에게도 해를 끼치지 않아. 그럼에도 불구하고 뿔 때문에 보호를 받고 있는 거야.

134 영리한 한스 이야기

영리한 **한스** 이야기 들어 봤어? 한스는 숫자를 셀 수 있는 독일의 **말**이야. 심지어는 제곱근을 더하고 빼는 등 복잡한 계산도 할 수 있었지. 만약 한스의 주인이 16의 제곱근이 뭐냐고 물으면, 한스는 땅에 발을 4번 찍어 정답을 이야기했어. 계산할 줄 아는 말이라니, 사람들의 관심을 끌었지.

그러던 어느 날, 독일의 심리학자 오스카 풍스트가 나타났어. 풍스트 박사는 한스의 지능에 의구심을 가졌어. 그리고 말과 주인 사이에 커튼을 쳐 서로 보지 못하게 하고 계산을 시켜 보았어. 한스는 더는 정답을 맞힐 수 없었어. 너무 답답해서 풍스트를 물기까지 했어.

대체 무슨 일이 있었던 걸까? 한스는 주인의 몸짓 언어를 능숙하게 읽었어. 정답이 나올 때마다 주인이 약간 움직인다거나 몸의 긴장을 푸는 걸 알아챘던 거야.

사람들은 주인과 말을 둘 다 죽여라, 불태워라, 말이 많았어. 한스와 그 주인을 사기꾼이라고 몰아세웠지. 하지만 한스의 주인은 사기를 친 게 아니야. 한스가 실제로 머리가 좋다고 굳게 믿었으니까.

많은 과학자들은 한스의 이야기에서 동물의 지능이 그렇게 높지 않다는 증거를 찾았어. 하지만 그게 정말일까? 관찰력이 좋다는 건 머리가 좋다는 뜻이잖아.

하나, 둘, 셋.
그레텔은 어디에 있나요, 박사님?

음…

영리한 한스

다른 사람들이 보지 못하는 것을 한스는 보았어. 숫자는 세지 못해도, 몸짓 언어를 읽을 수 있다는 것은 똑똑하다는 증거야.

다행히 한스의 영광은 계속됐어. '영리한 한스 효과'라는 용어가 생겼거든. 한스를 통해서 동물의 학습 능력과 지능에 대한 조사가 본격적으로 이뤄졌어. 한스는 역시, 영리한 말이었어!

개들의 우주

135 우주의 개

목소리를 가능한 한 낮추고 천천히 말해 봐. '우주의 개…' 꼭 공상 과학 영화 제목 같지? 그런데 실제로 **개**는 우주에 다녀왔어.

20세기 중반, 인간은 우주를 탐험하고 싶었지만 인간의 신체가 얼마나 버틸 수 있을지 알 수 없었지. 그래서 모든 종류의 포유류를 우주로 보냈어. 128번 이야기에 나온 것처럼 미국에서는 원숭이를 이용해 실험했지만, 러시아에서는 개를 이용했어.

그중 하나가 과학자들이 모스크바 거리에서 데려온 '**라이카**'였어. 과학자들은 길거리 개들은 거칠게 자라 배고픔과 추위를 잘 견딜 수 있으리라 믿었지. 선발된 모든 개들은 작은 우리에 살며 우주 음식으로 개발한 특수한 젤을 먹는 법을 훈련받았어.

러시아 과학자들은 1951년부터 개를 우주로 보냈어. 일부는 도중에 죽었지만, 살아 돌아온 개도 있었지. 그중에서 가장 유명한 개가 라이카일 거야. 라이카를 태운 스푸트니크 2호는 1957년 11월 3일 지구 궤도에 진입했어. 하지만 과학자들은 라이카가 지구에 살아서 돌아올 수 있을지는 연구하지 않았어. 시간이 부족했지. 라이카는 로켓의 단열재 파손으로 발사한 지 몇 시간이 지난 후, 캡슐의 과열로 사망했어. 1958년 4월, 스푸트니크 2호는 이미 죽은 라이카와 함께 폭발했어.

라이카 다음, 1960년에 **벨카**와 **스트렐카**가 우주로 갔어. 그들은 지구 주위를 공전한 후, 다시 지구로 돌아온 첫 번째 우주견들이야. 이 개들 덕분에 러시아 우주 비행사가 우주 공간을 탐험할 수 있었어.

136 세계에서 가장 유명한 양

의심할 여지 없이 세계에서 가장 유명한 **양**은 **돌리**야. 너무나 유명해서 죽은 뒤 박제되어 스코틀랜드 왕립 박물관에서 보관 중이야.

돌리는 세계 최초로 복제된 포유류로 유명해졌어. 복제란 한 개체와 똑같은 두 번째 개체를 만드는 거야.

이때 두 번째 개체인 클론은 부모인 첫 번째 개체와 정확히 동일한 유전자 물질(DNA)을 가져. 박테리아, 식물, 그리고 일부 곤충에서는 이미 발견된 현상이지만, 포유류를 상대로 한 실험은 처음이었어.

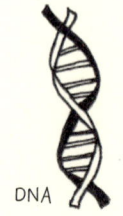
DNA

그런데 알고 보니, 돌리는 최초로 복제된 포유류가 아니었어. 과학자들은 이미 한동안 배아의 세포를 대상으로 실험을 진행해 왔지. 그런데 돌리는 배아 세포가 아니라 암컷 양의 유선 조직에서 채취한 성체 세포에서 복제됐어. 총 277개 난자가 수정됐고, 이로부터 29개 배아가 생겨 13마리에 이식됐지. 1996년 7월 5일, 그중 단 한 마리의 새끼가 태어났고, 그게 바로 돌리야.

돌리는 평생을 로슬린 연구소에서 보냈어. 항상 과학자들의 실험 대상이었지. 돌리는 새끼 여섯 마리를 낳았어. 그 아기 양들의 이름은 샐리, 로지, 보니, 루시, 코튼, 그리고 다시야. 복제로도 정상적인 양이 태어날 수 있다는 증거였지.

그럼에도 불구하고 돌리는 고생을 많이 했어. 관절에 문제가 있었고, 폐 질환도 앓고 있어서 결국 2003년에 사망하고 말았지. 우리는 여전히 동물 복제 기술을 '돌리 기술'이라고 불러.

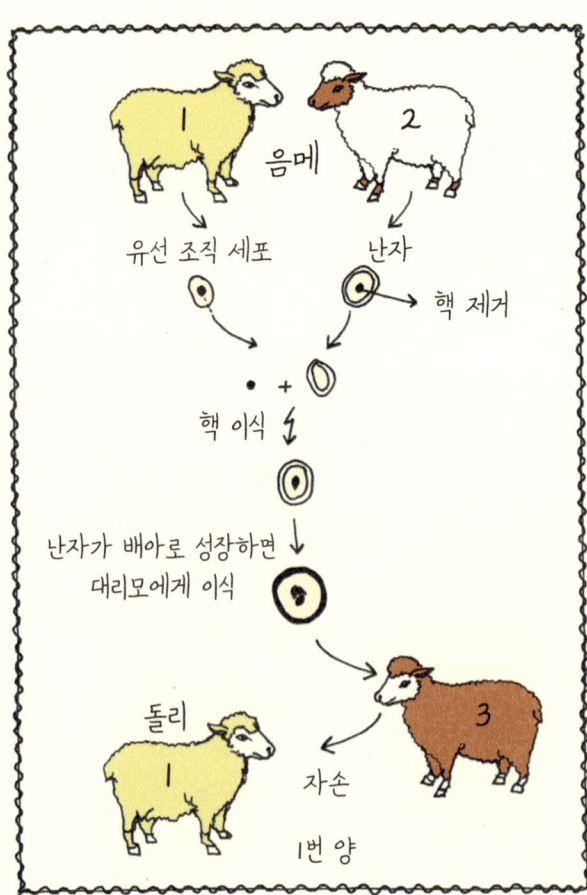

다 그렸다!

침팬지 콩고

137 예술에 재능이 있었던 침팬지 콩고

침팬지 콩고가 처음 연필을 쥐었을 때, 고작 두 살이었어. 그 앞에는 종이가 놓였어. 콩고는 선을 두 개 그렸어. 그러고는 자기 앞에 일어난 일에 매료된 것 같았어. 얼마 후, 콩고는 원을 그릴 수 있었어. 그리고 관리인이 페인트를 줬더니, 원하는 색을 골라 특이한 그림을 그려 냈어. 이 그림은 많은 예술가들에게 찬사를 받았지.

2~4세 사이, 콩고는 400점이 넘는 그림을 그렸어. 일부 예술가들에 따르면, 콩고는 그림을 이해하고 있었다고 해. 자신이 써야 할 색을 신중하게 선택하고, 완성되지 않은 그림을 빼앗으면 화를 내며 비명을 지르기 시작했어. 반대로 콩고가 완성됐다고 믿는 그림은 그 누가 설득해도 다시는 손을 대지 않았어.

유명한 화가 파블로 피카소의 작업실에도 콩고의 작품이 걸려 있어. 당시의 다른 위대한 예술가들도 콩고의 예술에 매료됐지. 콩고가 그린 수많은 작품이 경매에 나온 2005년, 미국의 수집가는 그림 세 점에 2만 5,000달러(약 3,000만 원)가 넘는 돈을 지불했어. 인간이 아닌 동물이 그린 작품에 가장 비싸게 매겨진 가격이야.

1964년, 콩고는 결핵으로 사망했어. 안타깝게도 다른 많은 위대한 예술가들처럼 자신의 그림이 유명해지기 전이었지. 콩고는 자기 그림이 만든 행운을 누릴 수 없었어.

138 용감한 비둘기 셰르 아미

1918년으로 돌아가 보자. 당시 유럽에서는 1차 세계 대전이 벌어지고 있었어. 수백만 명의 군인들이 전사했어. 9월 말에는 100일 공세가 시작됐어. 500명의 미군이 계곡에 갇혔지. 독일 적군으로 완전히 둘러싸였어. 설상가상으로 아군이 그곳에 갇힌 미군을 적인 줄 알고 공격해 댔어. 하루 만에 절반 넘게 죽고 200여 명만이 살아남았지.

다행히 미군에게는 영국군이 준 **전서구***가 있었어. 그중 한 마리가 **셰르 아미**야. '좋은 친구'라는 뜻의 프랑스어 이름이지.

계곡에 갇힌 휘틀시 소장은 편지를 썼어. "우리는 276.4 평행 도로 위에 있다. 탄약이 고갈되고 있다. (…) 제발 (공격을) 멈추어라." 이 편지를 특별히 만들어진 통에 넣어 셰르 아미에게 달아 주었어. 셰르 아미는 총탄을 뚫고 하늘을 날았지. 25분 후, 목적지에 도착한 셰르 아미는 가슴에 총을 맞은 상태였어. 한쪽 눈은 이미 보이지 않았고 다리도 잃었지.

그렇지만 여전히 살아 있었어! 셰르 아미가 전한 메시지 덕에 194명의 군인이 생명을 구할 수 있었어.

군에서는 셰르 아미를 위한 의족을 만들었어. 그리고 장군과 함께 미국으로 돌아갔어. 프랑스에서는 셰르 아미에게 무공 십자훈장을 수여했어.

1년 뒤 셰르 아미는 숨을 거두었어. 미국 워싱턴의 스미소니언 박물관에 가면 셰르 아미 박제를 볼 수 있어.

*편지를 전달하도록 훈련받은 군사용 비둘기.

론섬 조지

139 외로운 거북 조지

네가 인류 가운데 마지막 남은 한 명이라면? 세계 어느 곳에도 짝을 이루고 후손을 남길 상대가 없다면?

남아메리카의 에콰도르 핀타섬에 사는 **핀타섬땅거북**인 **론섬 조지**(외로운 조지라는 뜻)에게 일어난 일이야. 1971년, 헝가리의 한 동물학자가 달팽이를 연구하던 중, 거대한 거북이를 발견했지. 모두들 핀타섬의 땅거북은 오래전에 멸종됐다고 했기 때문에 정말 이상했어. 땅거북이 멸종된 건 잠시 섬에 머문 선원들이 과하게 사냥한 탓이야. 그리고 염소를 키우면서 더이상 섬에 거북을 위한 자리는 없어진 거지.

핀타섬땅거북은 산타크루즈섬의 찰스 다윈 연구소로 옮겨졌어. 안전을 위해서였지. 그곳에서 론섬 조지라는 이름을 갖게 됐어. 다들 조지의 짝을 맞춰 주고 싶었지만, 성공하지 못했어. 더이상 후손을 볼 수 없었지. 론섬 조지는 핀타섬땅거북의 단 한 마리 남은 개체였고, 지구상에서 가장 희귀한 생물이었으니 말이야. 조지는 갈라파고스 국립 공원의 스타가 됐고, 멸종 위기 동물의 상징이 됐어.

2012년 6월 24일, 공원 관리인이 조지가 사망한 걸 발견했어. 겨우 100살이었는데 말이야. 론섬 조지의 몸은 후대를 위해 방부 처리해 보존되었어.

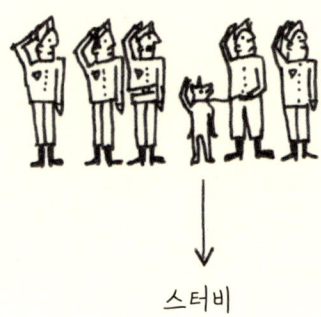

140 충성!

1917년 어느 미군 부대 훈련장에 핏불테리어 한 마리가 나타났어. 곧장 연대의 훈련을 책임지는 로버트 콘로이 하사와 떨어질 수 없는 친구가 됐지. 이 **핏불테리어**에게는 **스터비**라는 이름이 지어졌어.

콘로이 하사가 1차 세계 대전 중 프랑스와의 전쟁에 소집됐을 때, 콘로이는 스터비를 몰래 데려갔어. 그리고 스터비는 102부대의 보병이 되어 다른 군인들과 함께 모든 임무를 수행했어. 스터비는 사람보다 훨씬 미세한 냄새와 소리를 감지할 수 있기에, 가스 무기가 사용됐을 때 다들 마스크를 쓸 수 있도록 미리 경고하는 역할을 맡았어. 먼 거리에서 적의 공격이 있으면 소리를 감지해 이를 알려 주기도 했어. 그렇게 해서 많은 군인들의 생명을 구할 수 있었지.

또 스터비는 부상을 입고 어딘가에 쓰러져 있는 미군들을 찾아냈어. 그리고 그 옆에 앉아 군인들을 안심시켰지. 누군가 와서 구조해 줄 때까지 말이야. 심지어는 독일 스파이도 잡았어.

전쟁 후, 스터비는 미국의 스타가 됐어. 모든 신문사가 첫 페이지에 스터비에 대한 이야기를 실었지. 스터비는 사람들의 사랑을 받았으며, 미국 대통령도 만나고 많은 행사에 참여했어.

스터비는 1926년에 사망했어. 그리고 박제되어 미국의 스미소니언 박물관으로 옮겨졌지. 2010년에는 용감한 스터비에 대한 책이 출판됐고, 2018년에는 만화영화로 제작됐어. 제목은 〈캡틴 스터비〉야.

7

동물들의 의사소통

141 방귀로 이야기하는 청어

청어는 무리를 지어 살아가지. 수백만 마리의 청어는 긴 무리를 이뤄. 그 길이가 몇십 미터에 이를 거야. 무리를 지어 다니는 게 익숙해서 물속에서 완벽하게 한 몸이 되어 움직이지. 그래서 포식자들이 한 마리를 골라 사냥하는 게 어려워. 자리돔과 같이 엉성하게 무리를 지어 사는 종과는 차원이 달라.

이 질서정연한 무리 속에서 헤엄을 칠 때 청어들은 눈과 귀뿐만 아니라 측선을 이용해. 측선은 물고기의 몸통 양옆에 있는 긴 줄인데, 물의 움직임과 진동을 감지하는 감각 기관 구실을 하지. 청어는 측선을 이용해 엄청나게 빠른 속도로 정보를 처리한 후, 방향을 바꿔.

밤이 되면 물속은 완전히 어두워져. 무리는 흩어지지만 청어들은 서로 연락을 끊지 않아. 비결이 뭐냐고? 방귀를 사용하는 거야. 청어의 항문에서는 리드미컬한 기포가 나와. 그것으로 서로 의사소통하고 충돌을 방지할 수 있지.

간혹 무리 안에서도 길을 잃는 경우가 있어. 그러면 몇 마리가 더 떨어져 나와 작은 무리를 만들어. 학교에서는 이러면 혼나는데, 청어 무리에서는 어떻게 되려나.

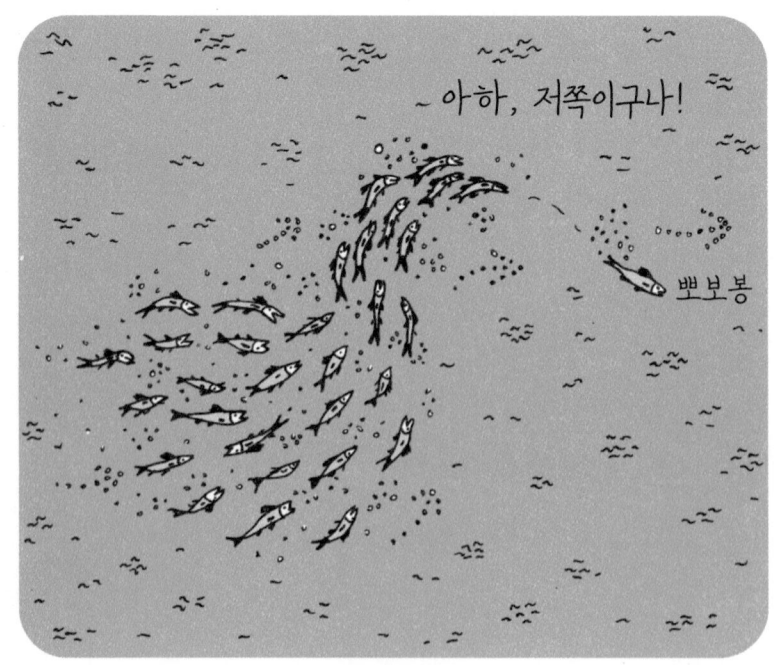

청어 무리

로랜드줄무늬텐렉

142 가시로 의사소통하는 텐렉

텐렉에 대해 들어 봤어? 약 30종의 텐렉이 지구상에 살고 있지. 다들 모습이 다르지만, 고슴도치나 땃쥐와 비슷하게 생겼어. 텐렉은 등에 가시가 있고, 코가 길며 꼬리가 짧아. 노란색을 비롯하여 몸 색깔이 다양해.

대부분의 텐렉은 마다가스카르에 살지만, 아프리카 대륙에서도 볼 수 있어.

로랜드줄무늬텐렉은 가시를 사용해서 의사소통해. 가시를 서로 문질러서 부드러운 소리를 내지. 이런 걸 '마찰음'이라고 해. 곤충 중에는 매미가 발을 비벼 마찰음을 내. 지금까지 밝혀진 바로는 로랜드줄무늬텐렉이 마찰음을 내는 유일한 포유류야.

텐렉은 혀로 소리를 내서 침입자를 몰아내. 물론 먹이를 구하기 위한 반향정위를 이용하는 것이라고 주장하는 사람들도 있지만, 아직 확실히 밝혀지지는 않았어.

텐렉은 가시를 사용해 의사소통하고 위장할 뿐 아니라 스스로를 보호하기도 해. 멸종 위기에 처한 로랜드줄무늬텐렉은 가시를 똑바로 세우고 적에게 달려가 몸을 부딪쳐. 이렇게 공격하면 침입자뿐만 아니라 텐렉도 아플 거야.

143 행복하면 웃는 빈투롱

- 암컷 **빈투롱**은 매우 특이한 동물이야. 딱히 정해진 짝짓기 철이 없고 임신 시기를 결정할 수 있어. 아이를 키우기에 환경이 완벽하고, 먹이가 충분해야만 임신을 해.

- 빈투롱은 행복할 때는 웃고, 슬프거나 화가 나면 울부짖어. 으르렁거리거나 쉭쉭거리는 소리를 내기도 해. 암컷은 짝짓기하고 싶을 땐, 빙글빙글 돌아.

- 빈투롱은 무화과나무 숲을 지키는 역할을 해. 무화과의 단단한 씨앗을 먹는데, 빈투롱의 내장에는 씨앗을 부드럽게 만드는 효소가 있어. 소화된 씨앗이 배설되어 땅에 떨어지면 싹이 터서 나무로 자라나.

히히!

빈투롱

- 빈투롱이란 옛 말레이어에서 유래된 이름이야. 이제는 존재하지 않는 언어이기 때문에 그 뜻이 무엇인지는 알 수 없어.

트랄랄랄라~

감사합니다, 감사해요.

박수!

노래지빠귀, 신호를 잘 모방할 수 있는 새

144 가장 아름다운 노래를 부르는 지빠귀

노래지빠귀는 환상적인 가수야. 종종 그들은 아침 햇살에 노래를 시작해서 해가 질 때까지 멈추지 않아. 작은 새들이 높은 지붕이나 나무 꼭대기에 앉아 열심히 노래하고 있다면, 그건 아마도 노래지빠귀일 거야.

노래지빠귀의 노래는 세계 최초로 녹음된 새소리야. 루드비히 칼 코흐는 일곱 살 때인 1889년에 축음기를 선물로 받았지. 축음기를 바깥으로 가지고 나가 노래지빠귀의 소리를 담았어. 어른이 된 루드비히는 모든 동물 소리를 녹음하는 세계적인 소리 수집가가 됐어. 영국 도서관의 '소리 검색'을 클릭하면 루드비히의 녹음을 들을 수 있어.

지빠귀는 작은 곤충을 먹는데, 그중 특히 달팽이를 좋아해. 주변에

깨진 달팽이집이 많이 보인다면, 그건 지빠귀가 근처에 있다는 소리야. 그리고 주변에 달팽이집을 깰 수 있는 돌 같은 딱딱한 물건도 볼 수 있을걸. 지빠귀는 달팽이집을 깨기 위해 항상 같은 돌을 사용해.

145 기린이 소리를 낼 때

동물원이나 사파리에서 **기린**을 본 적 있니? 기린이 내던 소리를 기억해? 기억 못 한다고? 그럴 만해. 기린은 아무 소리도 내지 않는다고 알려져 있거든. 적어도 최근까지는 그랬어. 기린의 울음소리를 직접 들은 사람이 없었으니 말이야. 다들 기린에게는 성대가 없다고 생각했지. 어떤 과학자들은 기린의 목이 너무 길어 소리를 낼 수 없다고 생각하기도 했어. 하지만 그건 사실이 아니라고 밝혀졌지. 기린은 성대가 없는 게 아니고, 그저 특별할 뿐이야.

비엔나대학교의 연구원들은 기린의 소리를 연구하기 위해 8년 동안 동물원 세 곳에 마이크를 설치했어. 그리고 무엇을 알아냈냐고? 기린은 밤에 아주 낮은 소리로 윙윙댄다는 점을 알았지.

기린이 이런 소리를 내는 이유는 아직까지 명확하지 않아. 기린은 낮에 사바나 초원에 서서 눈으로 주변을 경계하지. 목이 기니까 사냥꾼이 멀리 있어도 알아볼 수 있거든. 무리의 모든 기린들이 서로 주시하고 있어서, 한 마리가 도망치기 시작하면 나머지도 따라서 도망쳐. 그러니 기린에게는 소리를 내지 않는 게 중요해. 안 그러면 사냥꾼이 알아챌 테니까.

당연히 밤에는 낮보다 천적의 눈에 덜 띄기 마련이야. 과학자들은 그런 이유에서 무리 지어 있는 기린이 서로 윙윙댄다고 생각해. 사람들이 듣기에는 아주 작은 소리지만, 실제로 나는 소리야. 아주 부드러운 코골이 소리처럼 들려.

물론 이건 이론 중 하나일 뿐이야. 누가 알아? 그냥 아이들을 재우기 위한 자장가일지.

기린은 같은 소리를 여러 번 내.

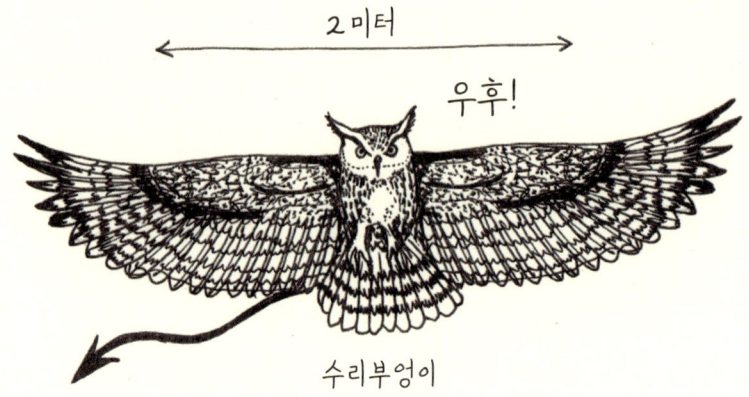

2미터
우후!
수리부엉이

146 수리부엉이, 악마의 동물일까?

- **수리부엉이**는 올빼밋과 동물 가운데 가장 커. 키는 75센티미터까지 자라고, 무게는 3~4킬로그램이야. 날개의 한쪽 끝에서 다른 쪽 끝까지의 길이가 최대 2미터에 이르지.

- 수리부엉이는 둥지를 짓지 않고, 자신의 먹이인 매나 독수리의 둥지를 빼앗고는 해.

- 수컷 수리부엉이는 노래를 부르며 암컷을 유혹해. 암컷이 둥지에 도착하자마자 노래를 멈추지. 암컷 수리부엉이는 알을 2~4개 낳고, 수컷이 먹이를 구해 오는 동안 알을 품어. 30일이 지나면, 알이 부화해서 아기 수리부엉이들이 태어나고 가을까지 부모와 함께 살아.

- 보통 수리부엉이는 '부엉부엉' 하고 울지만, 주변에 적이 있으면 날카로운 소리를 내고는 해. 꼭 알람 소리 같아. 그래서 이 소리를 '악마의 족쇄' 또는 '악마의 외침'이라고 부른대.

- 수리부엉이는 훌륭한 사냥꾼이야. 날카로운 발톱으로 무게가 5킬로그램 정도 나가는 먹이까지 잡아먹을 수 있지. 다른 새뿐만 아니라 어린 여우와 고슴도치도 사냥해.

- 수리부엉이는 오랫동안 멸종 위기에 처한 종이었어. 비둘기를 사육하는 사람들은 값비싼 비둘기를 잡아먹는 수리부엉이를 사냥했지. 다른 사냥꾼들은 수리부엉이가 꿩과 토끼를 공격하는 게 맘이 들지 않아서 사냥을 했고. 그보다도 더 큰 멸종 원인은 살충제인 디디티였어. 살충제가 뿌려진 곡식을 먹은 설치류가 살충제에 중독됐고, 그런 설치류를 잡아먹은 수리부엉이의 알껍데기는 부화하기도 전에 부서지고 말았지. 다행히 1970년 디디티 사용이 금지됐고, 수리부엉이는 보호종으로 지정됐어.

147 흰코뿔소가 서로의 소식을 듣는 법

- 지구에 165종이 넘는 **코뿔소**가 살았던 적이 있어. 하지만 지금은 단 5종만 남아 있지. 3종은 아시아에, 그리고 나머지 2종은 아프리카에 서식해. 다들 멸종 위기에 처해 있어. 모두 인간 때문이야. 인간은 코뿔소가 살아가는 초원을 모두 농지로 만들어 버렸어. 코뿔소는 서식지를 잃어버렸지. 또한 뿔을 얻기 위해 인간은 코뿔소를 사냥해. 코뿔소의 뿔에는 모든 질병을 치료할 수 있는 마법의 힘과 그런 효과를 내는 물질이 들어 있다고 믿어 왔어. 전혀 사실이 아니지만, 아직도 그렇게 믿는 사람들이 있어.

- **흰코뿔소**는 가장 덩치가 큰 코뿔소야. 아프리카에 살고 최대 3,600킬로그램까지 무게가 나가. 코끼리 다음으로 무거운 육상 동물이야. 흰코뿔소는 멸종되기 직전이었지만, 잘 보호된 덕에 2만 마리 정도가 남아 있어.

- 흰코뿔소는 때때로 무리를 지어 살지만, 대개는 독립해서 생활하고는 해. 과학자들은 이들이 분뇨로 의사소통한다는 점을 발견했어. 코뿔소는 정해진 장소에 배변을 해. 공동화장실 같은 곳이지. 코뿔소의 분뇨 속에 있는 화학 물질에는 독특한 냄새가 있어. 이 냄새를 맡아서 코뿔소의 성별을 구분할 수 있어. 또 다른 화학 물질은 코뿔소의 나이를 알려 줘. 수컷 흰코뿔소가 자신의 영토를 지키고 있는지, 암컷 코뿔소가 짝짓기 준비가 되어 있는지를 알 수 있는 물질도 있어. 꼭 서로 정보를 교환하는 소셜미디어 같아.

흰코뿔소

148 요들송을 부르는 개

개를 키우고 싶었다고? 그런데 너무 시끄럽고 더러워서 엄마가 반대했다고?

여기 너를 위한 해결책이 있어. 엄마한테 **바센지**를 소개해 봐. 바센지는 거의 짖지 않는 대신 요들송을 부르거든. 바센지의 후두는 다른 개와 모양이 달라서, 짖는 능력이 떨어져. 또한 바센지는 무척 깔끔한 개야. 얼마나 깨끗한지 개의 탈을 쓴 고양이라고 불리기도 해.

바센지는 매우 용감한 개야. 바센지의 고향 케냐에서는 사자 사냥개로 쓰였지. 보통 사자 사냥에는 바센지 네 마리가 나서서 훌륭한 후각 능력으로 사자가 숨은 굴을 찾아. 사자는 굴 앞에 먹이가 있다고 생각하지, 누군가 매복 중이라고는 생각하지 않아. 사자가 나오자마자 바센지는 번개 같은 속도로 도망을 치고, 마사이족의 사냥꾼들은 사자를 원으로 둘러싸고 창으로 사냥을 해.

바센지는 그레이하운드처럼 빨리 달릴 수 있는 종이야. 이들이 얼마나 빨리 달리는지, 어느 순간 네 발이 떠 있는 경우가 있어.

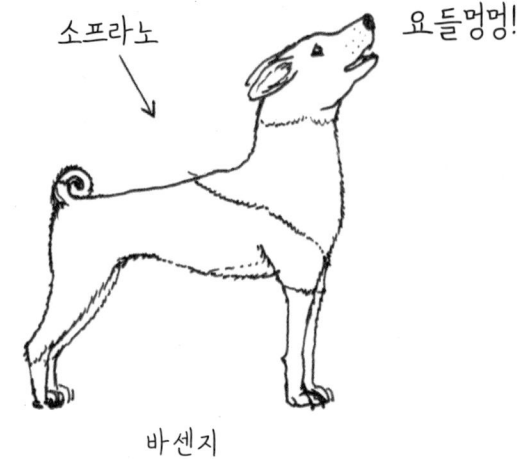

소프라노
요들멍멍!
바센지

바센지에게도 단점이 있을까? 응. 바센지는 고양이처럼 고집이 세. 그래서 다른 품종보다 애정이 덜하고, 여러 기술을 가르쳐 줄 수도 없어. 대신 매우 똑똑하고 호기심이 많아. 그리고 주인을 위해서라면 불구덩이라도 뛰어들 거야. 어때, 엄마를 설득할 수 있겠어?

149 원숭이에게 치아를 보여 주지 마

- **원숭이**나 다른 유인원들은 상대의 이빨에서 공격성을 알아차려. 자신들이 공격하고 싶을 때도 날카로운 송곳니를 보여 주지. 이 이빨로 먹이를 작게 잘라 먹을 뿐만 아니라, 필요하면 누군가를 물기도 해. 그러니까 원숭이가 이빨을 드러낸다는 건 좋은 소식이 아니야.

- 기분 좋은 원숭이는 어떤 표정을 지을까? 웃는 표정을 지어. 그리고 의도적으로 입술을 잘 내려서 윗니가 보이지 않게 해. 싸우고 싶지 않다는 의미를 전달하려고 말이야.

- **침팬지**들은 여러 가지 몸짓 언어로 자신이 원하는 바를 분명하게 전달해. 연구에 따르면 19가지 메시지를 전하기 위한 66가지 몸짓 언어가 있대.

웃으세요!

- 엄마 침팬지가 새끼에게 발바닥을 보여 주면, 새끼는 엄마에게 업혀야 해. 잎사귀로 찌르는 건 상대를 유혹하고 싶다는 의미야. 만약 누군가 등을 긁어 주길 원하면, 상대의 팔을 만져.

- 침팬지는 수화를 써. 마치 인간 아기 같아. 연구에 따르면 원숭이나 유인원의 몸짓 언어가 아기의 몸짓 언어와 거의 동일하대. 손가락으로 머리를 가리키고, 무언가를 찾고, 팔을 들어 올려서 안아 달라고 하지. 아마 우리의 먼 조상들이 몸짓 언어를 사용해 의사소통을 했나 봐.

150 붉은부리갈매기의 의사소통

붉은부리갈매기를 본 적이 있을 거야. 아주 흔하니까. 예전에는 해안에서만 볼 수 있었지만, 이제는 도시에서도 볼 수 있어. 사람을 쫓아 도시로 갔거든. 길거리에서 쓰레기를 뒤지는 모습도 볼 수 있어.

붉은부리갈매기는 여름 동안 머리가 마치 갈색 복면을 쓴 것처럼 갈색 털로 뒤덮여. 겨울에는 귀 양쪽에만 동그란 자국 두 개만 남고 갈색 털이 모두 빠지지. 그래서 꼭 헤드폰을 쓴 것처럼 보여.

붉은부리갈매기는 특유의 '르르르' 하는 소리를 내. 꼭 웃음을 터트리는 것 같아. 이 소리로 주변 갈매기들에게 먹이가 있다는 걸 알려. 그러니까 공원에서 한 마리에게 먹이를 줄 때, 다른 붉은부리갈매기들이 몰려들어도 놀라지 마. 커다란 울음소리로 개구리매와 같은 천적을 위협하기도 해.

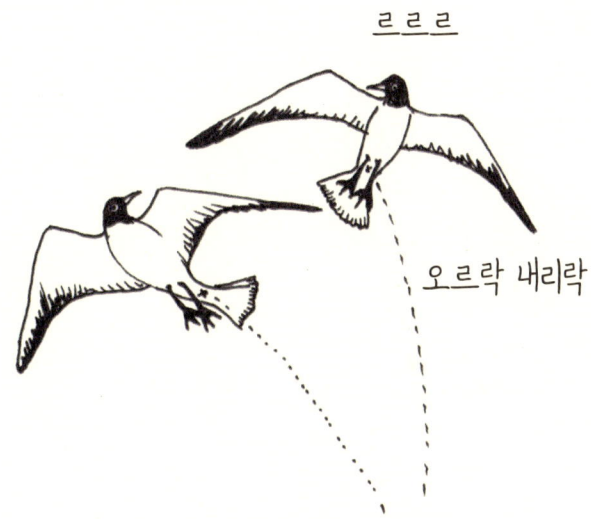

소리와 몸짓으로 소통하는 붉은부리갈매기

151 지피에스를 달고 다니는 개미

- 우리가 **개미**라고 생각해 보자. 잠깐 집 밖으로 나왔는데, 막 죽은 통통한 검정파리를 발견했어. 엄청난 전리품이잖아. 어서 집으로 가져가고 싶어. 하지만 등에 지기는 너무 무겁고, 끌고 갈 수는 있네. 그러면 뒷걸음으로 걸어야 할 텐데, 집은 대체 어떻게 찾지?

- 다행히 개미에게는 태양 나침반이 있어. 덕분에 눈으로 보지 않아도 방향을 찾을 수 있지. 그리고 기억력이 좋아서 왔던 길을 기억해. 나침반과 기억력을 동원하면 뒤로 걸어가도 집을 찾아갈 수 있어. 즉, 양방향으로 사용할 수 있는 지피에스(위성 위치 확인 시스템)를 달고 다닌다고 볼 수 있어.

- 개미는 끊임없이 서로 메시지를 교환해. 그래야 개미집의 모든 일이 순탄하게 진행되지. 개미는 잘 못 듣고 잘 보지도 못하기 때문에 다른 감각으로 의사소통을 하는 거야. 또한 전리품을 끌고 가는 길목에 자신을 찾을 수 있는 물질과 냄새를 흩뿌려. 혹시 자신이 파리를 끌고 가지 못해도, 냄새 신호로 그 위치를 알려 주지. 그러면 주변 개미들이 똑같이 위치를 인지할 수 있는 냄새 신호를 남기고, 결국은 개미집에서 다른 개미들도 나와. 또한 적이나 위험을 경고하는 냄새 신호도 있어. 그리고 냄새 신호를 '암호'로 쓰는 경우도 있어서, 이 암호를 맞추지 못하는 외부 개미에게는 무서운 응징이 뒤따르지.

- 간혹 지피에스가 잘못 작동하는 경우도 있어. 어디선가 끊어진 마지막 개미의 냄새 신호를 따라가는 경우야. 그러면 다른 개미들도 뒤를 쫓는데, 결국은 빙글빙글 돌게 돼. 안타깝게도 이런 경우는 죽을 때까지 빙글빙글 돌기만 해.

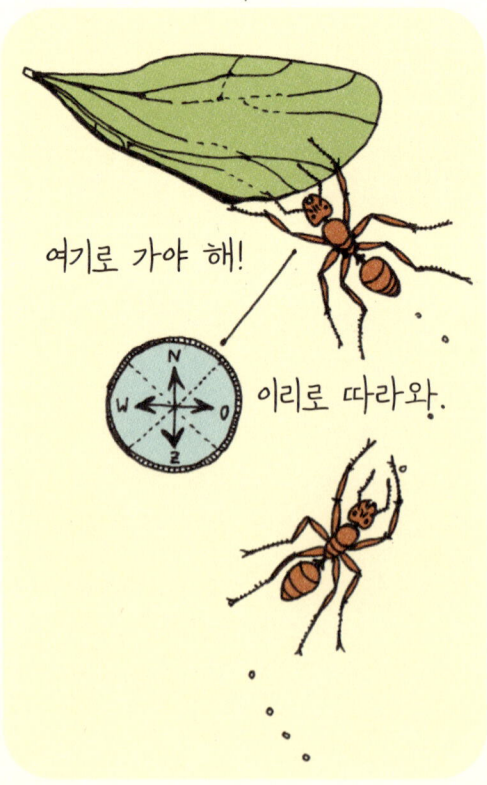

152 서로의 이름을 아는 큰까마귀

- **큰까마귀**는 유럽에서 가장 큰 참새목 새야. 성체 큰까마귀는 몸길이가 평균 64센티미터에 이르지. 검은 깃털과 까악거리는 울음소리로 큰까마귀를 구분할 수 있어.

- 20세기 초, 북유럽의 큰까마귀는 거의 멸종됐었어. 큰까마귀가 소와 다른 가축을 죽인다고 믿은 탓에 농부들이 사냥을 했거든. 하지만 그건 오해였어. 큰까마귀는 죽은 동물만 먹거든. 죽어가는 동물을 먹기도 하지만, 아주 가끔이야.

- 큰까마귀는 일편단심이야. 한번 사랑에 빠지면 영원히 서로와 함께해. 둘 중 한 마리가 죽어도, 남은 새는 다른 짝을 찾지 않아. 남은 생애 동안 혼자 살아.

- 큰까마귀는 평생 새끼와 연락을 유지하며 지내. 큰 까마귀에게는 같이 어울려 노는 친구가 있고, 그 이름까지 알고 있지. 과학자들에 따르면 큰까마귀는 80개의 '까마귀 단어'를 인식한대. 예를 들어 다른 큰까마귀들에게 자신을 소개하는 독특한 울음소리가 있어. 얼마나 특별한지, 큰까마귀들은 만날 때마다 울음소리로 서로를 구분할 수 있어.

- 하늘을 날다가 잘 아는 친구를 만나면 큰 소리로 외칠 거야. "안녕, 케빈! 오랜만이야!" 만약 친구가 아닌 큰까마귀를 만난다면, 아주 작은 소리로만 울어.

153 코로 피리를 부는 딕딕

딕딕, 또는 **작은영양**이라 불리는 이 동물은 아프리카의 동쪽과 남쪽 지역에 살아. 위험에 처하면 코로 '딕딕'거리는 피리 소리를 내. 그래서 딕딕이라는 이름이 붙었어. 귀엽지 않아? 키는 30~40센티미터에 무게는 3~6킬로그램밖에 나가지 않아. 아마 집에서 키우는 강아지보다도 작을걸.

딕딕을 좋아하는 포식자가 있어. 하이에나, 들개, 사자, 표범 및 독수리가 딕딕의 천적들이야. 포식자들이 접근하면 딕딕은 지그재그를 그리며 도망쳐. 시속 40킬로미터까지 속도를 낼 수 있지.

인간도 딕딕을 사냥해. 가죽으로 아름다운 장갑을 만들 수 있거든. 딕딕 한 마리에서 벗겨낸 가죽으로 고작 장갑 한 짝을 만들 수 있어.

딕딕 한 쌍은 침입자가 없는 영역을 만들어. 그리고 분뇨와 눈물로 영역을 표시해. 딕딕의 눈물샘에서는 끈적한

작은영양

눈물이 나와. 잔디에 얼굴을 문질러서 자신의 냄새를 남기지.

아무리 딕딕이 귀엽다 하더라도, 집에서 키우기는 적합하지 않아. 활동적인 동물이라서 넓은 공간이 필요하거든.

154 선잠을 자는 돌고래

돌고래는 전 세계 모든 바다에서 신나게 노는 동물이야. 물 위로 솟아올라 인상적인 점프와 재주넘기를 보여 주지. 유선형의 몸 덕분에 물속에서 꽤나 빠르게 헤엄칠 수 있어.

돌고래는 엄청나게 똑똑해. 도구를 사용하고 독특한 소리를 내서 서로 대화할 수 있어.

돌고래는 사교적인 동물이야. 보통 열 마리에서 몇천 마리까지도 무리 지어 살아. 종종 다른 동물 및 사람들과

접촉할 때도 있어. 인간이 타고 있는 배와 나란히 함께 헤엄쳐 가는 것을 좋아하지. 그리고 필요할 때는 서로 돕고, 다른 동물을 도와줄 때도 있어. 예를 들어 사람이 탄 배 주변을 돌면서 상어로부터 사람을 구하기도 해.

돌고래는 잘 때 뇌의 절반만 사용해 잠을 자고는 해. 숨을 쉬러 규칙적으로 물 밖으로 떠올라야 하기 때문이야. 깊이 잠들었다가는 익사할 수도 있어.

155 프레리도그와 함께하는 즐거운 대화

프레리도그는 북아메리카의 대초원에 살아. 커다란 꼬리만 없을 뿐, 꼭 다람쥐처럼 생겼어. 지하에 굴을 파고 살아가고 매우 사회적인 동물로 무리를 지어 여러 가족과 함께 살아.

동물행동학자 콘 슬로보치코프는 프레리도그가 매우 복잡한 언어를 사용한다는 것을 알아냈어. 프레리도그는 울음소리와 위협을 나타내는 경고음을 내서 다른 동료들에게 매우 정확한 정보를 전달해.

슬로보치코프는 특수 음향 장비를 사용해 프레리도그의 언어를 녹음하고, 그 기록을 컴퓨터 프로그램으로 분석했어. 그리고 '코요테가 오고 있어!'라고 울 때와 '개가 오고 있어!'라고 울 때의 울음소리가 다르다는 걸 발견했어. 개와 코요테는 외양이 비슷하지만 프레리도그는 둘을 헷갈리지 않지. 코요테뿐만 아니라 맹금류, 기타 천적들 그리고 인간이 올 때도 울었어.

프레리도그는 자신과 다른 동물을 구분할 뿐만 아니라 색, 생김새, 크기까지 구분할 수 있어. 심지어는 다가오는 인간이 무기를 가졌는지 아닌지까지 포함하여 눈에 보이는 모습을 비교적 정확하게 서로 전달해. '키가 크고

그거 알아…?

가장 재미있는 소문을 들으려면 프레리도그의 말을 할 줄 알아야 해.

마른 사람이 느릿하게 지나간다. 파란 셔츠에다 총을 갖고 있어.'처럼 말이야. 슬로보치코프는 프레리도그가 사투리를 사용하는 것도 알아냈어. 서로 다른 무리에 속한 프레리도그의 말투가 달랐지. 그럼에도 불구하고 서로 말을 이해하는 것처럼 보였어. 혹시 프레리도그가 외국어도 배울 수 있을까?

156 노래와 숫자 계산의 챔피언, 매미

시원한 여름 저녁, 밖에 나와 앉아 있으면 특별한 오케스트라가 연주를 시작해. 귀뚜라미라고 생각하는 사람도 있겠지만, 아마 아닐 거야. **매미**겠지. 매미는 입으로 노래하지도 않고, 귀뚜라미처럼 날개를 비벼서 소리 내지도 않아. 대신 신체의 울림기관으로 노래해. 매미 몸의 양옆에는 팽팽한 피부로 덮여 있는 발음기가 있어. 몸 안에서는 진동판이 이 발음기를 빠르고 강하게 치지. 매미 몸통의 빈 속은 마치 사운드박스 같아서 이 소리가 매우 크게 울려. 매미의 노랫소리는 최대 100데시벨까지도 올라가는데, 바위에 구멍을 뚫는 소리만큼 큰 소리야. 이 소음 때문에 매미의 천적인 새들은 거리를 두고 떨어져 있을 수밖에 없어. 하지만 매미는 귀가 얇은 막으로 막혀 있어서 소음을 차단하기 때문에 큰 소리에도 끄떡없지.

매미는 넓적한 머리에 크고 볼록한 눈이 달려 있고, 몸통은 보트 모양이야. 등에는 굵은 핏줄 같은 무늬가 보이는 두 쌍의 날개가 있지. 튼튼한 뒷다리 덕분에 아주 빨리 뛰어내릴 수도 있어. 그래서 간혹 귀뚜라미나 메뚜기와 헷갈리기도 해.

매미들은 숫자 계산도 할 줄 알아. 땅속에 살던 애벌레들이 3년, 5년, 7년 등 일정한 주기마다 올라와 매미가 되거든. 미국에는 주기매미 또는 17년매미라고 불리는 매미가 있는데, 이런 이름이 붙은 이유는 13년이나 17년마다 나타나기 때문이야. 흥미로운 것은 13, 17이라는 숫자가 소수라는 점이지. 수백만 마리의 주기매미 애벌레는 13~17년 동안 땅속에서 살아. 그리고 다음 세대가 땅 위로 올라올 때까지 또다시 13~17년이 걸려. 땅속에서 왜 그리 오래 기다리는지는 아직까지 확실하게 밝혀지지 않았어. 이 매미들이 나타난 해에는 새들이 매우 행복하지. 매미로 배를 든든히 채우고 번식할 수 있으니 말이야. 그 해가 지나면 매미는 사라지고, 새들은 다시 굶주려. 그래서 먹이를 구하러 다시 돌아다니지. 매미가 나타나는 주기가 짧다면, 똑똑한 새들은 기억하고 있다가 매미가 많았던 장소로 돌아갈 거야. 하지만 13~17년이 걸리니, 공백이 너무 커서 새들이 기억하지 못해.

4년마다 부화하는 매미도 있어. 월드컵이 개최되는 해에 부화하기에, 이 매미를 월드컵매미라고 부르기도 해.

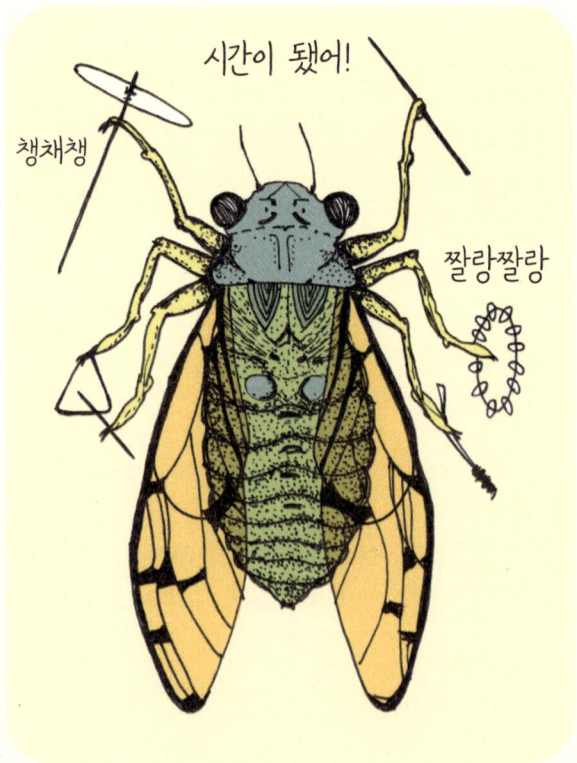

발음기를 연주할 준비가 된 매미

빵빵
꿰에엑
요델

아비는 여러 가지 음으로 노래할 수 있어.

157 여러 가지 울음소리를 낼 수 있는 새

미국 또는 캐나다를 여행할 때 운이 좋은 사람은 **아비** 또는 **가비아**라고 불리는 새의 울음소리를 들을 수 있을 거야. 아비는 검은색과 흰색 그리고 가끔은 갈색이 섞인 깃털을 가진 새로 큰 호수 근처에 살아.

아비의 높은 비브라토* 울음소리는 공포 영화에서나 나올 만한 악당의 광적인 웃음을 연상하게 하지. 그래서 '미친 웃음'이라는 별명이 붙어 있어. 이건 아비가 밤에 자신의 영역을 지키려고 내는 경고음과 다름없지.

아비의 빵빵거리는 울음소리는 새끼나 짝짓기 상대와 대화할 때 사용하는 소리야. 이 울음소리로 가족이나 친지가 별 탈이 없는지, 근처에 머무르고 있는지 확인해. 엄마가 부엌에서 우리의 이름을 부르는 것과 같아.

이 중에서도 가장 끔찍한 울음소리는 아마 울부짖는 소리일 거야. 늑대의 하울링이랑 비교할 만큼 길게 뻗는 소리이지. 밤에 파트너와 의사소통할 때나 모든 종류의 사회적 상호작용을 할 때 내는 소리야.

마지막으로 요델이라는 소리도 내. 수컷이 내는 길이가 긴 울음소리야. 최대 6초 동안 음을 반복해. 보통 수컷이 다른 수컷들로부터 영역을 방어하기 위해 요델을 사용해. 모든 수컷은 자신만의 특별한 요델 소리를 내. 꼭 산에서 울리는 메아리처럼 말이야.

*음을 떨어서 아름답게 울리게 하는 성악 기법.

158 무리 지어 노래를 부르고 파도타기하는 유럽찌르레기

- 유럽찌르레기를 본 적 있어? 아마 한 마리가 아니라 한 무리를 봤을 거야. 유럽찌르레기는 번식기가 지나면 모여 앉아 있기를 즐기거든. 수만 마리가 한 무리를 이룰 때도 있어. 비행이 특히 인상적이야. 유럽찌르레기 떼는 왼쪽에서 오른쪽으로 이동하고, 시속 최대 70킬로미터로 다이빙을 했다가, 다시 하늘로 박차고 올라가. 무리의 다른 새들도 이 모습을 보고 줄지어 다이빙한 후 다시 하늘로 박차고 올라가. 마치 파도타기 응원을 하는 것 같아. 이건 적을 막기 위한 행동이지. 천적은 여전히 유럽찌르레기를 공격할 테지만, 무리 전체가 모여 있으면 어지러워서 공격이 어려울 수 있어. 물론 무섭기도 할 거고.

- 유럽찌르레기는 노래하기를 좋아해. 주변의 여러 소리를 흉내내지. 예를 들어 닭이 우는 소리나 까마귀의 울음소리를 따라 해.

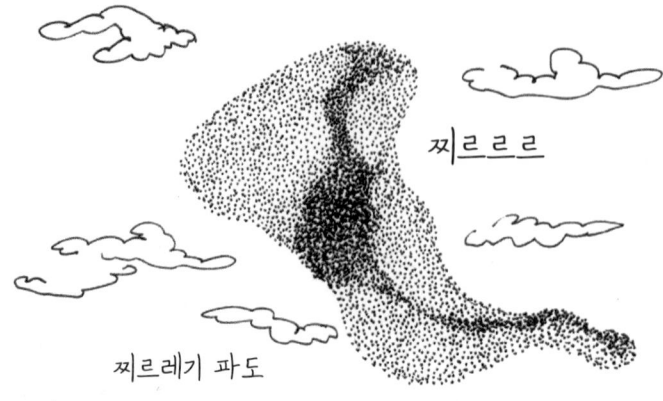

찌르르르

찌르레기 파도

실제로 사람 가까이에 사는 유럽찌르레기는 인간의 소리를 흉내내. 역 근처에 살고 있다면, 기차 지나가는 소리를 모방해. 소리 모방은 짝짓기를 위해 암컷을 유혹하는 행위이기도 해.

- 마당에 유럽찌르레기가 살면 좋겠다고? 그러면 새집을 걸어 놓아 봐. 유럽찌르레기가 와서 둥지를 지을 거야. 겨울에는 썩은 사과나 배, 치즈, 또는 익힌 감자를 먹이로 주면 돼. 바닥에 뿌려 놓으면 알아서 먹어. 유럽찌르레기는 상차림을 좋아하지 않거든.

159 속임수를 쓰는 박새

노란 배에 검은 머리, 하얀 뺨을 지닌 **박새**는 그 겉모습이 재미있어. 게다가 '띠뚜띠뚜'거리는 울음소리를 내. 이 울음소리가 마치 앰뷸런스 소리와 같아서 외국에서는 '도와주세요' 또는 '소방관'이라는 별명으로 불리기도 해.

박새는 새매와 같은 천적이 근처에 오거나, 다른 위험이 닥치면 크고 날카로운 소리로 상대에게 경고를 보내. 박새는 새매가 좋아하는 먹이거든. 물론 새매는 박새의 높은 울음소리를 듣지 못하지만, 박새의 다른 가족들은 들을 수 있어. 그래서 새매가 알지 못하게 재빨리 위험에서 몸을 숨겨.

새매가 가까워지면, 박새는 다른 울음소리를 내. 낮은음의 '찍찍'거리는 소리처럼 들리는데, 적이 가까워져 숨을 시간이 더이상 없다는 뜻이야. 안타깝게도 새매는 이 소리를 들을 수 있어서, 경고음을 낸 박새는 결국 잡아먹히고 말아.

이 씨앗들은 다 내 거야!
건드리지 마!
박새

이 알람 소리로 다른 박새를 속일 때도 있어. 어딘가 맛있는 먹이가 있다거나 모두가 먹기에 양이 충분하지 않은 경우, 천적의 등장을 알리는 알람 소리를 내. 그러면 다른 박새들이 모두 숨어 버리고, 거짓말쟁이 박새만 먹이를 모두 차지할 수 있어.

160 관심을 끌기 위해 말하는 앵무새

애완동물과 대화가 가능하다니, 얼마나 멋져. 오늘 학교생활은 어땠는지 묻는 개나 재미난 농담을 들려주는 고양이를 상상해 봐.

앵무새와는 충분히 가능한 일이야. 적어도 집에 돌아오는 주인에게 유쾌한 목소리로 '안녕!' 하고 인사할 수는 있지. 그런데 앵무새는 자기가 하는 말의 뜻을 이해할까?

앵무새는 사람이 내는 소리를 모방하거나 흉내 내. 방문을 열고 들어오며 '안녕!'이라고 자주 말한다면, 앵무새는 그 소리를 모방할 수 있어. '안녕'의 의미는 모르지만, 네가 방에 들어오면 매번 '안녕'이라고 말한다는 건 기억하거든. 그렇기 때문에 문이 열리면 똑같은 말을 반복하는 거야.

말을 (부분적으로) 이해하는 앵무새가 있기는 해. **회색앵무 알렉스** 말이야. 훈련 덕분에 알렉스는 50가지 물건에 이름을 붙이고, 7가지 색상과 6가지 모양을 인식할 수 있었어. 또한 숫자를 8까지 셀 수 있었지.

앵무새 말고 다른 새들도 소리를 모방할 수 있어. 송장까마귀, 큰까마귀, 매, 그리고 잉꼬는 앵무새와 마찬가지로 자신의 계급을 분명히 알고 공동체를 이루어 사는 사회적인 조류들이야. 그런 이유로 편리하게 서로 의사소통을 하게 된 거지. 앵무새는 함께 사는 사람들을 가족으로 생각해. 하지만 이 가족들이 앵무새가 내는 새 소리를 전혀 이해하지 못하기 때문에 주인의 관심을 얻기 위해 그들의 소리를 흉내내는 거야.

안녕, 친구!

알렉스

타킨

161 소리, 신체 언어, 그리고 소변으로 대화하는 타킨

타킨은 히말라야에 살며, 소리, 신체 언어, 그리고 소변으로 의사소통을 해.

타킨은 상당히 조용한 동물이야. 무리와 함께 서서 항상 어딘가를 응시해. 참을성 있게 기다리면, 웅얼거리는 소리나 휘파람 소리를 들을 수 있어. 코로 내는 소리인데, 때로는 자동차의 경적 소리가 날 때도 있지. 큰 소리로 포효하는 소리도 들을 수 있을 거야. 타킨은 항상 혀를 내민, 약간 우스꽝스러운 모습을 하고 있어. 하지만 이런 타킨을 피해야 할 때가 있어. 바로 수컷이 큰 소리를 낼 때야. 수컷이 자신이 대장이라는 걸 증명하고 싶을 때, 큰 소리로 고함을 질러. 엄마 타킨들은 높은음이 굴러가는 소리로 새끼들을 부르고, 위험을 감지한 타킨이 기침을 하면 다른 타킨들이 덤불에 숨지.

명확한 의사 전달을 위해서는 신체 언어를 사용해. 수컷은 다른 수컷 옆에 서서 자신의 큰 키를 자랑해. 또한 아무도 그를 속일 수 없다는 의미를 전달할 땐 턱을 위로 들고 있어. 타킨이 고개를 숙인 채로 눈만 들어 우리를 바라본다면, 그건 좋은 신호가 아니야. 공격할 준비가 됐다는 뜻이거든.

타킨은 소변을 이용해 짝짓기 시기를 알려. 소변 속에 페로몬이 존재하거든. 페로몬으로 이성을 유혹할 수 있어. 수컷 타킨은 자신의 앞발, 가슴, 그리고 얼굴에 자신의 소변을 뿌리고 암컷 타킨은 소변을 자신의 꼬리에 적셔. 인간 같았으면 좋지 않은 습관이라 놀림받았을 테지만, 타킨에게는 달라.

8
위험한 동물들

162 세계에서 가장 위험한 생물은… 모기야!

사자를 무서워하니? 아니면 호랑이? 백상아리? 다 이해해. 그렇지만 이 동물들이 너를 공격하고 해칠 가능성은 매우 낮아.

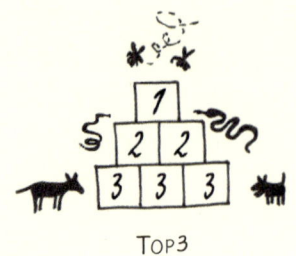
TOP3

- 지구상에서 가장 위험한 생물은 사실 매우 작고 밤에만 윙윙대며 돌아다니는 **모기**야.

- 지구상의 많은 모기가 말라리아, 뎅기열, 황열, 지카바이러스 및 기타 위험한 질병을 전염시켜 인간의 생명을 위협해. 이런 병에 감염돼 세계적으로 매년 수백만 명이 생명을 잃어.

- 이 세상에는 3천 종이 넘는 모기가 있어. 보통 암컷이 다른 동물을 물어 피를 빨아 먹지. 품고 있는 알을 기르기 위해 혈액이 필요하지만, 물리는 동물은 위험한 질병에 감염될 수 있어.

- 그중에서도 가장 위험한 종은 **말라리아모기**, **황열모기**, 그리고 **흰줄숲모기**야. 이 종이 서식하는 지역에서는 모기장을 치고 몸에 모기 퇴치제를 뿌리는 게 가장 좋아. 간혹 모기를 통한 감염을 막기 위해 약을 먹거나 예방 접종을 받아야 할 때도 있어.

- 두 번째로 위험한 동물은 **뱀**이야. 매년 약 10만 명이 뱀에게 물려 죽어. 그중에서도 아시아에 주로 살며 맹독을 지닌 **우산뱀**, 또는 **산호뱀**이 위험해. 우산뱀에 물리면 살아남기가 어려워.

- 위의 동물들에 비하면 **개**는 비교적 덜 위험해. 훨씬 적은 숫자인 한 해에 3~5만 명만 피해를 입거든. 개에게 물리면 광견병에 걸릴 수도 있어. 그 개가 예방 접종을 받지 않았다면 물린 사람이 죽을 수도 있는 병이야.

- 덩치가 큰 동물로 인해 죽는 사람의 수도 덩치가 작은 동물 때문에 죽는 숫자보다 적어. 덩치 큰 동물 가운데는 **악어**, **하마**, 그리고 **코끼리**가 인간에게 가장 위험한 동물이지. 하얀 상어, **백상아리**는 어떻냐고? 근처에 가지 않는 게 좋지만, 백상아리보다는 독이 있는 **해파리**한테 물려 죽을 가능성이 더 커.

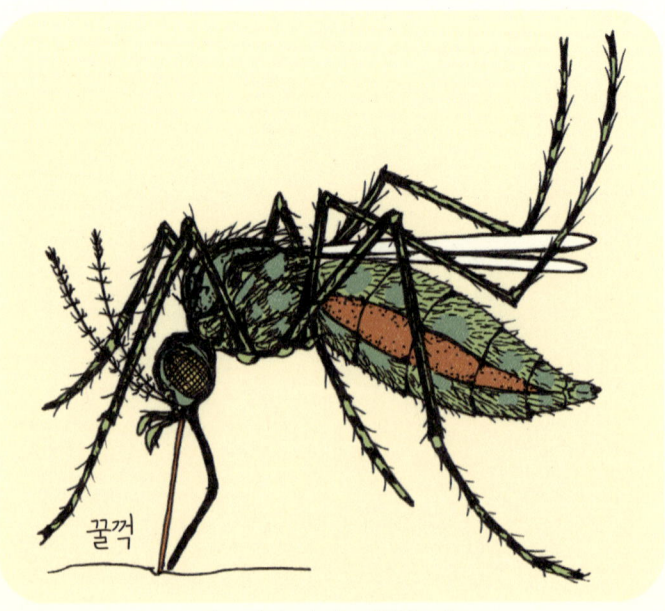

지구에서 가장 위험한 생물

← 13~23센티미터 → 　　　뒷다리로 선 모습

163 그 무엇도 두려워하지 않는 쇠족제비

- **쇠족제비**는 폭신한 꼬리가 달린 쥐처럼 생겼어. 길이는 13~23센티미터이고 수컷은 평균 약 100그램, 그리고 암컷은 65그램 정도 나가. 덩치는 크지 않지만 쥐, 두더지, 새, 달팽이, 개구리 및 곤충을 쉽게 사냥하지. 때때로 어린 토끼나 작은 닭 같은 큰 먹이를 사냥하기도 해.

- 먹이를 사냥하지 않을 때면, 족제비는 뒷다리로 서서 주위를 관찰해. 이걸 '케겔렌'이라고 해.

- 암컷 쇠족제비는 작고 가벼워서 쥐구멍으로 재빨리 쫓아 들어갈 수 있어. 그곳에서 쥐를 먹어 치우고, 그 집에서 살며 새끼를 낳아. 쇠족제비는 어린 나이에 새끼를 낳는 편이야. 봄에 태어난 새끼 쇠족제비가 여름에는 번식해서 새끼를 낳을 정도야.

- 천적인 새들은 쇠족제비를 조심해야 할 거야. 쇠족제비를 물고 하늘로 날았다가 추락한 독수리의 이야기가 전해 내려오거든. 족제비가 독수리를 강하게 타격해 죽였다고 해. '겁먹은 쇠족제비'라고 말하는 사람들이 있다고? 그건 틀린 말이야. 쇠족제비는 용감하고, 전혀 두려움도 없지.

164 이 돌을 밟지 않는 게 좋을 거야!

스톤피쉬는 위장의 천재야. 그들의 피부는 곰보 자국과 사마귀가 가득하고, 주변에 따라 몸 색깔을 바꿔. 그래서 영락없이 바위나 돌 같아. 스톤피쉬는 보통 바다의 바닥에 조용히 머무르기 때문에 눈에 띄지 않아. 때때로 모래에 몸을 묻고 머리만 밖으로 내놓고 있지. 그것을 모른 채 주변에서 헤엄치는 물고기들이 먹잇감이 돼.

스톤피쉬는 위협이 없는 한 그 누구에게도 해를 끼치지 않아. 등에 독주머니가 달린 독침이 13개가 있는데, 척추에 압력이 가해지면 독이 튀어나와. 사람이 발로 차도 독이 나와. 스톤피쉬의 독침에 찔리면 매우 아프고 몸 일부가 마비될 수도 있어. 심하면 심장마비까지 일으키지. 상처가 치유되려면 몇 달이나 걸려.

호주 원주민들이 아이들에게 스톤피쉬는 생명을 위협하는 존재라고 교육하는 일도 무리는 아니야. 이들은 실수로 스톤피쉬를 밟고, 독침에 찔려 고통스러워하는 모습을 춤으로 표현하기도 해.

스톤피쉬에게 찔리지 않으려면 밑창이 두꺼운 신발을 신는 것이 좋아. 물에 들어갈 때는 바위나 돌처럼 보이는 거라면 모두 피해야 해.

스톤피쉬는 먹을 수 있어. 중국과 일본에서 맛있는 식재료로 쓰이지.

바다 아래서 누군가 숨어서 기다리고 있어.

스톤피쉬

165 애벌레를 절대 쓰다듬지 마!

애벌레는 정말 귀엽게 생겼지만 그럴수록 멀리 떨어지는 게 좋을 거야. 애벌레의 몸에 난 털에 찔리면 아프거든. 아름답거나 특별해 보이는 애벌레가 가장 위험해.

플란넬 나방 애벌레는 긴 털로 완전히 덮여 있어 작은 박제 동물처럼 보여. 하지만 몸에 난 털에 털만큼 얇은 독침이 숨어 있어. 찔리면 타는 듯한 통증이 느껴지지. 피부에 발진이 생기고 붓기도 해. 심지어 건강에 문제가 생길 수도 있어.

등에 말 안장 무늬가 있는 **안장애벌레**도 있어. 몸의 머리와 꼬리 쪽에 작은 뿔이 나 있고, 만지면 찔릴 수 있어.

참나무행렬애벌레도 털로 몸이 덮여 있지. 찔리면 매우 가려운 피부 발진을 일으켜. 잘못해서 이 털이 코에 들어가면 호흡 곤란이 올 수도 있고 눈에 들어가면 자극이 생길 수 있어. 문제는 참나무행렬애벌레를 만지지 않아도 바람을 타고 그 털이 피부에 닿거나 코와 눈에 들어갈 수 있다는 거야.

먹으면 위험한 애벌레도 있어. 보통은 애벌레를 먹지 않지만, **제왕나비 애벌레**의 몸은 검은 바탕에 밝은 흰색과 노란 줄이 있지. 제왕나비 애벌레는 독성이 있는 식물을 먹고 살기 때문에 다른 동물들이 이 애벌레를 먹으면 위험에 빠질 수 있어.

아프리카의 부시맨은 나방 애벌레의 독이 든 내장에 화살촉을 담갔다가 그 화살로 영양을 사냥해. 이 화살에 맞은 영양은 살아남지 못해. 영양을 죽일 정도로 강한 독이라면, 인간도 죽일 거야.

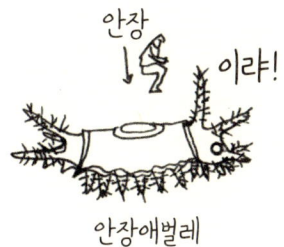

166 음악 없이도 춤을 추는 킹코브라

피리를 불면 바구니 안에서 뱀이 나오는 사진을 본 적 있을 거야. 코브라는 마치 피리 소리에 맞춰 춤을 추는 것처럼 보여. 그런데 뱀은 피리 소리를 듣지 못한다는 걸 알고 있어? 보통 이런 장면에 등장하는 뱀은 **킹코브라**야. 피리를 부는 사람의 움직임에 반응하지. 또한 바구니 밖으로 나올 때 머리의 '후드'를 활짝 열도록 훈련받아. 이것은 머리 뒤에 위치한 갈비뼈야. 이런 킹코브라를 겁낼 필요는 없어. 이미 송곳니를 제거한 상태라 물지 못하거든. 하지만 이런 전통은 동물 학대이기 때문에 지금은 금지돼 있어.

일반적으로 킹코브라는 독성이 강해. 킹코브라의 독은 성인 10~15명, 또는 코끼리 1마리를 죽일 수 있어. 킹코브라는 무는 종도 있고, 독을 뿜는 종도 있어. 뿜는 종의 경우 매우 정확하게 독을 겨냥할 수 있고, 보통 눈을 맞추고는 해.

킹코브라는 세계에서 가장 큰 독사야. 길이는 최대 5.5미터야. 위협을 느끼면 몸을 늘이고 길게 서서 상대의 눈을 내려다봐. 그리고 더 위협적으로 보이기 위해 후드를 펼쳐.

킹코브라는 송곳니로 사냥감을 물어 죽여. 독은 사냥감을 마비시켜 호흡을 멈추게 만들지. 그러면 한입에 넣고 어딘가에 숨어 먹이를 소화시켜. 그 먹이가 소화될 때까지는 오랜 시간이 걸려. 몇 주까지도 걸린다고 해.

춤을 춥시다.

킹코브라

167 평생 8,000개의 이빨을 지니고 살아가는 악어

아프리카, 아시아, 호주 및 남미에는 총 14종의 **악어**가 살아. 비교적 뾰족한 주둥이의 모양과 주둥이 밖으로 삐져나오는 이빨로 악어와 가비알을 구분할 수 있어. 악어는 일생 동안 최대 8,000개의 이빨을 갈아. 이빨 하나가 빠지면, 새로운 이빨이 자라나지. 이렇게 다시 자라나는 치아와 강한 턱 힘으로 사냥감을 세게 물 수 있어. 그러니 악어에게 잡히지 않도록 조심해. 혹시 악어를 만나더라도, 입을 열지 못하게 할 수는 있지. 별로 어렵지 않아. 턱을 닫는 근육은 매우 강하지만 반대로 턱을 여는 근육은 그렇지 않거든. 그 덕에 고무줄로 악어 턱을 고정시킬 수도 있어.

악어는 육식 동물이야. 새와 강가에 물을 마시러 오는 포유류를 사냥해. 악어는 한 시간 동안 호흡을 멈춘 채 조용히 사냥감을 기다릴 수 있어. 사냥감이 다가오면 번개같이 덤벼들지. 악어는 물속에서 시속 30킬로미터 이상의 속도로 헤엄칠 수 있어. 사냥감을 물속으로 끌어들인 후 입에 문 채로 몸통을 빙글빙글 돌려. 사냥감이 익사할 때까지 말이야. 다리를 사용하여 사냥감을 삼킬 수 있는 크기로 자르기도 해. 정말 끔찍하고도 신기한 광경이야. 그 누구도 악어에게 물려 죽고 싶지는 않겠지!

웅얼웅얼

168 타란툴라가 털을 던질 때를 조심해!

타란툴라가 무섭다고? 걱정할 필요 없어. 타란툴라 독은 실제로 위험하지 않아. 벌침처럼 따끔하지만, 사람을 죽일 만큼 강하지는 않지. 하지만 간혹 특정한 타란툴라 종이 털을 던질 때가 있어. 다리와 배의 털을 뽑아 적에게 던지는 거야. 이 털에 맞으면 골치 아파. 그 털에 닿으면 성가신 피부 자극이 일어나고, 알레르기 반응이 생기거든.

물론 대부분의 사람들은 커다랗고 털이 많은 거미를 보면 뒤로 물러나기 마련이야. 일부 독거미는 정말 덩치가 크거든! 남미의 **골리앗버드이터**는 크기가 접시만 해. 최대 30센티미터까지 자라지! 골리앗버드이터 역시 화가 나면 털을 뽑아 던질 거야. 네가 겁먹어 도망치지 않고 거미 앞에 있다면 말이지. 이 거미는 '스스스'거리는 소리를 내며 위협하는 자세를 취해. 그러고서 재빨리 달려와 상대를 물기 때문에, 바로 도망가는 게 좋을 거야.

독거미는 거미줄을 치지 않는다는 걸 알고 있니? 대신 어둠 속에서 사냥감을 공격하고 독으로 마비시킨 후, 소화 효소를 뱉어 내. 먹이가 소화 효소에 약간 녹으면 안쪽부터 파먹기 시작해. 작은 독거미는 일반적으로 곤충을 먹어. 덩치가 큰 놈들은 개구리와 생쥐를 좋아해.

골리앗버드이터는 보통 개구리, 뱀, 박쥐, 작은 설치류 및 지렁이를 먹어. 어린 새를 먹을 수도 있지.

독거미를 집에서 키우는 사람이 많다는 것을 알고 있니? 길들이기도 쉽고, 온도를 맞춘 테라리엄(유리 사육장)에서 키울 수 있거든. 아늑하겠다!

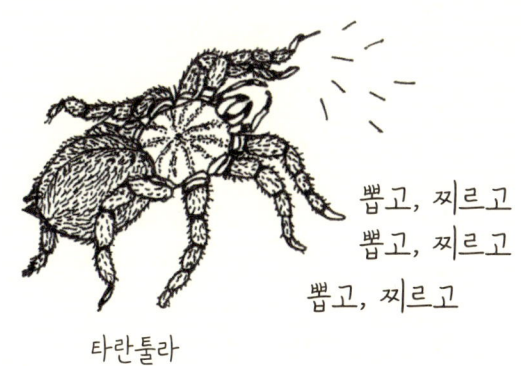
뽑고, 찌르고
뽑고, 찌르고
뽑고, 찌르고

타란툴라

항복할게요!

슬로리스는 간지럼을 좋아하지 않아.

169 슬로리스가 팔꿈치를 핥으면 조심해야 해!

슬로리스는 동그란 머리와 눈을 지녔어. 통통한 외양이 귀여운 동물이야. 간혹 원숭이를 닮은 슬로리스를 반려동물로 삼는 사람도 있어. 하지만 좋은 생각이 아니라고 말해 주고 싶어.

슬로리스는 멸종 위기에 처했어. 특히 자바 슬로리스는 멸종 위기에 처한 전 세계 25종의 영장류 중 하나야.

또한 슬로리스는 외모만큼 순진하지 않아. 날카로운 이빨로 상대를 물 수 있지. 그리고 팔꿈치에 특별한 물질이 나오는 분비샘이 있어. 슬로리스는 이 샘을 정기적으로 눌러 주지. 고양이 털 알레르기가 있는 사람들은 슬로리스에 물리면 매우 아플 거야.

레이디 가가는 뮤직비디오를 녹화할 때, 슬로리스를 등장시켰다가 물려 버렸어. 그 때문에 동물 보호 단체로부터 비난을 받았지. 영국의 국제 동물 구호 단체 IAR는 멸종 위기에 처한 동물의 불법 거래를 막기 위해 최선을 다하고 있어. 지금도 수천 마리의 슬로리스가 포획되어 팔려 나가고 있어. 잡히면 먼저 사람을 물지 않도록 이빨을 빼 버려. 마취도 없이 빼기 때문에 고통이 클 거야. 이 때문에 종종 감염을 일으켜 죽는 경우도 있어.

IAR은 2015년, "간지럼은 고문입니다(Tickling is torture)"라는 캠페인을 진행했어. 이 캠페인에서 사용한 영상은 간지럽힘을 당하는 슬로리스가 팔을 공중에 들고 있는 모습이야. 귀여워 보이지만, 사실 슬로리스가 너무 두려워서 스스로를 보호하기 위해서 그렇게 행동한다는 걸 알면 그저 예뻐할 수만은 없을 거야. 그러니까 슬로리스를 반려동물로 삼지 않았으면 좋겠어.

170 전기를 만드는 뱀장어

- 긴 몸, 편평한 머리, 그리고 화난 표정의 **전기뱀장어**는 착해 보이지는 않아. 최대 2.4미터까지 자라는 전기뱀장어 근처에는 가지 않는 것이 좋아! 800볼트의 전기를 만들어 낼 수 있거든. 전기뱀장어는 이 전기로 먹잇감을 사냥해. 보통은 물고기를 사냥하지만, 말이나 소를 기절시킬 수도 있어.

- 전기뱀장어 몸의 대부분은 작은 배터리로 가득 차 있어. 몸은 3개의 발전 기관으로 이루어져 있지. 꼭 평평한 디스크처럼 생겼어. 전기 생산 세포는 음이온을 세포 바깥으로 내보내고 양이온을 세포 안으로 들여보내. 그 덕에 세포막의 내부와 외부 사이에서 대략 0.15볼트의 전압 차이가 생기고 그 덕에 전기가 생산돼. 완전히 자란 전기뱀장어의 몸에는 전기 생산 세포 6,000개가 있어. 엄청난 양의 전기를 생산할 수 있다는 얘기야.

- 전기뱀장어는 공격이 빨라. 전기를 발산한 지 1,000분의 1초 만에 공격을 마치고 먹이를 삼킬 수 있어.

- 전기뱀장어는 이 특별한 능력을 사용하여 어둠 속에서 먹이를 감지하고 전기 충격으로 정신을 잃은 물고기를 먹어 치워. 결국 이게 전기뱀장어의 초능력인 거지.

171 아마존의 볼커터

피라냐와 **탐바키**는 먼 사촌이야. 같은 과에 속하고 남미의 아마존강에서 헤엄치지만 둘 사이에는 차이점이 있어.

겁나지 않는다면 맨 처음에는 입을 살펴보자. 작고 날카로운 삼각형의 이빨이 보여? 그렇다면 피라냐야. 인간의 치아처럼 둔탁하게 생긴 이빨이 보여? 그러면 탐바키야.

피라냐는 수생 식물을 먹지만 육식을 할 때도 있어. 그리고 정말 굶주리면 식인종이 되지. 하지만 탐바키는 채식주의자야. 식물, 조류, 견과류, 과일을 먹어. 탐바키의 이빨은 딱딱한 견과류 껍질을 깰 수 있을 정도로 단단해. 피라냐는 아래턱이 튀어나왔어.

덩치에서도 차이가 나. 피라냐는 최대 40센티미터까지 자라. 한편 탐바키는 80센티미터까지 자라지. 사람의 이빨이 있는 덩치 큰 피라냐가 잡혔다고? 그건 탐바키일 가능성이 커.

그러면 탐바키가 피라냐보다 착할까? 글쎄…. 파푸아뉴기니에서는 탐바키에게 볼커터(Ball cutter)라는 별명이 붙었어. 물속에서 남성의 고환을 물어 버리는 물고기라는 뜻이야. 탐바키의 턱은 견과류를 바스러트릴 수 있을 만큼 튼튼하니까 말이야. 그러니 아마존강에서 수영하는 남자들은 수영복을 꼭 입는 게 좋을 거야.

미국에서는 피라냐와 탐바키를 어항에 놓고 키우다가 너무 크게 자라면, 호수나 강에 놓아 줘. 피라냐는 추운 계절에는 살아남지 못하지만 탐바키는 살아남아. 강이나 호수에 있는 먹이를 전부 먹어 치우기 때문에 생태계 교란종이 되는 문제가 있어. 앞에 이야기했던 것처럼, 나체로 수영하는 걸 즐기는 남자들뿐만 아니라 다른 사람들에게도 골칫거리야.

172 무당벌레가 사랑스럽다고?

한 번쯤, 이 벌레가 네 손가락 위에서 걸어 다닌 경험이 있을 거야. 빨갛거나 노란 등에 검은 점이 박힌, 너무나 귀여운 **무당벌레**야.

무당벌레는 정말 사랑스러운 곤충일까?

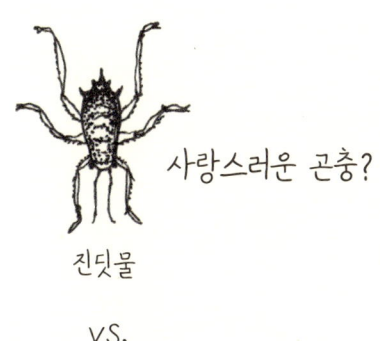

사랑스러운 곤충?

진딧물

vs.

칠성무당벌레

진딧물에게 묻는다면, 절대 아니라고 대답할 거야. 작은 딱정벌레는 많은 양의 진딧물과 그 애벌레를 먹어. 다 큰 무당벌레는 하루에 최대 80마리를 먹어 치워. 한 달이면 2,400마리지. 무당벌레의 애벌레는 하루에 진딧물을 약 120마리나 먹어. 진딧물이 식물을 손상시킬 수 있기 때문에 농부와 식물학자들은 무당벌레의 진딧물 포식을 두고 지켜보는 편이야. 무당벌레를 사용해 친환경적인 해충 방제를 하는 거지.

암컷 무당벌레는 진딧물이 무리 지어 사는 곳 근처에 알을 낳아. 이 알들은 적어도 3마리의 다른 수컷을 통해 수정됐지. 무당벌레는 서로에게 헌신적인 배우자는 아니야.

암컷은 자기 알이 다른 무당벌레의 둥지 가까이에서 부화하지 않도록 신경 써야 해. 무당벌레 애벌레는 육식 곤충이기 때문에, 이웃을 먹어 버릴 수도 있거든. 심지어는 부화하기 전의 형제자매도 먹어 치워. 그 덕에 애벌레는 어른 무당벌레로 쑥쑥 자라지.

그건 그렇고, 무당벌레에게서 악취가 나고 불쾌한 맛이 나는 거 알아? 그런 이유에서 많은 동물들이 무당벌레를 봐도 잡아먹지 않고 지나쳐. 보이는 것만큼 달콤하지는 않을 테니까.

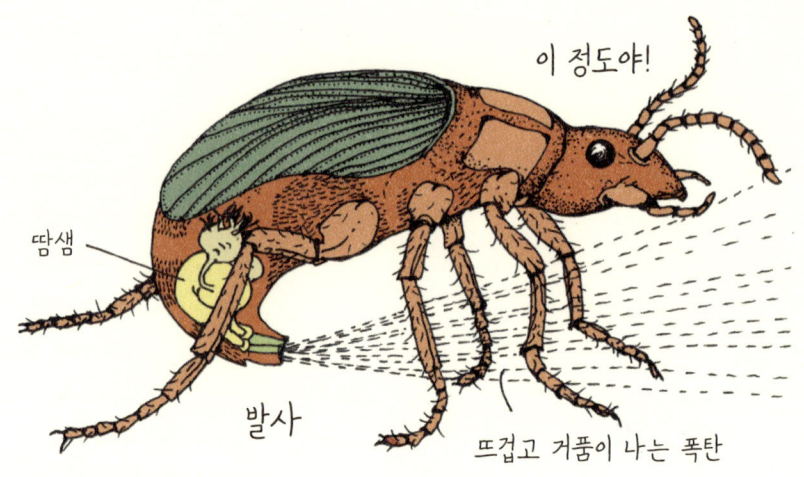

폭격기딱정벌레

173 곤충 테러리스트들

- 먼저 **폭격기딱정벌레**를 소개할게. 거의 1센티미터밖에 되지 않는 작은 딱정벌레야. 순진해 보이지만, 속으면 안 돼! 화학전에 강하거든. 폭격기딱정벌레의 복부에는 땀샘이 두 개 있는데, 이 안에 화학 무기가 들어 있어. 섞으면 폭발력이 생기는 화학 물질이지. 폭격기딱정벌레는 공격을 받을 경우, 이 폭탄을 사용해. 두 가지 화학 물질을 등 뒤에서 섞어 버리지. 그리고 적을 향해 섭씨 100도까지 올라가는 이 폭탄을 쏴. 물론 폭격기딱정벌레는 폭발하지 않아. 왜냐면 한 번에 폭탄을 발사하는 게 아니라, 초당 500번에 나눠서 쏘기 때문이야. 폭격기딱정벌레를 맛보려고 했던 도마뱀, 개구리, 설치류 또는 다른 포식자는 폭탄 때문에 고통스러운 입안을 어떻게든 달래야만 하겠지.

- **말레이시아불개미**의 일개미들은 몸에 폭탄 벨트를 차고 있어. 몸 양쪽에 큰 독주머니가 있지. 영역이 위협받으면 복근을 긴장시키고, 그러면 벨트가 터져 나가 독이 분사돼. 이 독은 일종의 접착제로, 피부에 닿으면 염증과 화상을 일으켜. 상대방은 이 공격에 죽거나 무력해지지만, 불개미도 역시 죽어 버리고 말아.

174 아나콘다에게 먹히려고 했다니, 정신이 이상한 거 아니야?

이 커다랗고 교활한 뱀의 입안으로 제 발로 걸어 들어간다고? 정말 미친 거 아니야? 미국의 환경보호 활동가 폴 로솔리는 제정신이 아닌 것 같아. 폴은 텔레비전 프로그램 〈이튼 얼라이브〉에 출연해 **아나콘다**에게 산 채로 먹힐 계획을 세웠어. 아나콘다가 자신을 뱉을 거라는 믿음이 있었지만, 그렇지 않으면 직원이 아나콘다를 죽이고 그를 살려 내야 했지.

폴은 돼지 피를 묻힌 강철 옷을 입고 아나콘다 앞에 섰어. 그런데 아나콘다는 겁을 먹어 도망가려고 했어. 그럼에도 아나콘다를 계속해서 자극하고 드디어 자신을 휘감아 조이도록 만들었어. 그렇지만 폴은 얼마 지나지 않아 겁을 먹었고, 직원들에게 구조를 요청했어.

그의 쇼는 당연히 많은 비판을 받았지. 아나콘다는 원래 사람을 먹지 않는 동물이니까. 먹을 수는 있지만, 먹지 않아. 사실은 굉장히 부끄럼을 많이 타고 사람으로부터 멀리 떨어져 사는 동물이야. 폴은 이런 아나콘다를 이유 없이 괴롭힌 거야.

아나콘다는 지구상에서 가장 크고 무거운 뱀이야. 열대우림과 남미의 강, 호수 및 늪에 살아. 다 자란 아나콘다는 길이가 9미터에 달하고, 무게는 최대 200킬로미터까지 나가.

대부분의 삶을 물 안에서 살면서 사냥 중에는 오직 콧구멍과 눈만 물 밖으로 꺼내 놓지. 물고기 또는 거북이를 사냥할 수 있지만, 카이만, 돼지, 사슴, 그리고 재규어를 사냥하기도 해. 일단 사냥감을 발견하면 거대한 몸으로 감싸서 사냥감의 혈액 순환을 차단해. 그러면 사냥감은 뇌로 피가 흘러가지 않아 죽고 말아. 종종 사냥감을 물속으로 끌어들여 익사시키는 경우도 있어. 일단 먹이를 먹고 나면, 아나콘다는 어딘가에 가만히 누워 소화를 시켜. 자신을 먹어 달라고 사정사정하는 이상한 사람들만 아니라면 아주 조용히 시간을 보낼 수 있을 텐데 말이야…

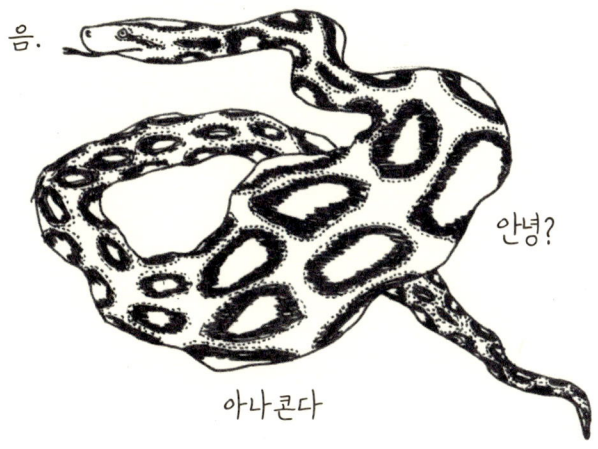

음.

안녕?

아나콘다

175 완벽한 포식자, 상어

4억 년이 넘는 시간 동안, **상어**는 바다에서 먹이를 사냥해 왔어. 지구상에서 가장 완벽한 육식 동물로 진화하기에 충분한 시간이야.

- 상어의 몸은 유선형이라 빠르고 민첩하게 헤엄칠 수 있어. 배 양쪽에 달린 가슴지느러미는 방향을 잡아 주지. 등에 달린 두 등지느러미 덕분에 균형을 잃지 않고 헤엄칠 수 있어. 꼬리지느러미는 속도를 낼 수 있게 해 줘.

- 상어의 입에는 이빨이 여러 줄로 나 있어. 예를 들어 백상아리 입에는 적어도 이빨이 3,000개가 있을 거야. 항상 날카로운 상태를 유지하기 위해 오래된 이빨은 빠지고 계속해서 새 이빨이 자라나.

- 상어는 최대 4킬로미터 떨어진 곳의 음파도 감지할 수 있어. 그리고 소리가 난 곳을 향해 헤엄칠 수 있지.

- 후각도 좋아서 백만 배로 희석된 냄새도 맡을 수 있어. 거대한 수영장에 생선 추출물을 단 한 방울만 떨어뜨려도 상어는 정확한 위치를 찾을 거야.

- 상어의 코에는 특수한 기관이 있어. 그래서 물고기나 다른 먹이의 자기장을 관측할 수 있지. 덕분에 탁하고 어두운 물에서도 먹이를 사냥할 수 있는 거야.

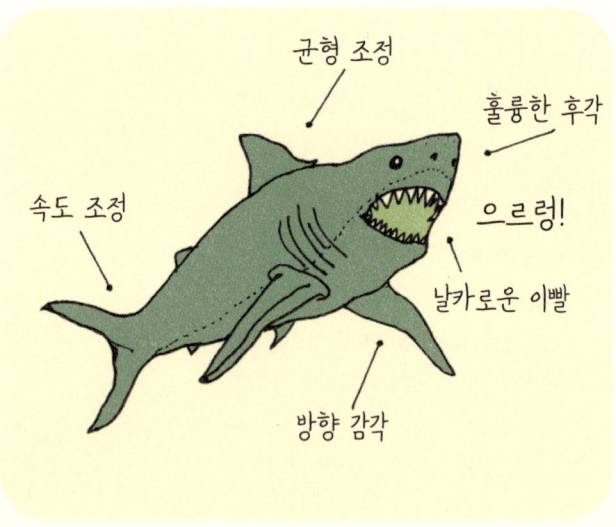

완벽한 사냥꾼

176 눈앞에 포르투갈 군함이 보인다면, 조심해야 해!

눈앞에 큰 배가 보여? 거대한 돛과 대포가 있는 배야? 포르투갈의 군함일 수도 있지만, 여기서 이야기하는 '포르투갈 군함'은 **작은부레관해파리**의 별명이야. 실제로 작은부레관해파리는 꼭 여러 개의 폴립이 뭉친 것처럼 생겼지. 따뜻한 바다에서 헤엄치는 모습을 보고 16세기 탐험가들이 붙여 준 별명이 바로 포르투갈 군함이야. 당시 포르투갈은 세계에서 가장 강력한 해군으로 유명했거든. 포르투갈의 군함만큼이나 공포를 자아내는 존재가 바로 작은부레관해파리야. 그러면 왜 이 해파리를 피해야 하는지 이제부터 말해 줄게.

작은부레관해파리의 폴립은 각자 맡은 임무가 있어. 기포체는 가스로 가득 찬 방광이야. 물 위로 튀어나와 작은부레관해파리가 물 위에 떠 있을 수 있게 도와. 또한 방향을 조정하는 데도 도움을 줘. 위험에 처하면, 작은부레관해파리는 방광을 비우고 물속으로 다이빙해.

감촉체는 15~50미터에 이르는 촉수야. 먹이를 사냥하는 역할을 맡아. 먹이에게 독을 주사해 마비시켜.

영양개충은 소화를 담당하는 폴립이고, 생식개충은 번식을 담당해.

이 해파리가 위험할까? 당연하지! 독 자체는 사람들에게 치명적이지는 않지만, 고통을 줘. 작은부레관해파리가 몸에 닿으면 꼭 채찍으로 맞는 듯한 통증이 생겨. 촉수가 닿는 곳에 빨간 자국이 생기고, 흉터가 남기도 해. 고열을 동반하고 호흡 문제가 생길 수도 있어. 또한 물리기라도 하면 마비로 익사할 수도 있어.

작은부레관해파리의 촉수는 모두 흩어져서 따로 또 같이 떠다닐 수도 있어. 물론 바다에서 놀고 있는 사람들은 알아보기 힘들겠지. 몸에서 떨어진 촉수도 우리 몸에 닿으면 고통을 줘.

그러니 진짜 군함처럼 총포는 없더라도, 작은부레관해파리에게서 멀리 떨어지는 게 좋을 거야.

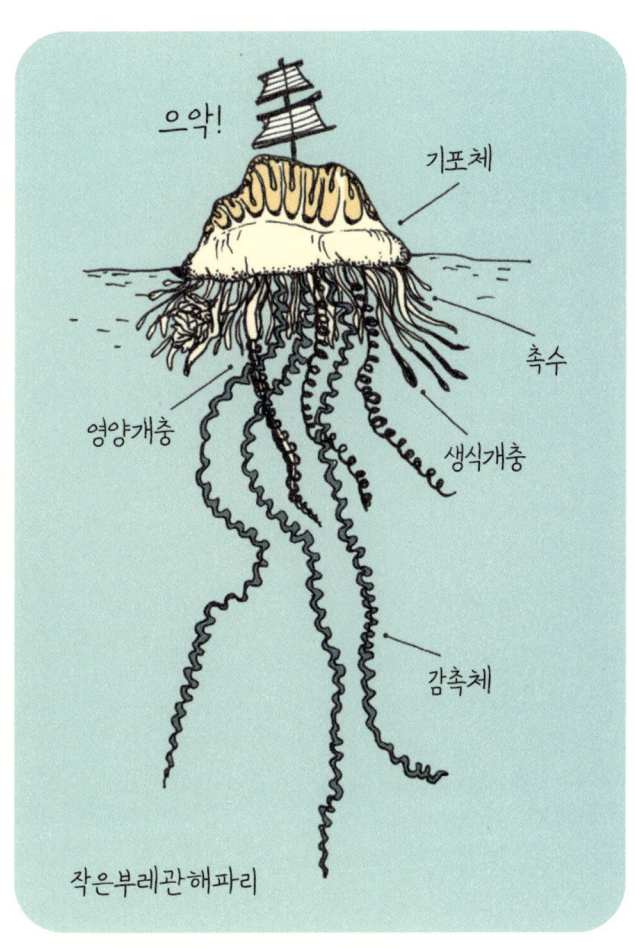

175

미어캣의 유아 살해

177 동족을 가장 많이 죽이는 동물, 미어캣

아마 〈라이온 킹〉에 나오는 엄청 귀여운 **미어캣** 티몬을 알고 있겠지. 항상 품바와 심바를 도와주는 가장 친한 친구야.

실제로 미어캣은 그렇게 귀엽지 않아. 미어캣 전체 개체 수의 5분의 1은 동족에게 살해당하거든.

스페인 과학자들이 약 1,000종의 포유류를 조사했는데, 배가 고프면 다른 동물을 잡아먹는 포유류는 있지만 미어캣처럼 동족을 살육하는 일은 흔하지 않았어.

미어캣은 주로 어린 새끼들을 죽여. 이걸 '유아 살해'라고 해. 오직 우두머리 암컷과 수컷만이 번식해. 만약 다른 암컷이 출산하면, 우두머리 암컷은 태어난 아기 미어캣을 곧바로 살해하는 방식으로 권력을 유지해.

사람은 어떨까? 비록 전쟁을 벌이고 때로는 서로 죽이지만, 동족을 죽이는 동물 상위 10위 안에 들지는 않아. 원숭이의 특정 종, 물범, 마멋, 사자, 늑대, 다람쥐가 우리보다 더 높은 순위를 차지해. 그럼에도 불구하고 인간이 살인을 하는 포유류라는 사실은 바뀌지 않아. 평균적으로 인간이 타인에 의해 살해당할 확률은 1.3퍼센트야. 조사 대상이었던 1,024종의 포유류의 평균인 0.3퍼센트보다 여전히 높은 수치야.

독개구리 ← 독딱정벌레 ← 독풀

178 절대 키우지 말아야 할 개구리 - 1편

밝은 주황색, 녹색, 노랑, 빨강 및 파란색 겉모습을 한 매우 매력적인 개구리가 있어. 하지만 **독개구리**는 우리 같은 척추동물에게 매우 위험해. 일부 독개구리는 사람을 20명까지 죽일 수 있는 독을 품고 있어.

현재까지 약 185종의 독개구리가 발견됐어. 주로 중남미의 열대 지역에 살아. 일반 개구리보다는 작은 크기로 1센티미터 미만에서 6센티미터 미만인 것까지도 있어. 보통 암컷이 수컷보다 덩치가 커.

독개구리는 독을 가진 곤충을 먹어. 이 곤충들이 먹는 식물은 스스로를 방어하기 위해 독을 만들지. 이 식물을 먹은 곤충들은 죽지 않고, 오히려 몸에 독을 저장하고는 해. 이런 곤충을 먹은 독개구리는 독에 면역되기 때문에 피부 아래 독을 저장해.

다른 동물들은 독개구리가 독을 품고 있다는 걸 알아서 귀찮게 하지 않아. 그러다 보니 다른 개구리와 달리 낮을 가리지도 않고 나무나 땅 위를 뛰어다녀.

아프리카숲청개구리의 다른 이름은 털개구리야. 수컷 아프리카숲청개구리의 뒷다리 바로 앞쪽에 마구 자라난 털 때문이지. 이상한 건 털 뿐만이 아니야. 아프리카숲청개구리가 공격을 당하면, 다리뼈를 스스로 부러트려. 그러면 뾰족한 뼈가 피부 밖으로 튀어나와 무기로 사용할 수 있어. 영화 속 울버린같이 말이야. 하지만 과학자들은 아직도 아프리카숲청개구리가 어떻게 이 뼈를 다시 피부 안으로 집어넣는지 알아내지 못했어.

터어어어어얼!

아프리카숲청개구리

179 절대 키우지 말아야 할 개구리 - 2편

황소개구리는 인간에게는 무해하지만, 덩치가 거대해! 최대 20센티미터 크기를 자랑하지. 황소개구리의 울음소리는 소의 울음소리만큼이나 커.

사람들은 걱정할 필요가 없다지만, 다른 양서류들에게는 천적임이 틀림없어. 본래 황소개구리는 북미에서만 서식했지만, 지금은 아시아를 비롯한 여러 대륙에 퍼져 살아. 그러면서 토종 개구리의 개체 수를 위협하고 있어. 토종 개구리들의 먹이를 가로챌 뿐만 아니라, 작은 개구리들을 먹어 치우기도 해. 곰팡이에 감염되면, 자신들은 죽지 않지만 다른 개구리에게 곰팡이를 옮겨 죽게 만들어.

그 밖에 냄새나는 개구리들도 있어. 이 개구리들은 독이 있거나 털이 많거나 덩치가 크지는 않지만 썩은 물고기에서나 날 것 같은 악취가 나. 자신을 모든 종류의 박테리아와 곰팡이로부터 보호하기 위해 분비하는 물질에서 나는 냄새지. 과학자들은 이 개구리의 특성을 이용해 인간을 위한 항생제를 개발하고 있어. 혹시 이 개구리가 왕자님일 것 같아서 뽀뽀하고 싶어도 참는 게 좋지 않을까…. 냄새가 너무 심하잖아.

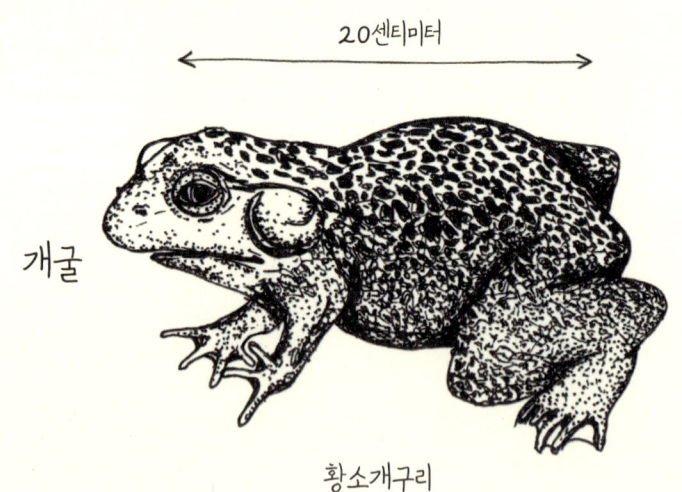

20센티미터

개굴

황소개구리

9 동물들의 우두머리

180 계급이 존재하는 개미 왕국

개미는 생각보다 사람과 비슷해. 전 세계 어디서나 볼 수 있고, 엄격하게 조직된 사회에서 명확한 규칙에 따라 공동체를 이루고 살아. 이 왕국의 우두머리이자 여왕은 단 한 마리의 개미가 맡고 있어. 왕국의 모든 개미들은 이 사실을 알고 있지.

공주 개미는 여왕이 되기 위해 부모의 둥지를 떠나 매우 높은 지점으로 날아가. 수컷 개미 수백 마리가 그 뒤를 쫓아. 이걸 '혼인 비행'이라 하는데, 공주를 따라서 가장 높은 지점까지 비행하는 데 성공한 수컷 개미만이 짝짓기를 할 수 있어. 짝짓기가 끝나면, 여왕개미는 착륙한 다음 자신의 날개를 물어서 떼어 내. 그리고 땅을 파서 방을 만들고 그 안에 알 수천 개를 낳지. 머지않아 개미 왕국의 모든 일을 도맡아 할 일개미들이 태어나. 이 일개미들은 알과 애벌레를 돌보는데 그중에서 힘이 좋은 일개미들은 바깥에 나가서 일하고 먹이를 구해 와.

개미집에는 부상당한 동료를 돌보는 의무실도 있어. 아프리카에 사는 개미인 메가포네라 아날리스의 경우, 다른 개미의 둥지를 공격해. 그 때문에 부상자가 많이 나와. 그러면 메가포네라 아날리스는 부상당한 개미들을 버려두지 않고 자신들의 집으로 데려와 치료하고, 다시 전쟁터로 내보내.

이 햄린원숭이는 권력을 쥐고 있어.

181 파란색 생식기를 가져야 우두머리가 될 수 있어!

생식기가 파란색이라니, 사람이라면 놀라서 쓰러질 일이야. 하지만 **햄린원숭이**의 경우, 생식기의 푸른빛이 조직에서의 지위를 결정해. 생식기가 밝은 푸른빛으로 빛날수록, 높은 지위를 가질 수 있지. 그래서 햄린원숭이들끼리는 생식기를 보면 누구 말을 들어야 하는지 바로 알 수 있어. 암컷은 아름다운 밝은 파란색 생식기를 가진 수컷과 교미하기를 원해.

푸른빛의 생식기라니, 정말 이상해. 포유류에서 푸른색은 찾아보기 힘들거든. 포유류가 푸른 색소를 만들어 낼 수 없기 때문이야. 하지만 햄릿원숭이는 틴들 현상을 이용해. 덕분에 푸른빛을 낼 수 있어. 사실 이들의 음낭은 원래 붉은 배경에 갈색빛을 띠고 있지만 빛의 굴절 때문에 파란색으로 보이는 거야. 햄린원숭이는 생식기의 푸른빛의 정도를 결정할 수도 있지. 음낭의 수분이 적을수록 푸른빛이 밝아지고 그에 따라 지위가 올라가. 수컷 햄린원숭이의 생식기는 사춘기 때부터 푸른빛을 낼 수 있는데, 그때부터 조직에서 지위를 결정지을 수 있다고 볼 수 있어.

파란색 생식기뿐 아니라, 코에 세로로 난 흰색 선으로도 햄린원숭이의 지위를 알아볼 수 있어. 햄린원숭이는 신이 났을 때 머리를 위아래로 끄덕이지. 그런데 재밌게도, 머리에 수평 줄무늬가 있는 미어캣들은 고개를 좌우로 저어.

말코손바닥사슴 수컷은 항상 암컷을 올라타지.

182 생사를 가르는 전투를 하는 말코손바닥사슴

복싱에 관심이 있니? 그럼 '스파링'이라는 단어를 들어 봤을 거야. 권투 선수들이 가볍게 하는 연습 경기를 의미해. 실제로 상대에게 부상을 입히지 않을 정도로만 주먹을 날리지.

수컷 말코손바닥사슴도 마찬가지야. 조직에서 지위가 낮은 수컷은 뿔로 서로 밀고 당기는 스파링을 하지. 뿔의 일부가 부러지거나 부상을 입을 때도 있지만, 실제로 목숨을 걸고 싸우지는 않아. 미래의 전투를 위해 훈련할 뿐이야.

하지만 나이가 들고, 짝짓기가 걸려 있으면 이야기가 다르지. 짝짓기 기간 동안 우두머리가 되려는 수컷들은 말 그대로 전사나 다름없어. 전투에 모든 걸 쏟아부어. 이 기간 동안 수컷 말코손바닥사슴의 목 근육은 평소보다 두 배나 두꺼워져. 혹시 다른 수컷이 다가오면 땅에 발을 굴러 전투 준비가 됐다는 뜻을 알리지. 싸움이 시작되기 전에 말코손바닥사슴들은 꼭 권투 선수들처럼 서로에게 자신의 뿔과 몸을 과시할 때도 있어.

생사를 가르는 전투야. 수컷 두 마리가 뿔을 맞대고 빙글빙글 돌아. 둘 중 하나가 쓰러지면, 날카로운 뿔로 부상을 입혀. 가능한 한 상대를 더 많이 다치게 해야 이기는 싸움이지. 패자는 나가떨어지거나, 무리에서 쫓겨나. 목숨을 건 싸움의 승자는 그 무리의 암컷을 얻지. 이 전투는 매우 인상적이지만, 정말 무서워.

183 콧노래하며 식사하는 수컷 고릴라

힘센 수컷 **고릴라**는 식사할 때, 콧노래를 불러. '냠냠냠' 부르는 콧노래가 수컷 고릴라의 식사 시간 내내 정글에 울려 퍼지지. 콩고의 저지고릴라 무리를 연구 중인 독일 연구자에 따르면, 음식이 맛있어서 부르는 노래일 수도 있지만, 암컷과 어린 고릴라들에게 저녁 식사시간을 알리는 소리일 수도 있대. '좋아 얘들아. 다들 식사를 시작하자. 더 이야기하지 않을 거야. 맛있게 먹어!'라는 뜻이겠지.

야생에서는 오직 우두머리 수컷만 노래를 부를 뿐 암컷 고릴라와 새끼들은 식사 동안 아무 소리도 내지 않아. 아마 소리로 사냥꾼을 불러 모으지 않을까 걱정돼서 그렇겠지.

그런데 동물원에서는 남녀노소 가릴 것 없이 식사시간이 되면 모든 고릴라가 독특한 목소리로 노래를 불러. 그 노래를 자주 듣다 보면, 노랫소리로 고릴라를 구분할 수도 있을 거야. 음식이 맛있을수록, 노랫소리는 더 커져.

고릴라

184 KO승입니다!

캥거루는 종마다 키와 체중이 아주 다양해. 가장 작은 캥거루 종인 **캥거루쥐**는 키가 고작 50센티미터도 되지 않고 무게는 겨우 3킬로그램이야. 덩치가 가장 큰 캥거루 가운데 하나인 **동부회색캥거루**는 이와 달리 80킬로그램까지는 거뜬히 나가.

동부회색캥거루는 전투 기계나 다름없어. 무리 중 단 한 마리만이 우두머리 자리를 차지할 수 있지. 오직 이 수컷만 무리의 암컷들과 짝짓기를 할 수 있어.

우두머리 자리는 몇 년 동안 지속될 테지. 그러고 나면 다른 수컷들이 자연스럽게 권력을 장악하려 할 거야. 그러면 규칙이 없는 권투 경기가 벌어지는 거지. 수컷 캥거루 두 마리가 뒷다리로 지지하고 서서 앞다리로 서로 타격하고, 꼬리로는 균형을 잡지. 캥거루의 뒷다리에는 날카로운 발톱이 있어서, 때로는 상대방의 배에 상처를 입히기도 해.

이 싸움의 승자는 새로운 우두머리가 되고, 무리의 모든 암컷을 차지해.

동부회색캥거루의 점프 실력

캥거루가 너무 권투를 잘하니까, 종종 인간과 캥거루의 권투 경기를 개최하는 사람들이 있어. 하지만 캥거루에게는 못할 짓이야. 대부분 불안정한 환경에 머무르다 와서 그런지 매우 긴장해 있거든. 동물 보호 단체들은 인간과 캥거루의 권투 시합을 금지하기 위해 최선을 다하고 있어.

친선 권투 경기

하하하

점박이하이에나

185 수컷 하이에나도 살기 어려워

점박이하이에나 무리의 우두머리는 암컷이야. 암컷 하이에나는 수컷보다 훨씬 강하고 공격적이지. 혈액 속에 공격성과 관련된 호르몬인 테스토스테론이 많기 때문이야. 일부 암컷에게는 마치 수컷의 생식기처럼 보이는 기관이 달려 있기도 해. 이걸 위교미라고 부르는데, 사실은 암컷의 음핵이야.

암컷 점박이하이에나는 무서운 엄마야. 점박이하이에나의 새끼들은 장애를 지니고 태어나서 사망하는 경우가 잦아. 살아남은 새끼들은 먹이를 두고 싸워야만 해. 엄마 하이에나의 젖꼭지가 두 개뿐이니까, 실제로 두 마리에게만 젖을 먹일 수 있기 때문에 힘이 약한 새끼들은 결국 충분히 젖을 먹지 못해서 죽기도 해.

수컷 하이에나는 두 살이 되는 해에 무리에서 쫓겨나 새 무리를 찾아야 해. 새로운 무리에 들어가려면 우두머리 암컷의 허락을 받아야 하기 때문에 그도 쉬운 일이 아니야. 우두머리 암컷은 강한 수컷을 무리에 들이고 싶어 하거든.

186 닭장의 보스는 수컷일까, 암컷일까?

닭장의 우두머리가 누구인지는 **닭**의 겉모습만 봐도 알 수 있어. 길고 알록달록한 깃털이 풍성한 아름다운 꼬리, 머리에 달린 크고 빨간 볏, 부리 아래에 달린 하얀 장식까지, 무척 인상적이야.

수탉의 '꼬끼오' 하는 소리는 마당 전체를 울려. 새벽부터 울음소리를 내지. 덕분에 농부는 기상 시간을 알 수 있어. 하지만 아침에만 우는 건 아니야. 실제로는 하루종일 울지. 지나가는 차, 닭장에 다가오는 고양이, 어딘가에서 짖는 개, 모두를 향해 울어. 그리고 수탉들끼리는 누가 울음소리를 크게 내는지 서로 경쟁해.

평소와는 다른 울음소리를 낼 때도 있어. 외부 수컷이 무리의 암컷에게 가까워지면 으르렁거리지. 하지만 보통은 꼬꼬댁 하고 울어.

꼬꼬댁

수탉은 암탉을 유혹하기 위해 땅에서 먹이를 집었다가 다시 떨어뜨리는 행위를 반복해. 중간중간 꼬꼬댁 우는 걸 잊지 않지. 암탉은 이런 수컷을 좋아해. 그리고 그 수컷과 교미하지.

그다지 매력적이지 않은 수탉이 짝짓기에 성공할 수도 있어. 하지만 교미 이후 암탉은 자신이 이 수탉의 새끼를 낳을지 말지 스스로 결정할 수 있어. 수탉이 맘에 들지 않으면 짝짓기가 끝난 다음에도 정자를 몸 밖으로 밀어낼 수 있거든. 수탉은 자신이 닭장의 우두머리라고 생각하지만, 결정은 암탉이 내려.

꼬꼬댁 시간표

닭

03:00
04:15
05:27
06:10
07:45
쉬는 시간
08:00
11:02
...

90센티미터
빈투롱

187 맛있는 팝콘 냄새가 나는 빈투롱

정글이나 열대 우림을 지나는데 갑자기 팝콘 냄새가 난다고 생각해 봐. 근처에 영화관은 없을 텐데, 이상하네.

아마 네가 지금 들어간 그곳이 **빈투롱**의 영역일 거야. 빈투롱은 동남아시아의 정글과 열대 우림의 나무 꼭대기에서 살아. 빈투롱의 꼬리 아래에 기름기 있는 물질이 분비되는 냄새샘이 있는데, 이 물질에서는 금방 만든 버터 팝콘 냄새가 나. 빈투롱은 이 냄새를 묻혀 자신의 영역을 표시해. 또한 암컷에게 짝짓기를 청하기 위해서도 이 방법을 사용하지.

이런 빈투롱을 보기는 쉽지 않아. 보통 높은 나뭇가지에 앉아 있거든. 거기서 과일, 작은 포유류, 설치류, 파충류, 그리고 곤충 같은 먹이를 구하지. 보통 빈투롱은 꼬리를 제외하고 최대 90센티미터까지 자라고, 체중은 14킬로그램까지 나가. 꼬리만 해도 90센티미터까지 자랄 수 있어. 몸이 너무 무거워서 나무에서 나무로 점프하기는 힘들 것 같은데도 빈투롱은 뛰어난 등반가야. 날카로운 발톱뿐 아니라 다섯 번째 다리 같은 꼬리를 사용해 순식간에 나무를 오르락내리락할 수 있어. 나무 아래로 내려갈 때는, 발목을 꺾어서 나무를 더 안전하게 붙잡을 수도 있어.

빈투롱의 얼굴은 꼭 희고 뻣뻣한 수염이 난 고양이처럼 보여. 하지만 걷는 모습은 곰과 똑같아. 땅을 단단하게 디딜 수 있어서 왼쪽 오른쪽으로 자유롭게 움직일 수 있지. 143번 이야기에도 빈투롱에 관한 정보가 있으니 참고해.

188 눈이 보이지 않아도 여왕개미를 보호하는 병정개미

흰개미는 이름처럼 하얀 개미일 것 같지만, 사실은 개미보다 바퀴벌레에 가까워. 커다란 개미집에서 수백만 마리의 흰개미가 가족처럼 지내지. 이 개미 왕국은 왕개미와 여왕개미가 이끌어. 이 둘은 평생을 함께 살아. 여왕개미는 다른 개미보다 몸집이 큰데, 간혹 그 크기가 일개미의 100배가 넘기도 해. 이건 하루에만 알을 3만 개씩 낳아야 하기 때문이야.

흰개미 왕국에는 왕국을 보호하는 병정들이 있어. 이들은 매우 특별한 무기를 사용하여 귀하신 여왕개미를 적군으로부터 보호해.

이 병정개미는 눈이 보이지 않아. 그래서 자신의 감각과 화학 신호를 완전히 신뢰하지. 병정개미들이 싸우는 방식은 종마다 달라.

날카로운 이빨이나 발톱을 가진 병정개미가 있어. 이들은 적을 잡아 던져 버려. 같은 왕국에 사는 흰개미를 던질 때도 있어. 잡히면 일단 던져 버리니까.

화학 물질을 사용하는 병정개미도 있어. 입에서 끈적끈적한 물질을 분사해, 가까이 오는 적을 움직이지 못하게 만들어.

그보다 더 심하게 공격하는 병정개미도 있어. 적을 물고 절대 놓지 않아. 또 일종의 살충제인 '나프탈렌'을 주입해서 적을 죽여. 병정개미가 이렇게 온 힘을 다해서 물면, 너무 많은 에너지를 소비하는 바람에 스스로도 죽고 말아.

흰개미는 숫자로 밀어붙여. 수백만 마리의 병정개미들이 침략자들로부터 왕국을 지키지. 흰개미 한 마리는 약하지만, 아무리 죽여도 또 나오니까 말이야. 그렇게 보면 흰개미들이 2억 년 이상 지구에서 살아남은 것은 당연한 일이야.

침략자가 어디 있지?

헤헤

개미 왕국의 특별한 전투법

알락꼬리여우원숭이

189 악취 폭탄을 던지는 알락꼬리여우원숭이

알락꼬리여우원숭이는 아름다워. 부드러운 몸통에 귀여운 머리까지. 가장 시선을 끄는 건 흰색 줄무늬가 있는 검고 긴 꼬리야. 알락꼬리여우원숭이는 이 꼬리를 똑바로 세우고 걷지. 하늘로 뻗은 이 특별한 안테나 덕분에 유명세를 얻었어.

알락꼬리여우원숭이의 꼬리 아래에는 냄새샘이 있어. 여기서 나오는 냄새 물질로 영역을 표시하지. 또한 수컷들끼리 냄새 싸움을 벌이고는 해. 두 수컷은 서로 마주보고 가장 무서운 표정을 지으며 상대의 눈을 쳐다봐. 그리고 냄새샘에서 나오는 냄새를 꼬리에 묻히고는 서로를 향해 흔들어. 말 그대로 고약한 냄새 폭탄을 흔드는 거야. 그러면 수컷 중 하나가 견디지 못하고 나가떨어지지.

연구에 따르면, 수컷은 암컷에게 냄새 폭탄으로 자신의 용맹을 과시하기도 해. 수컷은 암컷이 있는 쪽으로 체취가 묻은 꼬리를 흔들어. 냄새나는 유혹을 하는 거야. 보통 시비를 거는 행동이기에, 이 모습을 본 다른 알락꼬리여우원숭이가 공격하는 수도 있어. 싸움이 시작되면 이들은 본격적으로 날카로운 이빨을 드러내고 발톱을 휘두르며 싸워. 간혹 암컷 알락꼬리여우원숭이가 자신을 유혹하는 수컷의 코를 후려치기도 해. 그러니 수컷들은 암컷을 유혹하기 전에 보호 장구를 착용하는 게 좋을 거야.

190 코끼리 세계에서는 할머니가 우두머리야

코끼리 왕국에서는 가장 나이가 많은 암컷이 무리를 이끌어. 이를 '모계 사회'라고 불러. 모계 사회의 코끼리 무리는 보통 엄마, 딸, 조카딸, 손녀 및 손자로 이루어져.

수컷 코끼리의 경우, 열 살 때까지 무리에 남아 있을 수 있지만, 그 이후로는 독립해야 해. 독립 후에는 혼자 이동하거나, 다른 코끼리들과 함께 떠나. 짝짓기를 목적으로 다른 무리에 합류할 수도 있어.

가장 나이가 많은 할머니 코끼리가 무리를 이끄는 이유는 뭘까? 그건 나이가 많은 암컷이 가장 지혜롭기 때문이야. 코끼리는 기억력이 무척 좋아서, 친구와 적을 구분해서 기억할 수도 있어. 또한 할머니 코끼리는 가뭄이 들었을 때 어디서 먹이와 물을 얻을 수 있는지를 잘 기억하지. 경험이 많기 때문에 멀리서 들려오는 사자의 울음소리를 듣고 한 마리가 내는 소리인지, 아니면 무리가 내는 소리인지 알 수 있어. 더 놀라운 건, 코끼리 무리에 더 큰 위협이 되는 숫사자가 다가오는지, 아니면 그보다는 덜한 암사자들이 다가오는지 알 수 있다는 거야. 할머니 코끼리의 나이가 많을수록, 무리를 더 잘 이끌 수 있지.

또한 할머니 코끼리는 더 이상 낳아서 키울 새끼 코끼리가 없기 때문에 무리의 나머지 일원을 돌볼 수 있다는 장점도 있지.

저쪽으로 가자꾸나.

모계 사회의 지도자, 할머니 코끼리

10

동물 가족

191 형제의 사랑

- 혹시 형제가 있어? 서로 사랑한다는 건 알지만, 평생을 꼭 붙어 지내야 한다면 그것도 쉽지 않을 거야.

- 하지만 **칠면조**는 달라. 성체가 되기 직전의 겨울, 칠면조 형제들은 누가 가장 강한지 알아보기 위해 서로 전투를 해. 승자가 우두머리가 돼. 그때부터 우두머리 칠면조의 형제들은 우두머리를 도와 암컷을 유혹할 뿐 본인들은 짝짓기를 할 수 없어. 우두머리의 경쟁자 또한 막아야만 하지.

- 수컷 칠면조의 겉모습은 암컷보다 화려해. 다리에는 근육이 있고, 가슴에는 수염이 있어. 아름다운 색과 목 아래로 늘어진 살, 그리고 볏으로 가장 칠면조다운 모습을 보여 주는 수컷이 우두머리가 돼.

- 오늘날 우리는 식용 칠면조를 사육하지만, 미국과 캐나다에서는 여전히 야생 칠면조를 발견할 수 있어. 야생 칠면조는 최대 시속 45킬로미터로 뛸 수 있고, 그 두 배 속도로 날 수 있기 때문에 잡기는 쉽지 않아.

칠면조의 사랑

아프리카들개

192 서로 잘 챙기는 아프리카들개

아프리카들개는 정말 유목민 같아. 먹이를 찾아 여행하는 것을 좋아하지. 보통 성견 8마리와 새끼 20마리가 한 무리를 이루어 사는데, 아프리카의 탄자니아, 남아프리카, 보츠와나 또는 잠비아의 넓은 평원에서 볼 수 있어. 하지만 이제 그 개체 수가 많지는 않아. 현지인들이 개에게 공격당할까 봐 미리 다 죽였거든. 또한 몇 가지 심각한 질병 때문에 많은 수가 죽었어.

아프리카들개 무리는 누, 얼룩말 또는 영양을 먹이로 삼아. 최대 30분 동안 사냥감을 쫓아가서 죽이지. 그런 다음 내장과 근육으로 가득 찬 배 부분을 먹고는 피부, 뼈 및 다른 부위는 다른 동물들을 위해 남겨 둬.

아프리카들개는 새끼들과 건강이 좋지 않은 동료들에게도 먹이를 충분히 나누어 줘. 정말 특별하지. 일반적으로 동물의 세계에서는 가장 크고 강한 동물이 먼저 먹고 어린 새끼들은 남은 먹이를 먹거든. 아프리카들개는 사랑하는 동족에게 잘 대해 주는 동물이야. 서로를 돌보고 결코 싸우지 않아.

아프리카들개의 몸에는 독특한 점박이 무늬가 있어. 둥근 귀는 검고 똑바르게 서 있어.

야생 공원에서 아프리카들개를 볼 수는 없어. 먹는 양이 상당해서 나머지 야생 동물에게 위협이 될 수 있기 때문에 공원에서 관리하지 않아. 공원 밖 야생에는 대략 6,600마리의 개체가 남아 있지만, 그 수가 점점 줄고 있어.

193 잔디 깎기에는 카피바라를 고용해 봐!

세계에서 가장 큰 설치류인 **카피바라**는 남미에 살아. 다 자란 개체의 어깨높이는 약 50~60센티미터, 크기는 106~134센티미터에 무게는 35~66킬로그램이야.

'개만큼이나 큰 쥐라니, 징그러워!' 하는 마음도 이해해. 그렇지만 걱정할 필요 없어. 카피바라는 귀엽거든. 왜 '물돼지'라는 별명이 붙었겠어. 짧은 다리와 둥근 몸통에 둥근 머리까지, 꼭 기니피그나 비버같이 생겼잖아. 그리고 작은 꼬리까지 달려 있지.

카피바라는 훌륭한 수영 선수라서 물을 좋아해. 발가락 사이에 물갈퀴가 있어서 물속에서 빠르게 움직일 수 있어. 헤엄칠 때는 귀를 머리 쪽으로 납작하게 접어서 물이 귀에 들어가지 않도록 해. 물속에서는 최대 5분 동안 숨을 참을 수 있어. 심지어 숨을 쉬지 않고 물속에서 잠을 자는 카피바라도 있지.

카피바라는 초식 동물이야. 하루에 3킬로그램의 식물성 먹이를 먹어 그러고 나면 아주 특별한 일이 벌어지지. 카피바라는 먹이를 먹은 뒤 단단하고 어두운색 똥을 배설해. 간혹 부드러운 녹색일 때도 있어. 이 배설물에는 여전히 영양소가 풍부해서 카피바라가 다시 먹을 수 있어. 이를 '자기 분식'이라고 해. 동물 세계에서는 흔한 일이지.

토끼도 자기 분식을 해.

카피바라는 행복한 동물이야. 보통 10~20마리가 모여서 함께 사는데, 최대 100마리의 카피바라가 이야기를 나누려 한 장소에 모이기도 해. 모이면 다 같이 즐겁게 빙글빙글 돌고 휘파람을 불어.

위협을 느끼면 개처럼 짖기도 하니 반려동물로 키워도 좋을 것 같아. 카피바라는 정원의 잔디를 먹어 치워서 짧게 유지해 줄 테니, 더 이상 잔디 깎을 걱정은 하지 않아도 될 거야.

카피바라

천천히 움직이는 새끼 물범

194 엄마와 헤어지면 슬프게 우는 새끼 물범

- 새끼 물범은 크고 볼록한 눈 때문에 무척 귀여워. 하지만 엄마를 잃으면 정말 가슴 아프게 울기 시작해. 이런 이유 때문에 '울보'라는 별명이 붙었어.

- 엄마 물범은 출산 후 첫 몇 주 동안에만 새끼를 돌봐. 정기적으로 해변에 올라와서 새끼 물범에게 젖을 먹이지. 3주가 지나면 자신의 일이 끝났다고 여기고 새끼를 떠나. 그러면 새끼 물범은 스스로 사냥하기 위해 바다로 가야 해.

- 다행히 새끼 물범은 물속에 들어가자마자 헤엄칠 수 있어. 사실, 헤엄치는 게 육지에서 움직이는 것보다 더 쉽지. 물범은 물에서 최대 시속 35킬로미터로 나아갈 수 있어. 앞발로는 방향을 조절하고, 뒷발로는 속도를 조절해.

- 뭍에서 물범은 앞발로 시속 2킬로미터도 안 되는 느린 속도로 이동해. 물범은 숨을 참는 데 선수야. 다이빙할 때뿐만 아니라, 잘 때도 숨을 참을 수 있어. 그래서 숨을 쉬지 않고 둥둥 떠다니는 물범을 볼 수도 있을 거야.

- 물범이 물 위에 등을 대고 양손은 배에 얹은 채 하늘을 보고 누운 모습을 본 적 있지? 그 이유가 뭘까? 물범의 뱃살은 최대 5센티미터에 이를 정도로 두꺼워. 물 위에 떠다닐 때도 도움을 주고, 먹이가 없을 때는 영양분이 되고, 몸을 따뜻하게 유지해 주기도 해. 하지만 발과 머리에는 지방이 없기 때문에 일광욕으로 따뜻하게 덥혀야 해.

195 손마디보다 작은 아기 캥거루

캥거루는 유대류야. 유대류는 암컷의 배 앞쪽에 아기를 담을 수 있는 주머니가 있지.

갓 태어난 캥거루 새끼는 다리가 달린 분홍색의 대머리 벌레 같아. 크기는 사람의 손가락 한 마디보다 작지. 그 작은 발로 엄마의 털을 단단히 잡고 올라가서 주머니 안으로 들어가. 그 안에서 젖을 빨고 천천히 성장해. 아마 젖을 절대 놓치지 않을 거야. 31일이 지나도, 여전히 새끼는 어미의 주머니 밖으로 나오지 않아. 9개월째가 되어서야 밖으로 나와 생활하지만, 아직도 젖은 떼지 않아.

엄마 캥거루는 아기 캥거루가 주머니에 들어가자마자, 다시 짝짓기를 시작해. 난자와 정자가 수정하지만, 며칠 후에는 수정란이 더 이상 자라지 않아. 주머니 속의 새끼 캥거루가 독립하고 나야 수정이 다시 진행되지.

엄마 캥거루의 주머니에는 뭔가 특별한 게 있어. 바로 젖이 나오는 젖꼭지 네 개야. 갓 태어난 캥거루가 먹어야 할 젖이 나오는 젖꼭지와 조금 성장한 캥거루가 먹어야

캥거루의 성장

할 젖이 나오는 젖꼭지가 다른데, 새끼 캥거루들은 자신의 성장 과정에서 어떤 것을 빨아야 할지 귀신같이 알아.

엄마 캥거루는 보통 새끼를 한 번에 세 마리씩 길러. 아직 태어나지 않은 한 마리, 주머니 속의 한 마리, 그리고 주머니 밖에서 살지만 여전히 젖을 빨러 오는 마지막 한 마리까지.

196 뻐꾹! 저는 엄마의 새끼가 아니에요…

암컷 뻐꾸기는 알을 낳지만, 부화와 양육은 하지 않아. 대신 이를 맡아 줄 다른 새의 둥지에 알을 낳지. 그러면 그 새가 뻐꾸기 알을 부화시키고 새끼를 키워. 때때로 암컷 뻐꾸기가 원래의 둥지 주인이 자리를 비울 때까지 참을성 있게 기다리지 못할 때가 있어. 뻐꾸기는 사실 새매와 비슷하게 생겼거든. 모든 새들이 두려워하는 포식자 말이야. 뻐꾸기는 새매인 척 위장해서 둥지의 주인을 쫓아내고서는 빈 둥지에 조용히 알을 낳아. 연구 결과에 따르면, 뻐꾸기는 수치심을 전혀 느끼지 못한다고 해. 원래 둥지의 주인이 아직도 주변을 날아다니는 동안 알을 낳으니 말이야. 이때 자신의 알이 둥지의 다른 알과 최대한 가깝게 놓이도록 특별히 신경을 쓰지. 벙어리뻐꾸기, 검은등뻐꾸기, 두견이, 매사촌 등 다른 두견잇과 조류도 뻐꾸기처럼 남의 둥지에 알을 낳는데 모두 같은 새의 둥지에 낳는 건 아냐. 각자가 선호하는 새 둥지가 따로 있지. 암컷 뻐꾸기가 알을 낳기 전, 원래 둥지 주인의 알을

어서 자라야지.

뻐꾸기

깨 먹기도 해. 그러면 둥지 안에 자리가 생기고, 전체 알의 개수가 그대로일 테니 말이야.

새끼 뻐꾸기는 자기 엄마만큼이나 무례해. 부화하자마자 다른 새끼를 둥지 밖으로 밀어내거든. 둥지의 원래 주인인 엄마 새는 남아 있는 새끼 뻐꾸기에게만 관심을 가지고 가장 맛있는 벌레를 잡아다 줘. 맛있는 먹이를 먹어서 좋기는 하겠지만, 정말 잔인한 새끼 뻐꾸기야.

197 다리가 달린 수박처럼 보이는 아기 테이퍼

테이퍼는 환상적인 동물이야. 라틴 아메리카의 열대 우림에 총 3종이 살고 있지. 아시아에도 1종이 살고 있어.

'테이퍼'라는 이름은 브라질로 '두껍다'라는 뜻이야. 테이퍼의 두툼한 피부 때문에 붙은 이름이지. 태국에서는 피솜셋이라고 불리는데, '다 섞은 음식이 준비돼 있습니다.'라는 뜻이래. 태국에서는 테이퍼가 동물의 여기저기를 모아서 만든 동물이라고 생각해서 그렇게 불러.

1750년에 테이퍼를 처음 발견한 사람들은 테이퍼가 코끼리의 코, 소의 피부색, 그리고 말발굽을 달고 있다고 생각했어. 하지만 테이퍼는 오히려 말과 하마의 친척이지. 매일 목욕을 해서 물 근처에 사는 것을 좋아해. 테이퍼의 코는 수영을 위한 완벽한 스노클과 같아. 물 안에서 온갖 종류의 식물을 찾아서 먹고 코로 나뭇잎을 따기도 해.

새끼 테이퍼는 피부에 흰 반점을 지닌 채로 태어나. 마치 수박에 다리가 달린 것처럼 생겼어. 이런 흰 반점은 천적을 피할 수 있는 좋은 위장 도구야. 태어난 지 몇 달이 지나면, 털 색깔이 변해. 갈색일 수도 있고 흰 무늬가 있는 검은색으로 변하기도 해.

히이, 못 따라가겠어….

꿀꿀

테이퍼

197

구강 내 부화

198 무늬로 말해요

- 탄자니아와 모잠비크에 위치한 말라위 호수는 정말 거대해. 길이는 560킬로미터, 폭은 75킬로미터, 그리고 깊이는 700미터가 넘어. 그 호수 안에는 700종에서 수천 종이 넘는 **태래어**가 헤엄치고 있어. 태래어는 천연 무지개색과 다양한 무늬를 가진 물고기야. 수컷이 암컷보다 화려하게 생겼지.

- 태래어는 몸과 머리의 색깔 반점이나 줄무늬를 사용해 소통해. 무리의 우두머리 수컷은 가장 밝은색을 띠고 있어. 만약 다른 수컷이 우두머리가 되려고 하면 원래 우두머리는 몸 색깔이 흐릿해져.

- 대부분의 태래어는 입속에서 알을 부화시켜. 난자가 수정되자마자 엄마나 아빠 태래어가 알이 부화할 때까지 입에 보관해. 알이나 새끼를 머금은 태래어의 목구멍 주위가 더 커지는 걸 관찰할 수 있어. 부화한 뒤에도, 새끼가 혼자 살아남기 좋은 환경이 와야 입 밖으로 내보내지.

- 태래어는 다른 종에 비해 환경에 빠르게 적응하는 편이야. 어항 주인에게 버림받았거나 방생됐을 때도, 매우 빠르고 쉽게 번식해. 하지만 원래 서식하던 종들을 몰아내기 때문에 환경에는 좋지 않아.

199 앨리게이터의 성별을 결정하는 온도

앨리게이터는 미국과 중국에서 서식해. 크로커다일보다 입이 짧고 넓지. 입이 U자 모양인데, 위턱이 아래턱보다 짧아. 보통 민물에 살지.

앨리게이터는 크로커다일보다 훨씬 커. 수컷은 최대 길이가 6미터, 체중은 360킬로그램까지 자랄 수 있어. 하지만 다른 동물들과 비교할 때, 덩치에 비해 뇌의 크기가 작아. 뇌의 무게가 고작 8~9그램이야. 그래서 앨리게이터는 주로 본능에 의존하고 그 때문에 더 위험한 포식자지.

앨리게이터의 성별은 알이 부화되는 온도에 따라 결정돼. 부화 온도가 34도 이상이면 수컷, 30도 미만에서는 암컷이 태어나. 그 사이 온도에서는 수컷, 암컷 모두 태어날 수 있어.

짝짓기 계절이 되면, 수컷이 암컷을 유혹하기 위해 크게 소리를 내. 그 고함 때문에 수컷 주위의 물이 공명하지. 또한 머리로 물을 쳐서 큰 거품을 만들어. 그러면 암컷이 감동을 받고 교미를 허락하지.

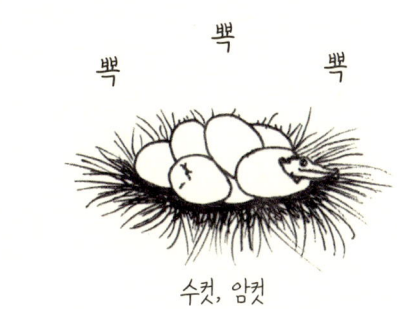

수컷, 암컷

교미가 끝나면 암컷은 주변 물가에 나뭇가지, 잎, 진흙을 쌓아 둥지를 만들고 알을 낳아. 얼마 지나지 않아 나뭇잎이 부패하기 시작하면 둥지가 따뜻하게 유지돼. 부화할 때가 되면, 앨리게이터의 알에서 소리가 들리기 시작해. 그러면 엄마 앨리게이터가 둥지에서 알을 밖으로 꺼내고 출생을 기다리지. 그렇게 태어난 새끼들은 엄마와 함께 물가로 가서 1년 동안 함께 살아갈 거야.

앨리게이터

게레눅

200 기린의 목에 가젤의 몸통

기린영양은 탄자니아, 케냐, 소말리아, 에티오피아, 에리트레아의 건조한 평원에 살아. 길고 날렵한 다리와 날씬하고 긴 목을 가지고 있지. 현지인들은 **게레눅**이라고 부르기도 해.

게레눅의 몸통은 밝은 갈색인데, 배의 털만 흰색이야. 눈 주위에 흰색 테두리가 있어 눈이 더 커 보이지. 귀도 매우 크고 넓어. 꼬리 끝은 검은 털로 장식돼 있어. 그 어떤 디자이너도 이렇게 아름다운 모습을 한 동물을 만들 수 없을 거야.

게레눅은 식물과 꽃을 먹어. 풀을 뜯지는 않고, 나무에서 잎을 따서 먹지. 게레눅이 물을 마시는 모습을 보기는 힘들어. 이미 다른 먹이로 충분한 수분을 섭취하기 때문이야.

게레눅은 매우 사교적이고 서로 도우며 살아. 그래서 현지인들의 전래동화에서는 '겸손의 여왕'이라 칭하기도 해. 아름다운 동물에 걸맞는 별명이야.

201 아홉띠아르마딜로 네쌍둥이

아홉띠아르마딜로는 SF 영화에 나올 것 같이 생겼어. 9~11개 띠가 둘린 단단한 껍질이 등을 덮고 있어. 어깨 앞쪽의 껍질은 몸의 앞부분을 보호해. 몸통의 중간에는 부드러운 비늘이 덮여 있어. 그리고 등과 엉덩이를 보호하는 골반 갑옷이 있지. 그 뒤를 따라오는 꼬리에도 별도의 껍질이 덮여 있고. 껍질에도 털이 나 있긴 하지만, 겨울을 따뜻하게 보내기는 턱없이 부족해. 아르마딜로는 추위를 좋아하지 않아서 주변의 온도가 떨어지면 집에 들어가서 가만히 있어.

아홉띠아르마딜로의 머리는 딱딱한 비늘로 덮여 있고, 뿔처럼 보이는 큰 귀 덕분에 매우 귀여워 보여.

과학자들은 아홉띠아르마딜로를 특별하다고 생각해. 외양도 그렇지만, 항상 네쌍둥이를 낳거든. 이 쌍둥이들은 유전정보가 정확하게 일치할 뿐만 아니라 항상 성별이 같아.

아홉띠아르마딜로는 11월과 12월에 짝짓기하고, 이 시기에 난자가 수정돼. 수정체가 4개로 나누어지려면 시간이 좀 걸려. 이렇게 나눠진 수정체는 120일 후에 네쌍둥이로 태어나.

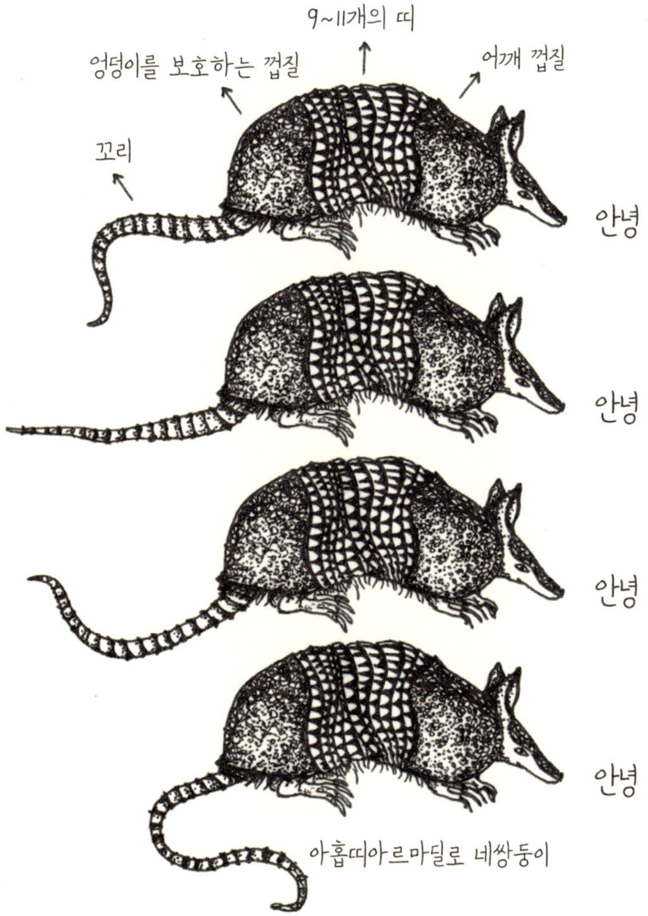

엉덩이를 보호하는 껍질 / 9~11개의 띠 / 어깨 껍질

꼬리

안녕
안녕
안녕
안녕

아홉띠아르마딜로 네쌍둥이

202 대가족을 사랑하는 생쥐

인간은 쥐에게 친절하지 않아. 오히려 적대적이지. 다들 **쥐**가 더럽고 질병을 전염시킨다고 생각하지만 이건 다 편견이야. 14세기에 수백만 명의 사람들을 흑사병에 감염시켰던 건 쥐벼룩에 감염됐던 애급쥐였거든.

인간과 함께 사는 쥐는 애급쥐가 아니라 일반적으로 시궁쥐, 즉 집쥐야. 집쥐는 사람들이 내놓은 쓰레기를 특히 좋아해.

밤이 되면 '개척자 쥐'가 첫 번째로 등장해. 주변이 안전한지 단 몇 분 안에 확인하는 정찰병이지. 정찰이 끝나야만 다른 쥐들이 따라가.

쥐는 주변 환경에 새로 나타난 낯선 물체를 매우 경계해. 그래서 덫으로 쥐를 잡는 건 어려워. 익숙하지 않은 새로운 물체를 보면 바로 사라져 버릴 테니 말이야. 쥐를 붙잡아서 집 밖에 던져 버리는 것도 큰 의미가 없어. 쥐는 가는 곳마다 자신의 흔적을 남겨서, 바로 집으로 돌아올 수 있거든. 쥐가 냄새 흔적을 찾지 못하게 만들려면 최소 100미터는 떨어진 곳에 버려야만 해.

집에서 쥐를 키울 수도 있어. 무척 똑똑해서 뭐든지 빨리 배우거든. 하지만 암컷과 수컷 한 쌍을 기를 때는 조심해야 해. 순식간에 가족이 불어날 거야. 생쥐는 1년 내내 새끼를 낳아.

한 번에 새끼가 평균 7~12마리씩 태어나고, 암컷은 1년에 5번 정도 임신이 가능해. 1년에 얼마나 많은 쥐가 세상의 빛을 보는지 한번 계산해 보자.

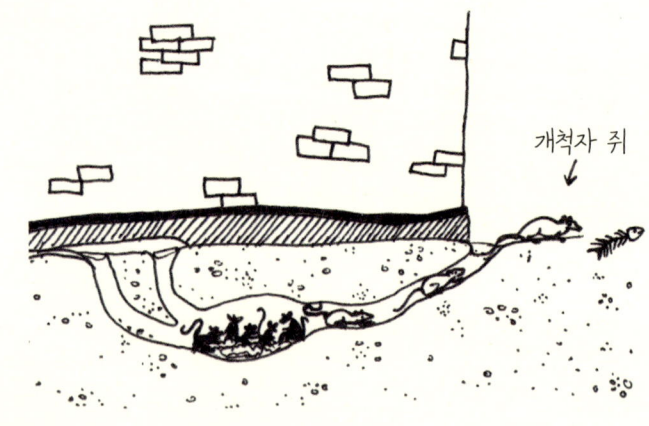

개척자 쥐

여기는 안전해!

퓨마, 마운틴라이언, 아메리카호랑이,
아메리카표범, 또는…

203 이름이 여러 개인 고양이

마운틴라이언, 아메리카호랑이, 아메리카표범…. 모두 큰 고양잇과 동물인 **퓨마**를 부르는 이름이야. 퓨마는 중앙아메리카 및 남미와 북미 서부에 살고 있어. 미국에는 약 3만 마리의 개체가 살고 있을 거야. 부끄러움을 많이 타서 사람들의 눈에 거의 띄지 않기 때문에, 이 숫자는 그저 추정치일 뿐이야.

퓨마의 학명은 'Puma concolor'야. '단색 털을 가진 고양이'라는 뜻이지. 새끼 퓨마들은 반점을 지니고 태어나지만, 생후 9개월에 모든 반점이 사라져. 16개월 정도가 되면 눈 색깔이 파란색에서 노란색으로 바뀌어.

퓨마는 쥐, 다람쥐, 고슴도치, 토끼, 비버 같은 작은 동물을 먹지만 때로는 용맹하게 사슴을 사냥하기도 해. 하지만 한 번에 큰 먹이를 다 먹어 치우지는 않아. 완전히 다 먹을 때까지는 3~5일이 걸려. 남은 먹이는 보통 덤불이나 그 아래에 숨겨.

퓨마는 매우 조용한 동물이야. 친구인 호랑이나 사자처럼 큰 소리로 울부짖지 않지만 짝짓기 시기에는 예외야. 암컷 퓨마는 짝짓기할 수컷을 찾기 위해 큰 소리로 포효하고는 해.

안타깝게도 사람들은 퓨마 사냥을 즐겨. 결과적으로 미국의 많은 지역에서 퓨마는 거의 멸종됐다고 볼 수 있어. 정말로 부끄러운 일이야.

204 오늘 밤에 내 손을 꼭 잡아 주겠어요?

수달은 멋진 동물이야. 물속에서 매우 빠르게 헤엄치고 장난치는 걸 좋아하지. 눈이 오면 눈 미끄럼틀을 타고 물속으로 뛰어들기도 해.

수달은 잘 때도 귀여워. 물에 둥둥 떠서 자는 동안 먼 바다로 떠내려가지 않기 위해서, 바닥에 뿌리박은 해초로 몸을 묶어. 엄마 수달도 아기 수달이 바다로 흘러가는 걸 원치 않아. 그래서 잠을 자는 동안 새끼의 손을 꼭 잡고 물에 떠 있어.

수달은 발가락 사이에 달린 물갈퀴 덕에 빠르게 헤엄칠 수 있어. 물속에서 최대 시속 12킬로미터까지 속도를 낼 수 있지. 그런데 땅 위에서는 그보다 더 빠른 시속 25킬로미터로 달릴 수 있대.

수달은 구멍을 팔 수 있는 나무가 자라는 깨끗한 물에 살아. 먹이로 삼을 물고기도 충분해야 하지. 따라서 수달이 사는 강과 개울은 항상 깨끗하다고 보면 돼. 오염된 물에서는 살아갈 수 없거든. 세계 야생 동물 기금(WNF) 및 기타 단체들은 수달에게 더 많은 서식지를 제공하기 위해 노력해서 성공적인 결과를 얻었어. 이 장난꾸러기 동물이 편안하게 살 곳을 계속 만들어 주려면, 우리가 더 많이 노력해야 해.

수달은 서로의 손을 잡고 잠이 들어.

205 눈 속을 달릴 수 있는 다리를 가진 스라소니

스라소니는 아름다운 고양이야. 귀에는 검은 털이 있고, 가슴에는 마치 턱받이를 한 것처럼 아름답고 하얀 털이 나 있지. 덩치가 가장 큰 종은 유라시아 스라소니야. 러시아와 중앙아시아에 살지. 스라소니는 전체 개체 수의 90퍼센트가 시베리아에 살고 있어. 큰곰과 늑대를 이어 유럽에서 세 번째로 개체 수가 많은 사냥꾼이야.

스라소니는 눈이 많은 환경에서 잘 지내. 여름에는 털이 장미빛이거나 갈색을 띠고 반점이 생기는데, 겨울에는 털이 아름다운 은회색으로 변해서 흰 풍경에서 눈에 띄지 않아. 짧고 강한 다리와 넓은 발바닥에 있는 특수한 방열층 덕분에 눈 위를 잘 달릴 수 있어.

스라소니는 매우 조용해. 사냥감을 찾을 때는 거의 소리 없이 움직이지. 사냥이 아니더라도 소리를 잘 내지 않아. 그래서 눈에 띄지 않고 한곳에 오래 살 수 있는 거야.

스라소니의 사냥감은 주로 사슴이지만 토끼나 여우도

뽀족한 귀의 털
야옹
턱받이

좋아해. 새를 사냥할 때도 있어. 이때는 최대 2미터 높이로 점프해.

스라소니는 한때 유럽에서 거의 멸종되었지만, 다양한 보호 조치로 개체 수가 다시 증가하고 있어. 아름다운 동물이 멸종되지 않고 보존된다니, 참으로 다행이야.

206 임신 기간이 3년이나 되는 동물들

코끼리는 임신 기간이 95주 또는 640일로 거의 2년이야. 아기가 태어나기까지 가장 오래 기다려야 하는 포유류지. 지능이 높은 동물들은 대체로 임신 기간이 길어. 코끼리는 뇌가 가장 큰 동물이기도 해. 뇌를 발달시키기 위해 엄마 배 속에서 조금 더 오래 있어야 하지. 대개 엄마 코끼리는 평생 동안 새끼를 최대 4마리까지 낳아.

새끼가 태어날 때까지 더 오래 기다리는 동물들도 있어. **알프스도롱뇽**은 임신한 뒤 적어도 2~3년이 지나야 새끼를 낳아. 임신 기간은 알프스도롱뇽이 사는 산의 고도에 따라 달라져.

알프스도롱뇽은 한 번에 새끼를 두 마리씩 낳아. 새끼는 엄마 배 속에서 거의 다 자라서 태어나기 때문에 조금만 지나면 성체가 돼.

상어도 임신 기간이 길어. 종마다 다르지만, 1년에서 3년 사이야. 그렇게 태어난 새끼 상어는 발달을 거의 마친 상태야. 이들에 비하면 인간의 임신 기간은 그다지 긴 게 아니야.

아직 몇 달 더 있어야 해.

열이면 열 다들
알고 싶을걸.

메이드
인
차이나

대왕판다

207 판다를 애완동물로 키우는 건 좋은 생각이 아냐

어린이 100명에게 어떤 동물을 키우고 싶냐고 질문하면 많은 어린이들이 판다라고 대답할 거야. 이해가 가는 대답이야. **대왕판다**는 정말 귀여운 동물이거든. 검은색과 흰색 털, 아늑한 둥근 몸, 검은 반점으로 둘러싸인 눈이 있는 귀여운 머리까지. 판다는 꼭 안아 주고 싶은 동물이야!

그럼에도 대왕판다를 애완동물로 삼지 말아야 할 이유가 있어. 두 번, 세 번 생각해 봐야 할 일이야.

첫째, 대왕판다는 너무 많이 먹어. 대략 하루에 12시간 동안 대나무 20~50킬로그램을 먹어. 그걸 다 먹고 나서 배설하는 양이 엄청나. 보통 하루에 20킬로그램 이상이지. 매일 똥을 한 무더기씩 치워야 해!

그래도 애완동물로 삼고 싶다고? 모든 대왕판다의 소유권은 중국 정부에 있다는 걸 잊지 마. 중국 정부는 보통 10년 정도 판다를 전 세계 동물원에 빌려줘. 만약 그 기간 동안 판다가 새끼를 낳으면, 새끼를 2년 안에 중국으로 보내야 해. 돈도 많이 들어. 판다 한 쌍을 '임대' 하려면 일 년에 약 12~13억 원을 내야 하기 때문이야.

판다보다는 개, 고양이, 또는 기니피그를 키우는 게 어때?

208 라마에게 짐을 너무 많이 실으면 안 돼!

오랫동안 라마의 이름이 스페인어에서 유래했다고 알고 있었어. 스페인 정복자들이 잉카인들을 보고 이렇게 물었거든. "코모 세 라마?(이 동물의 이름이 무엇입니까?)" 하지만 잉카인들은 스페인어를 몰랐을 테니 스페인 사람들이 '라마'라고 이름 붙인 대로 불러 왔을 거라 생각했던 거야. 오랜 세월이 지난 지금, 우리는 라마의 이름이 어디서 왔는지 알아. '라마'는 안데스산맥에 살았던 잉카인의 언어인 케추아어에서 유래됐어.

라마는 순하고 수줍음이 많아. 그러면서도 호기심이 많지. 배우는 속도가 빠르고, 사회성이 발달했어. 라마는 싸우면 혀를 내밀고, 정말 큰 싸움으로 번지는 경우, 서로 침을 뱉어. 누군가 예의 없게 굴어도, 그들에게 침을 뱉지. 안데스산맥에서는 라마를 길들여서 운송 수단으로 사용해. 라마는 최대 34킬로그램을 운반할 수 있고, 한 번에 32킬로미터를 걸을 수 있어. 라마의 발은 발굽이 없지만 주변의 지형에 매우 적합해. 라마에게 너무 무거운 짐을 실으면, 더이상 일할 수 없다며 주저앉고 말 거야. 그러고서는 등에서 짐을 내려 줄 때까지 일어나지 않아. 그래도 계속 일으키려고 하면, 라마는 성질을 내며 침을 뱉을 거야. 공격할 수도 있지.

라마의 아름다운 털로는 카펫과 직물을 만들 수 있어. 물론 스웨터를 짤 수도 있지! 라마의 가죽은 물건을 만드는 데 사용하고, 분뇨는 훌륭한 연료와 비료가 돼.

야생야크

209 따뜻한 걸 싫어하는 야크

세계의 지붕 히말라야는 매우 추운 곳이야. 얼음이 꽁꽁 얼 정도지. 사방에서 음산한 바람이 불어와. 그리고 산소가 부족해서 숨 쉬기도 어려워. 이 험난한 산에서 사는 동물이 있어. 바로 **야크**야. 야크는 춥고 높은 지대에 잘 적응해서 해발 3,000미터 아래로 내려가면 건강에 문제가 생겨. 주변 온도가 15도 이상으로 올라가면 오히려 힘들어하지. 고열로 인한 탈진으로 사망할 수도 있어. 야크의 몸은 긴 털로 덮여 있어서 추위로부터 몸을 잘 보호할 수 있지. 체온이 인간보다 높아. 인간의 체온은 약 36도인데, 야크는 38도 정도 되거든. 두터운 털가죽과 높은 체온 덕에, 얼어붙은 물속에서도 문제없이 헤엄을 칠 수 있어.

전 세계 야크의 90퍼센트는 히말라야의 티베트고원에 살아. 야생 야크는 야크 중에서도 가장 덩치가 커. 어깨까지의 높이가 약 2미터이고, 무게는 최대 1,000킬로그램까지 나가. 가축 야크는 조용하게 무리 지어 살아. 사람들은 젖소를 키우는 것처럼 털, 가죽, 지방, 우유 및 비료를 얻기 위해 야크를 키워. 야크의 분뇨는 질 좋은 연료야. 그리고 야크의 꼬리는 사람들에게 인기가 많아. 특히 중국에서는 분장할 때 쓰는 가짜 수염의 재료로 사용돼.

야크는 고산 지대를 좋아해서 해발 6,100미터까지도 올라갈 수 있어. 두터운 털가죽이 체온을 유지해 주고 엄청난 폐 용량 덕분에 여분의 산소를 저장할 수 있지. 티베트와 카라코룸의 전통 축제에서는 야크 경주를 벌여. 몽골에서는 야크를 타고 폴로 경기를 해.

야크가 인간에게 주는 것이 이렇게 많으니, 다들 야크를 조금 더 아껴 줘야 해.

210 숲에서 온 긴 팔 사람들

오랑우탄이 무슨뜻인지 아니? 말레이어로, 오랑은 '인간'을 우탄은 '숲'을 뜻해. 브루나이, 말레이시아와 인도네시아의 사람들에게 오랑우탄은 "숲에서 온 인간"을 뜻해. 유인원을 '인간'이라고 부르는 게 이상하다고 생각할 수도 있지만, 그럴 만한 이유가 있어. 오랑우탄은 인간과 유전자 구조의 97퍼센트를 공유하거든. 오랑우탄은 덩치가 매우 크고 여전히 나무 꼭대기에 살아. 믿기 어려울 만큼 강하고 긴 팔과 갈고리 같은 손가락으로 나무에서 나무로 옮겨 다니며 과일과 나뭇잎을 따 먹어. 과일은 소화가 상대적으로 빠르고 칼로리가 낮기 때문에, 오랑우탄은 거의 하루 종일 먹이를 구하러 다녀. 어린 오랑우탄은 만 4세 정도까지 엄마와 함께 지내. 그 이후에도 오랫동안 엄마를 따라다녀. 만 6세가 되어서야 독립을 시도해. 암컷 오랑우탄은 만 12~15세에 첫 출산을 경험해. 태어난 새끼가 어미 곁에 머무르는 동안, 암컷 오랑우탄은 새끼를 낳지 않아. 육지에 사는 포유류 가운데 출산 간격이 가장 길 거야. 그러니 새로 태어나는 오랑우탄이 많지 않지. 오랑우탄은 보르네오섬과 수마트라섬에서 발견할 수 있지만 극심한 멸종 위기에 처해 있어. 학자들에 따르면 보르네오섬에는 약 10만 4,700마리, 그리고 수마트라섬에는 1만 4,000마리가 남아 있다고 해. 2017년 11월, 수마트라섬에서는 새로운 오랑우탄 종, 타파눌리오랑우탄이 발견됐어. 현재 약 800마리가 살고 있지.

아프리카물소

211 아프리카물소의 민주주의

사자나 코끼리뿐만 아니라 **아프리카물소**도 덩치가 큰 '빅파이브'*에 속하는 동물이야. 아프리카물소의 뿔은 매우 거대해서, 꽤 위험해 보이지. 자신의 무리가 위협을 받으면 주저하지 않고 공격해. 만약 아프리카물소의 천적이 무리 가까이 오면, 수컷 아프리카물소들은 암컷과 새끼 주변에 원을 만들고 그 누구도 이들을 해칠 수 없게 지켜.

아프리카물소 무리에는 우두머리가 없어. 매우 민주적인 사회이지. 어디로 풀을 뜯으러 갈지를 결정할 때면 분위기가 진지해져. 오직 어른 암컷들만 결정에 참여할 수 있지. 이들은 자신들이 원하는 방향을 바라보고는 자리에 앉아. 가장 많은 수의 암컷이 앉은 쪽이 그날 갈 방향이야. 만약 정확히 같은 숫자가 다른 두 방향을 가리킨다면, 무리가 두 그룹으로 나누어져 하루에 한 장소씩 번갈아서 가지.

*아프리카의 5가지 유명한 동물 아프리카물소, 사자, 표범, 코뿔소, 그리고 코끼리를 가리키는 말.

11
어둠을 사랑하는 동물들

212 야간 촬영용 카메라를 가진 개구리와 두꺼비

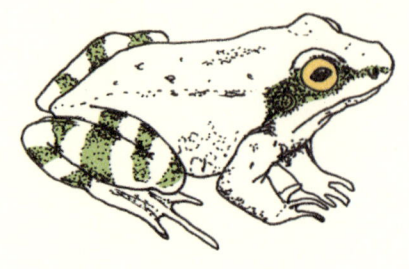

- 거의 모든 척추동물의 눈에는 감광성 세포가 있어. 이걸 '광수용체'라고도 하는데, 광수용체는 막대세포와 원뿔세포로 나뉘어. 원뿔세포는 색상을 잘 인식하기 위해 상당한 빛이 필요해. 막대세포는 원뿔세포보다 더 민감해서 어두운

내 눈을 똑바로 바라봐.

곳에서도 사물을 볼 수 있게 해 주지. 하지만 색상을 구분하기에는 적합하지 않아. 그래서 야행성 동물들은 밤이 되면 세상을 흑백으로만 봐. 주행성 동물과 비교해 막대세포의 수가 더 많아.

- **개구리**와 **두꺼비**는 대개 **야행성**이야. 시원하고 물기를 머금은 밤공기가 태양이 불타는 낮보다 더 습한 환경을 만들어 주기 때문이야. 우리 인간에게는 너무 캄캄하게 느껴질지라도, 개구리와 두꺼비는 잘 볼 수 있어. 심지어 밤에도 색깔을 구분할 수 있지. 과학자들은 개구리와 두꺼비에게 두 유형의 막대세포가 존재한다는 걸 발견했어. 한 유형은 어두운 곳에서 사물을 보게 하고, 다른 유형은 색상을 구별할 수 있게 해.

- 바로 이 두 번째 막대세포 덕에 개구리와 두꺼비의 시력은 다른 야행성 동물보다 민감해. 덕분에 길을 찾고, 무리를 따라갈 수 있으며 먹이를 추적할 수도 있어.

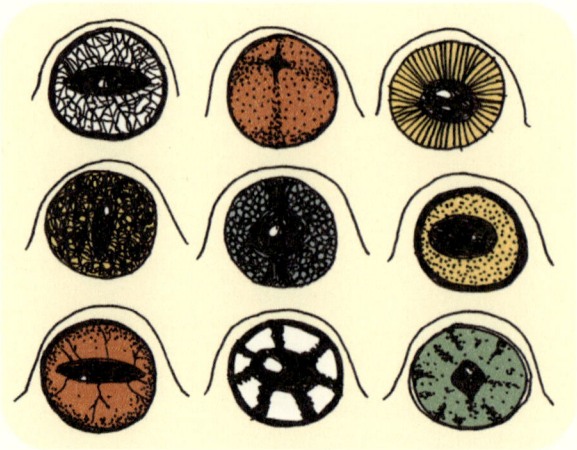

다양한 눈

두더지

213 안경이 필요 없는 두더지

- **두더지**가 앞을 볼 수 없다고? 그건 사실이 아니야. 두더지의 눈은 시침핀의 머리보다도 더 작아. 안경을 쓰면 더 잘 보이겠지만, 지하에서는 안경이 필요하지 않아. 두더지는 민감한 털, 머리, 그리고 코를 이용해 세상을 보기 때문이야.

- 두더지에게도 귀가 있지만 귓바퀴가 없기에 실제로 귀를 본 사람은 많지 않아. 두더지의 귀는 털 속에 파묻혀 있거든. 그리고 분홍빛이 나는 귀여운 코로 근처의 모든 냄새를 쫓을 수 있어.

- 두더지의 앞다리에는 날카롭고 납작한 발톱이 달린 발가락이 5개 있어. 여기서 엄지발가락은 너무 작아서 사실 아무것도 할 수 없지. 두더지는 발톱을 이용해 기다란 복도, 거실, 그리고 사냥터로 가는 땅속 길을 파고는 짝짓기 계절이 올 때까지 혼자 살아. 두더지는 매년 2~4월 사이에 적절한 짝짓기 상대를 찾아. 그러려면 오랫동안 땅을 파며 돌아다녀야 하기 때문에 쉽지 않지. 짝짓기 기간이 끝나면, 암컷이 새끼를 키우는 동안 수컷 두더지는 자신의 집으로 돌아가.

- 두더지는 파낸 흙을 땅 위로 올려 보내. 아름다운 잔디밭에 웬 흙더미가 보인다면, 두더지가 그 밑에서 집을 파고 있어서 그런 걸 거야. 운이 좋으면 두더지를 볼 수도 있어. 두더지는 굴 바닥에 깔 나뭇잎, 이끼 또는 다른 부드러운 재료를 찾아다녀. 그리고 가끔 땅속에서 나와서 곤충이나 새끼 생쥐를 잡지. 땅속에는 두더지의 천적이 없어.

- 땅 위에 올라오면 부드러운 두더지를 좋아하는 포식자가 많으니 조심해야 해.

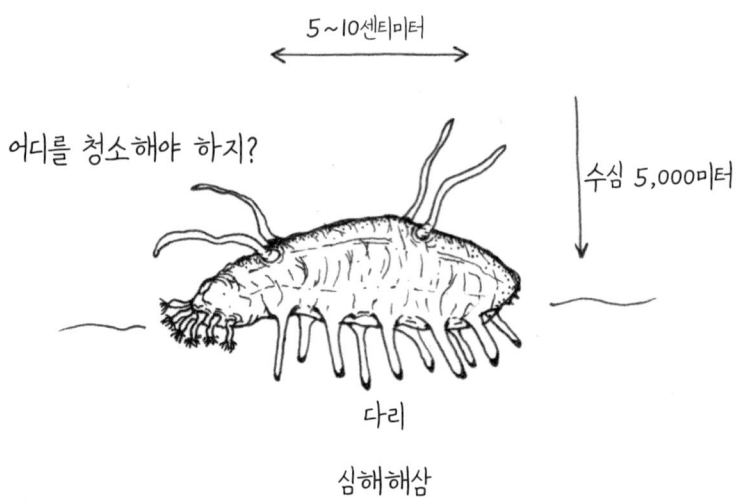

214 다리와 프로펠러를 가진 바다돼지

이 생물의 이름은 **심해해삼**이지만 '바다돼지'라는 별명으로 불리기도 해. 두껍고 통통한 다리와 분홍색 몸통 덕에 작은 돼지처럼 보이기 때문이야. 심해해삼은 보통 바다 바닥에서 먹이를 구해. 심해해삼의 길이는 5~10 센티미터 정도야. 몸통에는 5~7쌍의 특수한 다리가 달려 있지. 발바닥에 일종의 빨판이 달려 있어서 진흙 속 죽은 식물과 동물을 찾아낼 수 있어. 입 주변에 달린 촉수에는 먹이에 딸려 오는 진흙을 거르는 기관이 있어. 심해해삼의 몸에는 기다란 기관이 4개 있어. 촉수처럼 보이지만, 사실은 발이야. 심해해삼은 발을 일종의 프로펠러로 사용해 추진력을 만들어 내. 이 4개의 발로 물속의 물질을 감지하지.

대개 깊은 바다에 살기 때문에 심해해삼과 마주치기는 어려워. 수심 5,000미터 아래에 살지. 간혹 죽은 고래가 바다 밑으로 가라앉기라도 하면, 심해해삼이 거기로 수천 마리씩 모여들어. 모두 죽은 고래 위에 같은 방향으로 붙어 있지. 약간 오싹한 광경이지만, 이상한 현상은 아니야. 그렇게 앉으면 물결을 따라 먹이의 냄새나 맛을 가장 잘 느낄 수 있거든. 또한 다음 먹이의 위치도 쉽게 찾을 수 있어.

215 분홍빛 갑옷을 입은 애기아르마딜로

애기아르마딜로는 가장 작은 아르마딜로 종이야. 크기가 약 10센티미터에 무게는 최대 200그램밖에 나가지 않지. 너무 귀여워! 그건 분홍색 갑옷 덕분이기도 해. 갑옷 아래에는 부드러운 털가죽과 단단한 발톱이 달린 다리가 있어. 애기아르마딜로는 발톱을 사용해 재빠르게 굴을 팔 수 있어. 위협을 받으면 순식간에 모래에 굴을 파고 도망가. 그 속도가 너무 빨라서 물속에서 헤엄치는 물고기에 비유하기도 해. 그만큼 쉽게 굴을 판다는 소리지.

애기아르마딜로는 아르헨티나 중심부의 초원과 사막에 살아. 개미, 벌레, 달팽이와 식물을 먹지. 종종 큰 흰개미 집이나 평범한 개미집 근처에 집을 지어. 두더지만큼 시력이 나쁘고 두더지만큼 후각이 좋지. 안타깝게도 애기아르마딜로의 서식지가 점점 줄어들고 있어. 주변을 돌아다니던 들개에게 잡아먹히기도 하고 말이야. 애기아르마딜로의 영어 이름은 '분홍 요정 아르마딜로 (Pink fairy armadillo)'야. 생김새를 정확하게 묘사하는 이름이지.

애기아르마딜로

216 전설로만 전해 내려오는 심해의 괴물

축구공만큼 커다란 눈.
12~14미터까지 자라는 몸집.
대왕오징어보다 더 강인한 힘.
500킬로그램이 넘는 무게.

이 생물을 살아 있는 상태에서 본 사람은 아무도 없어. 남극해 2,000미터 깊이에 서식하는 **콜로살오징어**야.

실제로 존재하는 오징어일까? 당연해. 어부가 놓은 그물에 잡힌 적도 있고, 이미 죽은 상태에서 잡힌 적도 있어.

심해의 괴물에 대한 여러 가지 전설이 전해 내려오고 있어. 전래동화에서는 '**크라켄**'이라고 불렸지. 긴 다리로 배를 가라앉힌 거대한 오징어였어. 1830년에, 알프레드 테니슨은 크라켄을 소재로 한 유명한 시를 썼어. 쥘 베른은 그의 저서 《해저 2만 리》에서 거대한 오징어를 묘사했지. 영화 〈캐리비안의 해적〉 시리즈에서도 주인공을 해치려는 악당 데비 존스를 도와주는 존재로 크라켄이 등장해.

하지만 현실은 영화나 동화와는 다르지. 콜로살오징어는 주변을 신경 쓰지 않고 느긋하게 헤엄치며 먹이를 잡는 생물이야. 촉수에 달린 갈고리로 먹이를 사로잡겠지. 그리고 뾰족한 입으로 먹이를 잘게 잘라 삼켜 버릴 거야. 콜로살오징어는 에너지를 거의 사용하지 않기 때문에 먹이를 많이 먹을 필요도 없어. 하루에 5킬로그램 정도의 물고기만 먹으면 충분해.

콜로살오징어는 천적인 향고래를 조심해야 해. 연구에 따르면 콜로살오징어의 눈은 매우 크고 밝아서, 깊고 어두운 물속에서도 다가오는 적을 볼 수 있대.

날씨가 좋군!

콜로살오징어가 모든 배를 삼켰습니다.

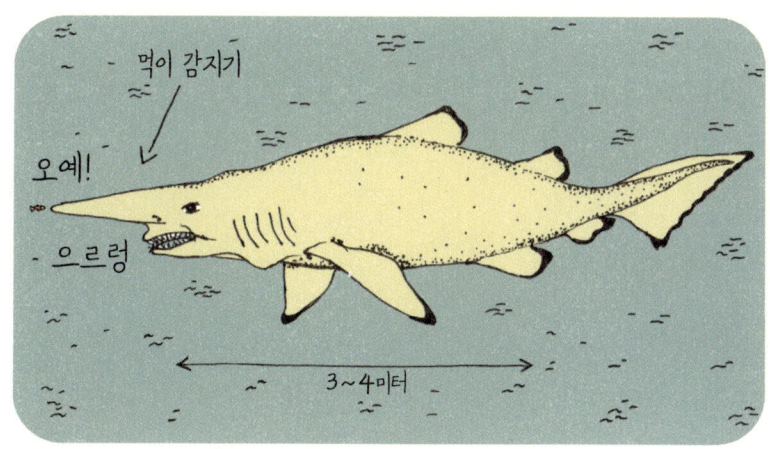

고블린상어

217 바다에서 가장 못생긴 상어

이렇게 말하면 안 되지만, **마귀상어**는 꼭 이름처럼 생겼어. **고블린상어**라고 불리기도 해. 고블린은 지하에 사는 작은 인간, 또는 못된 난쟁이를 의미해. 맞아, 고블린상어는 악몽에서 튀어나온 것처럼 끔찍하게 생겼어.

고블린상어는 약 3~4미터 길이고 이상하게 생긴 주둥이를 지니고 있어. 코는 마치 칼날 같아. 코 안에는 주변 생물의 전기장을 감지하는 로렌치니 기관으로 가득 차 있어. 덕분에 먹이 탐지 능력이 훌륭하지. 코 아래에는 엄청나게 날카로운 이빨이 가득한 큰 입이 있어. 먹이가 가까이 다가오면 커다란 아래턱으로 끌어서 물어 버려.

고블린상어의 몸통은 분홍빛이야. 그건 피부 바로 아래 가느다란 혈관이 있기 때문이야. 반투명한 피부 덕에 정맥의 적혈구가 비쳐 보이는 거지. 물 위에서 마른 상태로 보면 정말 무섭겠지만, 깊은 바다에서는 까맣게 보이니 아주 좋은 위장술이야.

고블린상어를 만날까 봐 걱정할 필요는 없어. 오직 1,300~1,700미터 깊이의 바다에서만 살거든. 고블린상어는 어두운 곳을 좋아해서 깊은 바다가 지내기에 아주 적합해. 그곳에서 조용히 물고기, 게, 그리고 조개를 사냥하지. 수영 실력이 좋지는 않아. 그리고 가끔 다른 상어에게 잡아먹히기도 해.

다들 고블린상어에 대해 더 알고 싶어 하지만, 연구 결과가 많지는 않아. 과거에는 고블린상어 표본을 수족관에서 볼 수 있었지만 수족관에서 오래 살아남지 못하고 빨리 죽었어. 고블린상어는 특히나 자신이 살던 환경에 머물러야 하는데 수족관 환경은 그러지 못하니까 말이야. 그러니 그냥 이 불쌍한 상어를 깊은 바다에 놔두는 게 어떨까.

설인게
키와 히르수타

218 바닷속의 노란 털보

지구상에는 지금도 최초로 발견되는 생물들이 있어. 그중 몇몇은 정말 정말 멋져.

키와 히르수타라고 불리며, 굴러다니고 뛰어다니기도 하는 이 게는 2006년 이스터섬 남쪽에서 발견됐어. 아주 깊은 물속, 2,200미터 깊이에서 살아. 설인게(예티그랩)란 별명도 붙었는데, 이 게의 온몸이 금색 털로 덮여 있는 모습이 설인(예티)과 비슷하기 때문이야. 물론 동물의 털과는 달라. 우리는 이 털을 강모라고 불러.

키와 히르수타는 크기가 고작 15센티미터에 불과하고 밝고 하얀 빛을 띠고 있어. 이 게가 사는 깊은 바닷속에서는 위장을 하지 않아도 돼. 키와 히르수타의 눈은 매우 작고 시력이 좋지 않아. 얼음처럼 차가운 바닷속에서 뜨거운 물이 나오는 '열수 분출공' 근처에 살기 때문에 자칫 익어 버리거나 얼어붙지 않도록 조심해야 해!

키와 히르수타의 몸에 왜 이렇게 털이 많은지는 아직 밝혀지지 않았어. 주변의 미생물을 먹기 때문에 작은 먹이를 잡으려면 가느다란 털이 쓸모 있을 수도 있지. 혹시 키와 히르수타가 가는 해저 미용실이 따로 있을까?

219 바닷속을 무대처럼 활보하는 물고기

생물학자들은 태평양의 갈라파고스 제도를 좋아해. 특이한 동물들을 많이 볼 수 있거든.

바다 밑바닥까지 다이빙해 보자. **붉은입술박쥐물고기**를 만날 수 있을 거야. 이름만 들어도 어떤 물고기일지 상상이 가지? 매우 특이한 동물이야.

이 물고기는 밝은 갈색과 회색빛을 띠는데, 상상력을 조금 보태면 생김새가 박쥐랑 비슷해. 크기는 약 20센티미터야. 헤엄을 잘 치지는 못하고, 바다 밑으로 가라앉아서 기어 다녀. 물고기치고는 이상하지? 가슴지느러미가 다리로 발달했기 때문에 기어다니는 게 가능한 거야.

이상한 점은 그게 다가 아니야. 붉은입술박쥐물고기의 입술은 밝은 빨간색이지. 거의 형광빛이야. 이제 막 빨간 립스틱을 바른 것 같아. 이 물고기의 입술이 붉은 이유는 과학자들도 잘 알지 못해.

과학자들이 추정하기로는, 물속에서 눈에 띄기 위해 그런 색깔을 지닌 것일 수도 있대. 안 그러면 모래와 차이가 없으니까. 아니면 짝짓기를 위해서일까? 그도 아니라면 해저를 마치 무대처럼 화려하게 활보하기 위해서일까?

놀랄 만한 게 또 있어! 붉은입술박쥐물고기는 등지느러미가 일종의 등딱지로 발달했어. 머리 주위의 등딱지와 그 주변의 빛나는 무늬로 먹이를 유혹하지. (거 봐, 매우 특이하다고 했잖아.) 그렇게 잡은 가재, 새우, 그리고 게를 먹어 치워.

자 어때, 이제 갈라파고스 제도로 휴가를 갈 마음이 생겨?

쇼를 시작해 볼까!

←20센티미터→
붉은입술박쥐물고기

220 납작한 코를 가진 개구리

'개구리에게 입을 맞춰야만 왕자를 만날 수 있다'는 옛이야기를 알고 있지? 그런데 이 개구리에게 입을 맞추고 싶지는 않을 거야. 약간 이상하게 생겼거든. 자주색개구리, 돼지코개구리, 또는 **나시카바트라쿠스 부파티**라고 불리는 이 개구리는 얼마 전 인도의 어느 산에서 발견됐어. 밝은 자주색 피부에 눈을 둘러싸고 붉고 파란 고리가 있으며 코는 뾰족한 돼지코 모양이야. 두껍고 반짝이는 몸에 짧은 다리가 달려 있어 땅을 잘 팔 수 있어.

이 개구리는 삶의 대부분을 땅속에서 보내. 먹이를 구하려고 땅 위로 올라갈 필요가 없어. 개구리는 흰개미 또는 개미 집 근처에 굴을 파서 긴 혀로 개미를 잡아먹어.

돼지코개구리

과학자들은 이 동물을 발견했다는 것 자체가, 우리가 개구리에 대해 아는 게 많지 않다는 증거라고 믿어. 우리가 아는 모든 개구리 중 거의 절반이 멸종 위기에 처해 있지만, 매년 수백 가지의 새로운 종도 나타나고 있어. 시간이 부족해서 모두 조사하고 설명할 수는 없지만 말이야. 그나저나 과연 이 개구리에게 입을 맞추고 왕자인지를 확인해 볼 사람이 있을까 궁금하네….

12

이 동물이 사는 법

221 비버의 현관문은 물 아래에 있어

비버의 성

과학자들은 한때 북미에 수억 마리의 **비버**가 살았다고 추정해. 1제곱킬로미터당 약 40마리의 비버가 살았다는 소리지. 그리고 유럽에도 많은 숫자의 비버가 살았어. 아마 우리의 먼 조상들은 흔해 빠진 비버로 모피코트를 만들어 입었을지도 몰라.

하지만 북미에 유럽 이주민들이 정착하면서 비버의 개체 수는 급격히 줄어들었어. 이주민들은 모피뿐만 아니라 향수나 향신료에 쓰이는 해리향을 얻기 위해 비버를 사냥했지. 비버의 몸에서 채취한 해리향으로 병을 치료할 수 있다는 소문이 돌았거든.

이제 우리는 비버가 생태계에서 매우 중요한 역할을 맡고 있다는 것을 알아. 비버가 만든 댐은 주변 환경을 완전히 바꾸어 놓지만 동시에 개구리, 설치류, 곤충, 조류, 물고기 같은 다른 생물의 서식지가 되기도 해. 또한 이 댐은 물을 걸러 내어 깨끗하게 만들고 썩은 잎과 나뭇가지는 토양에 훌륭한 영양분이 되지.

비버의 댐과 성은 아름다운 건축물이야. 여기서 성은 비버 가족이 함께 사는 집을 일컫지. 비버는 천적인 육식 동물이 집에 쳐들어오는 걸 원하지 않기 때문에 집의 현관을 수중에 만들어. 안전하려면 수위가 항상 일정해야겠지. 댐이 수위를 조절해 주는 역할을 해. 비버는 날카로운 이빨로 나무를 매우 빠른 속도로 자르고 줄기, 가지, 나뭇가지로 댐을 만들어. 그리고 평평한 꼬리를 흙손으로 사용하여 댐에 진흙을 뿌려서 물이 새지 않게 하지. 비버는 위대한 목수이자 배관공이야!

비버

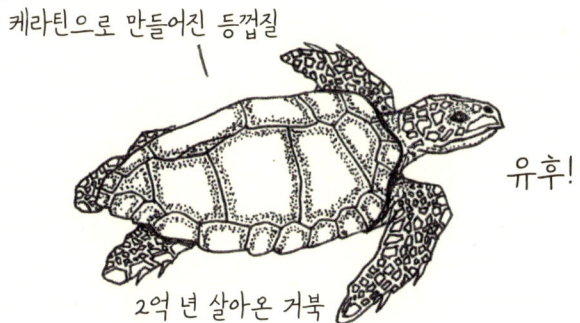

케라틴으로 만들어진 등껍질

유후!

2억 년 살아온 거북

222 절대 등껍질보다 커지지 않는 거북

거북은 세계에서 가장 오래된 파충류 중 하나야. 공룡이 있었던 2억 년 전에도 살았어.

거북의 등껍질은 약 60개의 뼈로 이루어져 있어. 등껍질의 윗부분은 등을 보호해 주고, 아랫부분은 배를 가려 주며 그 이외는 모두 비늘로 덮여 있어. 거북의 등껍질은 우리 손톱에도 들어 있는 케라틴이라는 물질로 만들어졌어. 거북의 몸에 꼭 붙어 있어서 절대 등껍질을 버리지 못하지. 등껍질은 거북과 함께 자라나기 때문에 몸과 적절한 비율을 이뤄.

거북은 수중과 육지 양쪽에서 볼 수 있어. 그리고 남극 대륙을 제외한 모든 대륙에 서식하지.

바다거북의 몸은 유선형으로 생겼어. 다리는 헤엄치기에 적합하게 발달했지. 바다거북은 알을 낳을 때면 물 밖의 모래사장으로 나와. 민물거북은 호수와 연못에서 볼 수 있어. 종종 물 밖으로 나와 일광욕을 할 때도 있어.

땅거북의 다리는 둥글고 둔탁해서 걷기에 적합하지. 주변의 온도가 너무 뜨거워지면 땅에 굴을 파고 숨어 들어가.

거북은 정말 느릴까? 보통은 느리다고 볼 수 있어. 누군가 공격해도 등껍질에 숨으면 돼. 그렇지만 정말로 위험할 때는 재빨리 도망갈 줄도 알아.

동굴에 위치한 박쥐의 서식지

223 한 번에 1,500만 달러

세계에서 가장 큰 박쥐 서식지는 미국 텍사스주의 브래큰 동굴이야. **큰귀박쥐**의 거대한 서식지가 이 동굴에 만들어진 것은 이곳에서 박쥐들의 번식이 이루어지기 때문이야. 오직 임신한 박쥐들만이 동굴 안에 들어가지. 수백만 마리가 암벽에 붙어 있어. 6월이 되어 모든 박쥐가 새끼를 낳으면 며칠 안에 개체 수가 두 배로 불어나. 출생 후 약 한 시간 동안 엄마 박쥐는 새끼와 애착 관계를 형성해. 그동안 서로의 냄새와 소리를 익히지. 그 뒤 새끼 박쥐들은 보육원으로 가게 돼. 아직 털이 나지 않은 새끼들이 서로 가까이에 모여 있지. 가로 세로 약 10센티미터 넓이의 손바닥만 한 공간에 약 500마리의 아기 박쥐가 매달려 있어!

땅거미가 지면 박쥐 수백만 마리가 먹이 곤충을 구하러 동굴에서 나와. 배를 불리고 돌아온 엄마 박쥐는 돌아오자마자 거대한 보육원에서 자신의 새끼를 찾지. 그리고 하루에 두 번씩 젖을 줘.

4주 후, 새끼 박쥐는 용감하게 첫 비행을 시도해. 자유롭게 몇 미터를 날고, 공중제비도 해 보고 날기 시작한 곳에 다시 착륙해. 보통은 큰 문제 없이 비행을 마칠 수 있지만, 그렇지 않은 경우도 있어. 다른 박쥐와 충돌할 때지. 그러면 지상으로 비상 착륙을 시도해야 해. 하지만 지상에는 배고픈 딱정벌레 수천 마리가 살고 있지. 딱정벌레는 아직 다 자라지 않은 박쥐를 순식간에 먹어 치울 거야. 이런 이유로 태어난 박쥐의 절반이 1년 만에 죽고 말아.

7월이 되면 새끼 박쥐들은 처음으로 엄마와 함께 곤충 사냥을 나가. 꼭 작은 어뢰처럼 빠르게 날기도 하고 곡예비행도 하지.

224 강을 가로지르는 거대한 거미집

거미줄을 싫어하니? 일단 끈적끈적 하잖아. 물론 어디서 **거미**가 나타날까 무섭기도 하고.

마다가스카르의 열대 우림에서는 거미가 강물을 건너질러 거미줄을 만든다고 해. 이 거미줄은 길이가 25미터 이상, 지름은 3미터야. 엄청나게 거대한 거미가 이런 큰 거미줄을 칠 수 있을 거라 생각하겠지만, 꼭 그런 건 아니야. **다윈의 나무껍질거미**의 다리 양끝의 길이는 가장 길어 봤자 1.5센티미터밖에 되지 않아. 암컷의 무게는 0.5그램이고, 수컷은 그 무게의 10분의 1밖에 나가지 않는 경우도 있어.

이 이상한 거미는 2010년 어떤 국제 생물학자 팀이 발견했어.

이들은 나모로나강을 가로지르는 큰 거미줄을 보았지. 일단 암컷은 바람에 날리는 거미줄을 타고 강 건너 쪽에 앉아서 거미줄을 고정시켜. 그리고 다시 강물 위로 걸쳐진 거미줄의 중앙으로 와서 커다란 거미집을 만들기 시작하지. 이 거미의 거미줄은 다른 거미줄보다 강력해. 덕분에 잠자리처럼 수면 위로 날아다니는 큰 곤충도 사냥할 수 있어. 다른 거미는 다윈의 나무껍질거미와 같은 자리에 거미줄을 치지 않기 때문에 먹이는 항상 충분해.

혹시 덩치 큰 곤충이 걸린 경우, 거미줄을 고치는 데 시간이 걸려. 자 이제, 저 아름다운 거미줄을 한번 감상해 볼까?

225 에어컨이 달린 마천루를 짓는 흰개미

흰개미는 보통의 개미처럼 보이지만 흰색이거나 투명하고 몸집이 훨씬 더 커. 크기가 대개 2센티미터이고, 여왕개미는 10센티미터까지 자랄 수도 있어.

흰개미는 수백만 마리가 모여 살아. 개미집은 크기와 형태가 다양해. 때로는 모래, 분변 및 타액으로 지어진 인상적인 건축물일 때도 있어. 어떤 종은 왕과 왕비의 침실, 알과 애벌레를 돌보는 방, 인간도 살 수 있을 만큼 커다란 방과 버섯 농장 및 거실까지 갖춘 집을 짓지.

흰개미는 사막같이 덥고 일교차가 큰 지역에 살아. 이런 곳에서는 온도 변화가 크지 않은 지하에 집을 짓는 게 현명한 선택이지. 하지만 모래땅 아래에는 산소가 부족해. 개미 수백만 마리라면 분명 산소가 많이 필요할 거야. 흰개미들은 개미집 위에 거대한 탑을 세워서 신선한 공기가 들어오고 나갈 수 있게 만들어. 탑에 구멍이 나 있어서 공기는 천장을 통해 지하의 집 안으로 흘러 들어오지. 이게 바로 흰개미가 매우 똑똑한 이유야. 에어컨 시스템을 만든 거거든.

그게 전부가 아니야. 흰개미는 먹이로 삼을 곰팡이를 재배하기도 해. 하얀 곰팡이가 아니라, 일종의 버섯이라고 생각하면 돼. 너무 건조하면 이 곰팡이가 모두 말라 버리기 때문에 개미들은 탑 아래의 지하에 거대한 방을 만들고 마르지 않은 진흙을 곰팡이 위 벽에 붙여.

그러면 점차 진흙에서 물이 증발하면서 곰팡이는 촉촉한 상태로 유지되고 방 안의 온도는 더욱 떨어지지.

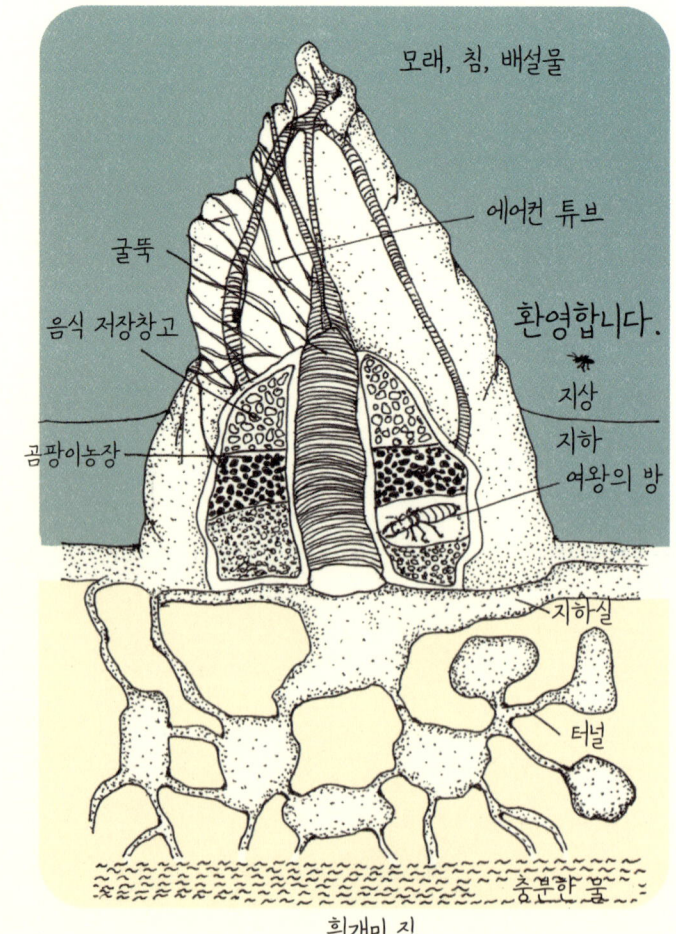

흰개미 집

226 나무를 쪼아 둥지를 짓는 딱따구리

딱따구리는 나무줄기에 매우 빠른 속도로 부리를 부딪쳐 소리를 내는 새야. 얼마나 빠른지 1초에 20번이나 부딪쳐. 인간이라면 한 번만 부딪쳐도 병원에 실려 가겠지만, 딱따구리는 충격을 흡수할 수 있는 특별한 장비를 갖추고 있어서 괜찮아. 딱따구리의 목 근육은 매우 강하고 척추는 유연하지. 두개골 안에는 뇌척수액이 거의 없어서 진동으로 뇌가 손상되지 않아. 또한 부리와 이마 사이에 있는 일종의 해면골이 자전거 헬멧처럼 충격을 흡수해.

딱따구리는 나무를 쪼아 둥지를 만들어. 이 둥지가 완성되기까지 2~3주가 걸려. 암컷 수컷 모두 나무를 쪼아 대지. 몇 년 동안이나 머무를 구멍이지만, 딱따구리는 이 구멍을 딱히 편안하게 만들지는 않아. 단지 알을 낳기 위한 곳일 뿐이야.

딱따구리는 노래를 부를 수 없고, 그저 작은 소리를 내. 의사를 전달하고 싶을 땐, 주변의 물건을 건드려서 소통을 시도해. 나무일 수도 있고, 굴뚝, 홈통 또는 쓰레기통일 수도 있지. 끔찍한 소리를 낼 때도 있어.

오색딱따구리

딱따구리는 사람들이 새들을 위해 걸어 놓은 견과류 주머니나 먹이가 들어 있는 새집을 부리로 쳐서 속에 든 걸 빼먹어. 또는 나무를 콕콕 쪼아서 튀어나오는 곤충을 잡아먹지. 나무 속의 벌레를 보면 긴 혀를 집어넣어. 그러면 불쌍한 곤충이 끈적끈적한 혀에 붙어 나오지. 딱따구리의 놀라운 기술이야!

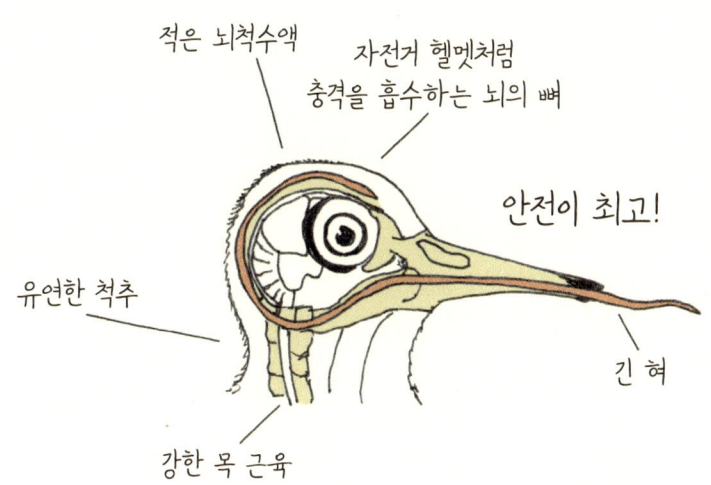

스파이더맨

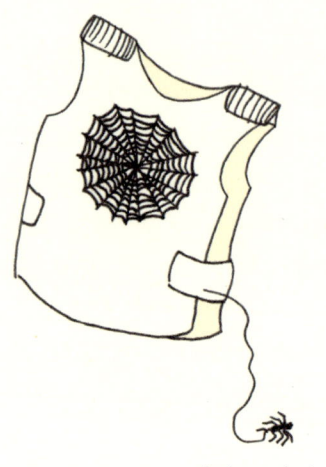
엄청난 실력인데!

227 부드럽고 강한 거미줄

거미줄은 오랫동안 과학자들을 매료시켰어. 거미줄을 구성하는 물질은 매우 탄력이 좋은 데다 가볍고 강하기까지 해. 강철보다 강하고 고무보다 더 탄력적이야. 방탄조끼를 만들기에 최적의 조건이지.

거미집의 형태 또한 그 강도를 높여 줘. 거미집은 한 군데가 끊어져도 전체 형태가 유지돼. 실제로 원래 모양을 거의 잃지 않아. 물론 거미집에서 도망가는 곤충이 그 모양을 흐트러트릴 수도 있지만, 금방 고칠 수 있어.

거미는 두 가지 유형의 거미줄을 뽑아내. 끈적끈적한 거미줄은 먹이를 잡는 데 사용하지. 매우 유연하기도 해서 거미집의 중앙에 이 거미줄을 써. 끈적이지 않는 거미줄은 거미집을 튼튼하게 유지해 줘. 거미집을 고칠 수 없을 때, 거미는 이 거미줄을 먹었다가 새 거미줄을 만들 때 재활용해.

그러니 과학자들이 합성 거미줄을 만드는 법을 개발한다는 건 놀랍지 않지. 천연 거미줄의 품질이 훨씬 더 좋기는 해. 하지만 거미줄을 필요한 만큼 충분히 모으는 건 불가능하지. 그게 바로 다음 연구로 연결된 이유야. 과학자들은 염소에게 실을 만들 수 있는 유전자를 이식했어. 그러면 염소의 젖으로 뭐든 만들 수 있는 실을 추출할 수 있지. 미래에는 합성 거미줄로 방탄조끼, 에어백 또는 헬멧을 만들 수 있을 거야. 또한 외과에서는 인공 힘줄이나 인공 십자인대를 만들 수도 있겠지. 작은 거미가 우리에게 얼마나 많은 도움을 주는지 몰라.

228 오소리의 성에 온 것을 환영해!

- 오소리는 시력이 좋지 않은 야행성 동물이야. 낮에는 집에 편안하게 머물러. 이 집은 성이라고 부를 수 있을 만큼 커. 층층이 들어선 방들은 긴 복도로 연결돼 있지. 그리고 성 주변에는 새끼들이 놀 수 있는 놀이터, 화장실 및 심심할 때 긁는 나무가 있어. 가을이 오면, 오소리는 대청소를 하고 침실을 폭신하게 만들어 주는 잔디와 양치류를 새로 바꾸지. 오소리는 마치 귀족들처럼 대를 이어 같은 장소에 살아. 자신의 집을 쥐, 토끼, 긴털족제비, 바위담비 및 여우와 공유하기도 해. 때로는 어린 여우가 새끼 오소리들과 함께 놀기도 하지.

- 오소리는 검은 머리와 하얀 줄무늬, 등 위쪽의 회색 털 덕분에 귀여워 보여. 먹이로는 지렁이, 딱정벌레, 과일, 곤충의 애벌레, 곡식, 심지어 새알이나 어린 생쥐 등을 즐기지. 그리고 주변을 구석구석 살피며 커다란 소리를 내. 그래서 다들 오소리를 피해 도망갈 수 있어.

- 오소리의 무리를 '씨족'이라고 불러. 씨족은 다 큰 오소리와 그해에 태어난 새끼 오소리, 그 전해에 태어난 오소리로 이루어지지. 같은 씨족의 오소리는 엉덩이를 마주대고 냄새를 교환해. 이걸 '스탬핑'이라고 하는데, 이 독특한 향기로 오소리는 가족과 침입자를 구분할 수 있어.

오소리의 성

다 챙겼어?

여행을 가는 고릴라

229 매일 밤 새로운 침대에서 자는 고릴라

한 지역에 몇 마리의 **고릴라**가 사는지 알고 싶다면, 고릴라의 침대를 세어 보면 돼. 매우 찾기 쉬울 거야.

고릴라는 땅이나 나무에 둥지를 지어. 잎과 나뭇가지를 사용해서 가능한 한 부드러운 침대를 만들려고 해. 모든 고릴라는 자신만의 침대가 있고 새끼 고릴라들은 만 3세가 될 때까지 엄마와 함께 잠을 자.

아침이 되면 고릴라는 침대를 지었던 캠프를 벗어나 먹이를 구하러 가지. 절대 같은 장소에서 두 번 잠을 자지 않는 진정한 유목민이야.

우리는 고릴라 둥지를 통해 많은 정보를 얻을 수 있어. 무리의 규모를 파악할 수 있을 뿐만 아니라, 건강 여부를 알 수도 있지. 이를 위해 고릴라의 털과 둥지 주변의 똥을 검사해. 고릴라 무리는 대개 약 열 마리로 구성돼. 수컷 한 마리가 우두머리를 맡고, 그 수컷을 중심으로 무리를 이뤄. 무리의 나머지는 어린 수컷과 새끼 고릴라들이고 대체로 순해. 간혹 우두머리가 어린 수컷에게 시비를 걸거나, 가슴을 치며 포효하는 경우를 제외하고는 조용한 편이야. 등의 회색 털로 우두머리를 알아볼 수 있지. 우두머리는 싸움을 막고 모든 고릴라가 평화롭게 살 수 있도록 노력해.

안타깝게도 현재 남아 있는 고릴라의 개체 수가 많지 않아. 전 세계에 수십만 마리만 남은 걸로 추측하고 있어.

230 물속에 사는 물거미

물거미가 물속에 사는 건 당연하지만 깊이 생각해 보면 논리적이지 않아. 거미는 산소가 있어야 살 수 있거든. 그리고 거미는 대개 물을 별로 좋아하지 않지.

오직 물거미만 평생을 물속에서 보내. 물거미는 수생 식물에 붙을 수 있는 특수한 거미줄을 짜. 이 거미줄은 수면까지 이어져 있어. 물거미는 이 거미줄을 타고 올라가 수면에 엉덩이를 내놓고 공기 방울을 수집해. 그러고는 뒷다리 사이에 거품을 달고서 다시 물속에 들어가 거미줄에 붙이는 거야. 여러 개의 작은 공기 방울과 물거미가 들어가 살 수 있는 커다란 공기 방울이 거미줄에 매달려 있어. 소형 잠수함이나 다름없지.

이 거미줄은 매우 특별해. 마치 아가미처럼 작동해서 물 속에 녹아 있는 산소를 흡수하지. 그 덕에 너무 많이 에너지를 소비하는 날이 아니라면, 하루 동안은 물속에서만 지낼 수 있어.

물거미는 유럽과 아시아의 연못과 천천히 흐르는 물에 살아. 짝짓기, 번식, 그리고 먹이를 잡는 일까지 모두 공기 방울 잠수함 안에서 이루어져.

물거미

231 땅돼지의 집을 부수는 혹멧돼지

혹멧돼지를 아니? 〈라이언 킹〉에 나오는 품바가 바로 혹멧돼지야. 혹멧돼지는 썩 귀여워 보이지 않아. 돼지인 데다가, 머리에는 피부에 생기는 사마귀를 연상시키는 자잘한 반점들이 있어. 실제로 이 반점들은 짝짓기 경쟁을 하는 수컷끼리 충돌할 때 머리를 보호할 수 있는 두꺼운 피부 보호대야.

혹멧돼지는 등 아래로 흐르는 갈기 같은 털을 제외하고는 털이 많지 않아. 꼬리 끝에는 귀여운 짧은 털이 붙어 있어. 아프리카에 서식하는데, 주로 땅돼지의 집을 뺏어 살아. 불법 거주자라고 볼 수 있어. 집을 뺏으려 땅돼지와 싸우는 게 아니라, 주인이 집을 비울 때를 기다려 몰래 들어가.

혹멧돼지는 나무의 뿌리, 열매, 껍질, 덩이뿌리, 잔디와 다른 식물을 먹어. 이 모든 걸 구할 수 없을 때만 육식을 해. 스스로 사냥하지 않고, 다른 동물들이 먹다가 남긴 죽은 짐승이나 벌레를 찾아다녀.

혹멧돼지는 물 없이 몇 달 동안 살아갈 수 있어. 물을 발견하면 뛰어들어 몸을 식히지. 또한 진흙에 굴러 몸에 붙은 해충을 떼어 내. 때때로 할미새의 도움으로 곤충을 쫓아낼 때도 있어.

혹멧돼지

13

매우 작은 동물, 매우 큰 동물

232 냉동실에서 전자레인지까지

완보동물을 직접 눈으로 본 사람은 많지 않아. 왜냐하면 크기가 약 0.1~1.5밀리미터 정도거든. 하지만 어디든 있어. 6,000미터가 넘는 높은 산봉우리와 바다 아래 4,000미터에서도 볼 수 있지. 그리고 극지방의 빙하뿐만 아니라 끓는 물에서도 견딜 수 있어. 완보동물은 영하 272도에서 영상 150도까지의 외부 환경에서 버틸 수 있지.

2007년, 완보동물을 우주로 보내는 실험이 있었어. 완보동물은 추위와 우주 방사선을 견디고, 산소 없이도 살아남았지. 아마도 우주에서 생존할 수 있는 유일한 동물일 거야.

완보동물은 생존력이 매우 강하다고 볼 수 있어. 과학자들에 따르면, 완보동물은 거대한 소행성의 충돌, 초신성의 폭발, 감마선이 내리쬐는 환경에서도 견딜 수 있을 거라고 해. 태양이 사라지는 정도는 돼야 생명을 다하겠지. 지구상의 모든 생명체가 사라질 때도, 아마 완보동물이 가장 마지막까지 남는 생명체일 거야.

그 비결이 무엇일까? 완보동물은 환경 조건이 열악해지면 '가사 상태'에 빠져. 다리가 사라지고, 꼭 작은 가방 모양으로 줄어들지. 반대로 물 한 방울만 있으면 살아나고 사라졌던 다리도 다시 생겨나.

으르렁!

커다란 완보동물

233 매우 작은 물속의 사이클롭스

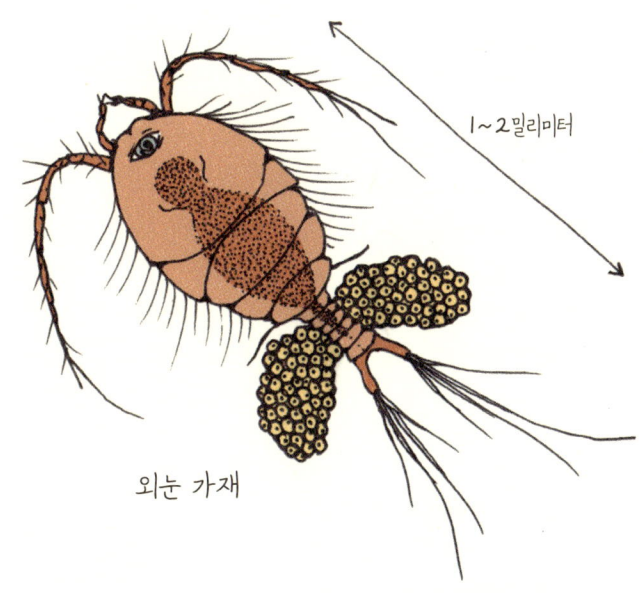

1~2밀리미터

외눈 가재

- 그리스 신화에서 눈이 하나뿐인 사나운 거인을 '사이클롭스'라고 불러. **요각류**는 1~2밀리미터 정도로 매우 작고 사이클롭스처럼 눈이 하나야. 그래서 **외눈가재**라고 불리기도 해.

- 요각류는 세계 여러 곳의 민물과 바닷물에 살아. 수중 동물이나 식물을 먹지. 때때로 물고기, 다모류, 그리고 연체동물의 기생충을 먹고 살기도 해.

- 만약 개체 수가 너무 많아지면, 요각류는 자신들이 낳은 알을 먹어서 개체 수를 통제해. 아니면 먹이가 부족할 테니 말이야.

- 요각류는 동물성 플랑크톤이라고 볼 수 있어. 보통 물에 떠다니며 물결을 타고 이동하지. 그래서 모든 종류의 물고기와 커다란 해양 포유류의 먹이가 돼. 수염고래와 대왕고래가 플랑크톤을 먹이로 삼지. 맨눈으로 간신히 볼 수 있는 작은 생물이 지구상의 가장 큰 동물을 먹여 살리는 거야.

- 요각류는 점프 실력이 엄청나. 끊임없이 떨리는 다리를 사용해, 자기 키의 500배 이상을 뛸 수 있어. 만약 네 키가 1.5미터라고 하면, 750미터 높이의 장애물을 뛰어넘는 거야. 크기가 1밀리미터에 불과하지만 대단한 점프 실력이지.

나 좀 태워다 줄 수 있을까?

234 생명체로 가득한 우리의 침대

네가 잠을 잘 때뿐만 아니라 침대에는 항상 **집먼지진드기**가 수백에서 수백만 마리가 살아. 크기가 0.25밀리미터 이하라서, 맨눈으로는 볼 수 없어. 다리가 8개 달린 집먼지진드기는 비듬을 먹고 살아. 네가 알아차리지 못하게, 최대 4만 마리의 집먼지진드기가 베개 안에서 도시를 이루며 살아가지.

다행히도 물지는 않지만 집먼지진드기의 배설물에 알레르기를 일으키는 사람들이 있어. 이때는 환기와 청소를 더 자주 해야 해.

집먼지진드기는 침대에서 식사를 할 뿐만 아니라 교미도 해. 교미 후, 약 25~30마리의 새끼를 낳고, 행복하게 가족을 번성시키지.

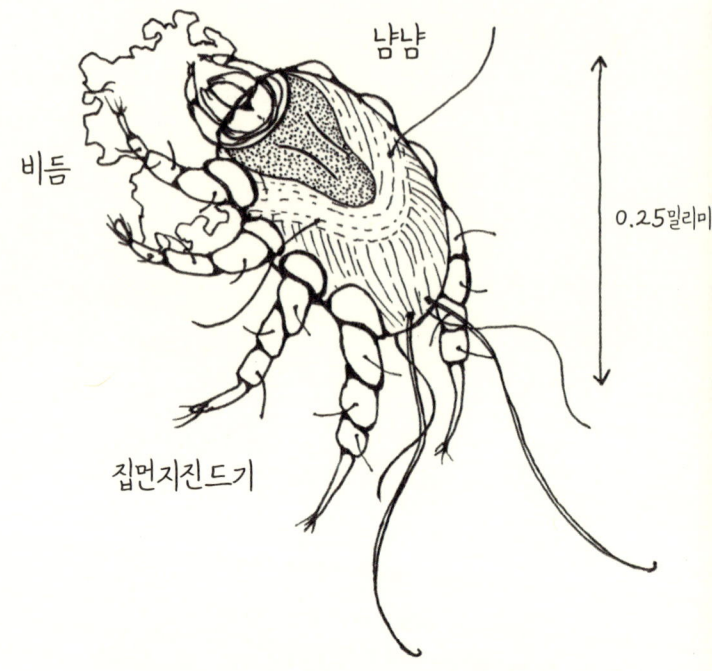

집먼지진드기는 짧은 생애 동안 알을 최대 100개까지 낳을 수 있어. 그리고 죽은 후에도 침대에 머물러 있지.

네 침대에서 그런 일이 벌어지는 건 싫다고? 집먼지진드기를 완전히 쫓아낼 수는 없어. 대신 개체 수를 일정하게 유지할 수는 있지.

매일 아침, 이불을 개고 환기를 시켜. 집먼지진드기는 신선한 공기와 밝은 빛에서 살아남지 못하거든. 애완동물을 방에 들이지 말고, 정기적으로 진공청소기로 청소를 해야 해. 또 환기가 잘 되도록 틈틈이 창문을 열어 놔.

그렇지만… 집먼지진드기가 네 침대를 항상 함께 쓴다는 것을 인정해야 해.

235 새끼손가락만큼 작은 새

카리브해의 쿠바에는 손가락보다도 작은 새가 살아. 길이는 약 5센티미터에 무게는 고작 3그램이지. 이 새가 낳는 알은 커피콩만큼 작아.

꿀벌벌새는 공식적으로 세계에서 가장 작은 새지만 과소평가하면 곤란해. 굉장히 빠른 속도로 날개를 펄럭일 수 있거든. 1초에 최대 200회야! 상상도 할 수 없이 빨라. 그래서 영어로는 허밍버드라고 불러. 날개를 펄럭이는 소리가 허밍, 즉 콧노래 소리와 비슷하거든.

꿀벌벌새는 이러한 특수 날개로 초당 최대 15미터를 비행할 수 있어. 속도는 시속 54킬로미터이지. 그리고 한 군데 가만히 떠 있거나 뒤로 날 수도 있어.

이렇게 날개를 펄럭이면 에너지 소모가 크기 때문에 먹이가 많이 필요해. 꿀벌벌새는 얇고 긴 부리를 꽃에 넣고 기다란 혀로 꿀을 핥아 먹어. 매일 수백 송이의 꽃을 찾아서 자신의 몸무게보다도 더 많은 양의 꿀을 섭취해. 모기를 사냥하기도 하지.

꿀벌벌새가 날갯짓에 지칠 거라 여길 수도 있지만 어느 순간에는 에너지를 절약하기 위해 잠을 자. 보통의 수면이 아니라, 에너지 소비를 극도로 줄이는 수면이야. 죽은 듯이 잠만 자지. 비가 너무 많이 내려 꽃을 찾아 날아갈 수 없을 때도, 깊은 잠을 자.

236 작지만은 않은 무갑류

무갑류의 영어 이름은 '소금물 새우(Brine shrimp)'야. 소금물에서 헤엄을 치기 때문에 그런 이름이 붙었지. 보통 소금 호수와 소금 추출 지역의 웅덩이에서 살아. 다른 물고기는 살 수 없는 곳이야. 덕분에 자연에 천적이 없지.

무갑류가 사는 서식지에 소금 농도가 감소하면, 다른 생물들도 살 수 있는 곳이 돼. 반대로 무갑류도 살아남기 힘들 정도로 소금 농도가 올라갈 때도 있어. 이때는 알이 부화하지 않고 잠을 자는 방식으로 생존하지.

보통 무갑류는 새끼를 낳는다고 알려져 있어. 번식망에 알을 보관하고 그 안에서 부화를 시키기 때문에 새끼를 낳는 것처럼 보이거든. 하지만 서식지의 염분 농도가 너무 올라가거나 추위에 얼어 버리면 알을 낳더라도 부화시키지는 않아. 무갑류의 알은 다른 해양 생물의 알보다 훨씬 작고 껍질이 두꺼워서 이런 환경도 견딜 수 있어. 환경이 개선되면 몇 시간 안에 알이 부화해. 이렇게 겨울잠을 자는 알들은 수십 년 동안이나 생존이 가능해.

우리는 말리거나 얼린 무갑류 알을 구할 수 있어. 집에 와서 큰 어항에 알을 넣고, 소금물을 넣어 봐. 몇 시간이 지나지 않아, 생명이 가득할 거야.

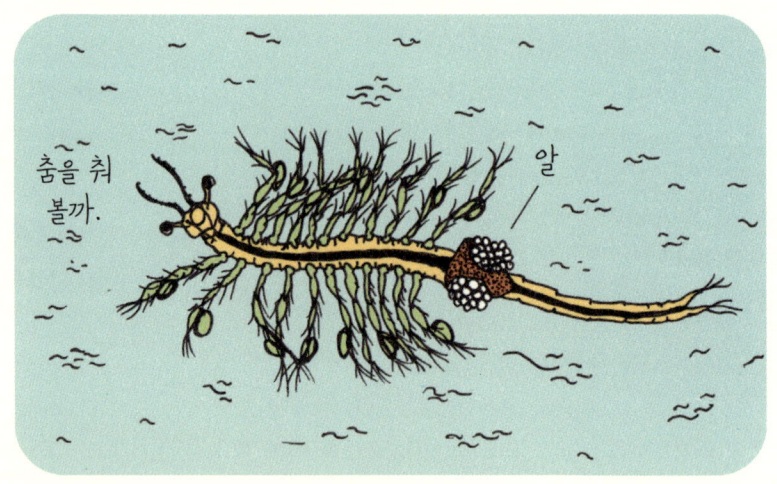

무갑류

237 세계에서 가장 작은 개구리

그건 바로 파푸아뉴기니에 사는 암갈색 개구리야. 주로 아침에 활발하게 활동하지. 수컷은 몇 분 동안 소리 높여 울며 암컷에게 자신의 위치를 알려. 이 울음소리는 주파수가 높아 인간들이 거의 듣지 못해.

이 개구리의 이름은 **페도프라이네 아마우엔시스**로, 꼬마 개구리를 의미하는 페도프라이네속에 포함돼. 지금까지 7종이 발견됐는데, 크기가 모두 7~11밀리미터 정도밖에 되지 않아. 그중에서도 가장 작은 종이 페도프라이네 아마우엔시스야.

이 작은 양서류는 열대우림 바닥의 촉촉한 잎 사이에 살아.

그건 작은 발가락으로 나무를 탈 수 없기 때문이기도 하지만, 뜨거운 태양빛으로부터 보호받을 수 있기 때문이야.

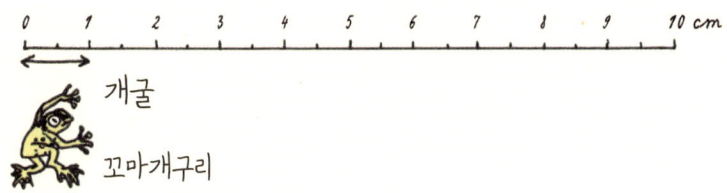

238 자신의 키보다 200배 높이까지 뛸 수 있는 벼룩

우리가 키의 200배 높이까지 점프할 수 있다면, 에펠탑을 넘을 수도 있을 거야. **벼룩**에게는 충분히 가능한 일이지. 그 비결은 바로 벼룩의 다리에 들어 있는 레실린이라는 단백질 때문이야. 레실린은 매우 탄력적인 물질이야. 100미터 높이에서 레실린 공을 떨어뜨리면 97미터까지 튀어 올라오지. 사람들은 이 '벼룩 단백질'을 합성해서 탄성이 높은 고무를 만들었어.

게다가 벼룩은 오랜 시간 동안 뛸 수도 있어. 멈추지 않고 3만 번을 위아래로 이동할 수 있지. 자, 일단 점프를 시키고 숫자를 세자. 얼마나 오래 가는지 볼까?

> **벼룩에 대한 재미난 사실**
>
> 과거에 사람들이 벼룩을 쫓으려고 애완견을 이용했다는 걸 알고 있어? 무릎에 애완견을 놓아 벼룩이 사람 대신 개를 물 수 있게 했지.

벼룩

간지러워하는 반려견

239 30센티미터밖에 되지 않는 코끼리의 먼 친척

- **검붉은코끼리땃쥐**는 고작 30센티미터 길이에 바닥부터 어깨까지 높이가 15센티미터야. 긴 꼬리와 둥근 귀 덕분에 길을 잃은 커다란 쥐처럼 생겼지. 배는 주황색, 등은 파란색과 검정색 털로 덮여 있어. 가장 귀여운 건 코야. 계속해서 잎 주변을 쿵쿵거리며 먹이를 찾아. 딱정벌레, 개미, 지렁이 및 기타 곤충을 좋아해. 검붉은코끼리땃쥐는 아프리카에서만 살아.

- 검붉은코끼리땃쥐는 코끼리이자 쥐라고 볼 수 있는 동물이야. 생물학적으로 검붉은코끼리땃쥐는 코끼리의 머나먼 사촌이나 조카라고 할 수 있대. 그리고 땃쥐로 분류되기도 하지.

- 안타깝게도 검붉은코끼리땃쥐의 개체 수는 점점 줄어들고 있어. 인간이 농작물을 재배하려고 더 많은 땅을 개간하면서 검붉은코끼리땃쥐가 살아갈 숲이 사라졌기 때문이야.

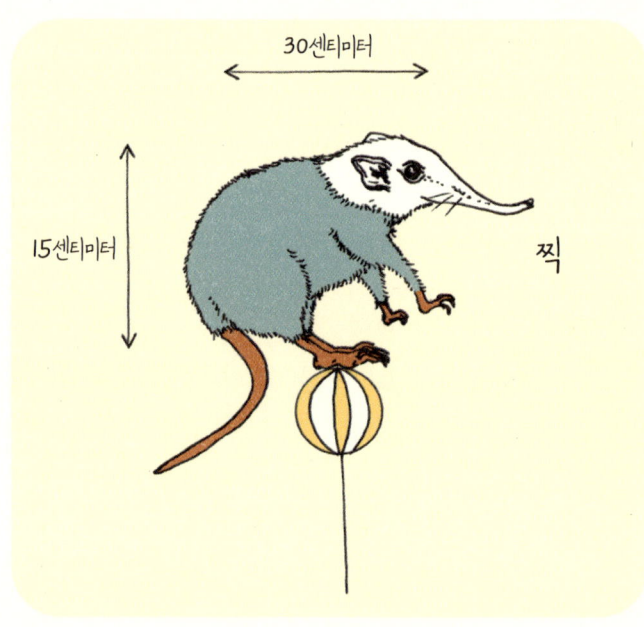

검붉은코끼리땃쥐의 서커스

240 팔뚝만큼이나 큰 쥐며느리

보통 쥐며느리라고 하면, 화분 아래에서 발견되는 회색의 작고 납작한 쥐며느리를 떠올릴 거야. 하지만 여기서 이야기하는 건 그보다 훨씬 크지. 바로 **거대쥐며느리**야. 평균 크기가 46센티미터이지만 70센티미터까지 자랄 수 있어. 평범한 화분 아래에 숨기에는 너무 크지.

거대쥐며느리는 곤충이 아니야. 대서양의 차가운 물에 사는 갑각류지. 프랑스의 동물학자 알폰스 밀 네드워드는 1879년에 처음 거대쥐며느리를 발견했어. 그 당시 사람들은 깊고 차가운 물속에서는 어떤 생물도 살아남을 수 없다고 믿었기에 정말 특별한 발견이었지.

거대쥐며느리는 바다 밑바닥에 살아. 색깔은 주로 갈색이지만, 밝은 자주색을 띠는 경우도 있어. 진흙 속에 묻혀서 눈에 띄지 않게 살아가. 그리고 바다 생물의 시체를 먹지. 해면동물이 천천히 헤엄치며 지나가는 걸 보면 갑자기 확 잡아먹기도 해.

거대쥐며느리는 식용이야. 아시아 음식점에서 요리해서 팔지. 가재나 게와 비슷한 맛이야. 하지만 어부들은 거대쥐며느리가 어망에 걸리는 걸 탐탁히 여기지 않아. 거대쥐며느리가 어망에 걸리면 화를 내며 난리를 쳐서 어망을 망가뜨리기 때문이야.

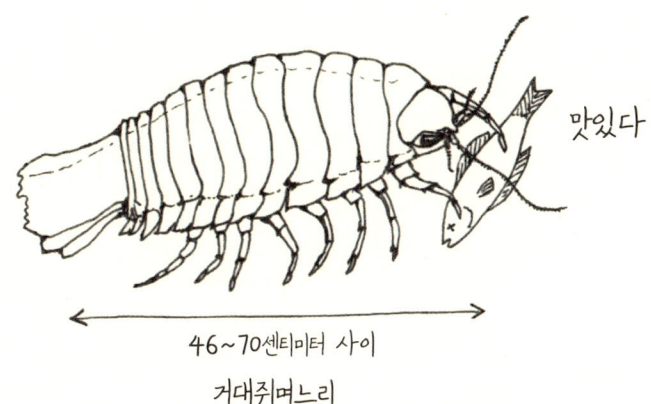

맛있다

46~70센티미터 사이

거대쥐며느리

241 엄마, 말을 갖고 싶어요!

초원에 사는 말이 아니라, 집 안에서 돌아다니는 말을 갖고 싶다고? **팔라벨라**라면 가능해. 지면에서 어깨까지의 길이가 약 86센티미터밖에 되지 않거든.

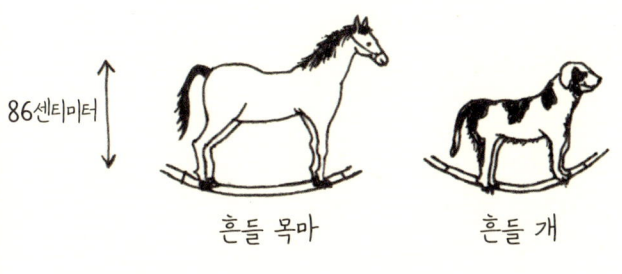

86센티미터

흔들 목마   흔들 개

이 말은 꼭 신화에 나오는 동물처럼 생겼지만, 그에 걸맞은 아름다운 이름은 얻지 못했어. 대신 아르헨티나의 팔라벨라 가문에게서 이름을 얻었지.

19세기 중반, 한 종마 업자가 야생마 무리 사이에서 뛰어다니는 작은 말을 발견하고, 사육하려 데려왔어.

얼마 뒤 이 종마 업자의 사위가 사업을 물려받았어. 사위의 이름은 팔라벨라로, 말에게 자신의 이름을 붙여 줬지. 팔라벨라와 그 가족들은 애완용으로 키울 수 있는 이 작은 말을 번식시켰어.

팔라벨라는 큰 말의 모든 특성을 지니고 있으면서도 단지 크기만 작아. 아름답고 우아한 머리, 길고 가느다란 목, 그리고 날씬한 몸매와 다리를 가졌지. 조랑말과는 완전히 다르게 생겼어. 또한 매우 지능적이고 뭐든 빨리 배워. 그래서 서커스 공연에서도 볼 수 있어.

팔라벨라를 키우고 싶어? 부모가 모두 팔라벨라인 순종의 경우, 그 가격은 540~1,300만 원까지 나가. 용돈은 많이 모아 놨겠지?

242 더위로 고생하는 북극곰

그보다는 지구 온난화 때문에 고생한다고 말하는 게 더 정확하지. 세계에서 가장 몸집이 큰 포식자인 **북극곰**은 북극의 유빙*에 살아. 그곳에서 물개를 사냥하지. 유빙은 온난화 때문에 놀랄 만큼 빠른 속도로 녹아내리고 있어. 물개들은 살아남으려면 다른 유빙을 찾아가야 해. 그런 이유로 북극곰의 사냥터에는 물개의 개체 수가 줄어들었고 먹이가 부족한 북극곰은 새끼를 더 적게 낳고 있어.

더 이상 유빙에서 물개를 사냥할 수 없기 때문에 북극곰들은 예전 같으면 여름에나 머무를 육지에서 더 오랫동안 시간을 보내게 됐어. 육지에서는 사냥감을 찾기가 비교적 쉽거든. 하지만 이곳에서는 사람들과 마주치게 돼. 북극곰이 피해야만 하는 인간 세상이지. 환경오염과 석유 시추도 북극곰을 위협하고 있기 때문에, 큰 변화가 없다면 수백 년 안에 북극곰은 멸종할 거야.

하지만 북극곰은 새로운 생활 환경에 잘 적응해. 연구에 따르면 큰곰이 북극곰의 자손이래. 북극에서 태어난 곰이 지구상에서 가장 크고 강력하고 무거운 곰으로 진화한 거야. 북극에 남아 있는 곰들은 눈에 띠지 않는 하얀 털로 덮여 있고, 발바닥에 털이 자라 얼음에서도 쉽게 걸을 수 있어.

북극곰은 추운 북극에서 강력한 사냥꾼으로 자라났어. 발달한 후각으로 멀리서도 물개의 냄새를 맡을 수 있지. 얼음 구멍에 앉아 물개가 숨을 쉬러 나올 때까지 기다렸다가 물개가 나오는 순간, 무자비하게 사냥하고 털과 가죽까지 먹어 치워. 또한 길을 잃은 흰고래, 고래, 그리고 해마의 시체를 좋아해. 몹시 배가 고프면 사향소, 순록 또는 설치류까지 잡아먹어. 북극곰은 4~7월에는 사냥을 하지 않고 그때껏 모아 둔 지방을 소비해. 수컷 북극곰은 계속해서 활동하지만 암컷은 겨울잠을 자.

*물위를 떠다니는 얼음덩어리.

이리 와, 이리 와.
바다가 아주 좋아.

범고래

243 범고래는 고래가 아니라 돌고래야

범고래를 고래로 오해하는 사람들도 있지. 하지만 범고래는 고래가 아니야. 가장 큰 돌고래지. 다 자란 범고래는 최대 9미터이고, 무게는 거의 5,500킬로그램까지 나가. 태어났을 때 이미 길이가 2.4미터, 무게는 181킬로그램에 이르지.

범고래는 육식 동물이야. 오징어, 게, 가재, 상어, 그리고 가오리를 사냥하지. 또한 물개, 물범, 바다새, 펭귄, 바다거북, 심지어 아기 고래도 먹이로 삼아. 일부 학자들에 따르면 말코손바닥사슴이나 북극곰도 먹어 치운대.

범고래는 상어를 사냥할 때, 물리거나 찔리지 않게 튼튼한 턱으로 먹잇감을 물어 꼼짝 못 하게 한 후 질식시키지.

물범, 펭귄 또는 물개에게는 다른 사냥 방법을 써. 사냥감들이 빙판 위에 있는 걸 보면, 꼬리를 쳐서 빙판 위로 큰 파도를 만들지. 그리고 물결에 휩쓸려 빙판에서 바다로 떨어지는 사냥감들을 붙잡아. 간혹 범고래는 파도를 타고 해변으로 올라와 새나 다른 동물을 덮치기도 해.

옮겨 다니며 사는 범고래도 있고, 항상 같은 곳에 사는 범고래도 있어. 한 군데에서 서식하는 범고래는 물고기를 주식으로 삼지. 하지만 유랑하는 범고래는 해양 포유류를 선호해.

244 꿀벌을 무서워하는 코끼리

코끼리가 생쥐를 두려워한다는 이야기 들어 봤니? 그건 다 오해야! 코끼리가 생쥐에게 놀라는 이유는, 이 작은 동물이 코끼리의 커다란 다리 아래를 걸어가다가 코에 걸릴 때까지 코끼리가 전혀 눈치를 채지 못하기 때문이야. 무서워서가 아니라.

코끼리가 정말 두려워하는 건 꿀벌이지. 배, 귀, 눈 그리고 코 안쪽을 쏘이면 정말 아프거든.

생물학자들은 코끼리가 꿀벌을 피하는 모습을 처음 발견했을 때, 좋은 생각이 떠올랐어. 코끼리가 들판의 농작물을 짓밟거나 다 뜯어먹는 일이 잦았거든. 또한 농사짓는 사람들에게 위험하기도 하고. 그래서 코끼리 보호 재단은 2008년, 들판과 초원에 울타리를 만들고 꿀벌집을 붙여 놓았어. 그 후 코끼리가 사는 12개 국가에서 같은 방법을 쓰고 있지. 코끼리들은 꿀벌이 윙윙대는 울타리를 좋아하지 않아서 거기서 멀리 떨어졌어. 덕분에 농부들은 안전하게 작물을 재배할 수 있지. 또한 이 벌집에서 꿀을 채취해 부수입을 올릴 수도 있고 말이야.

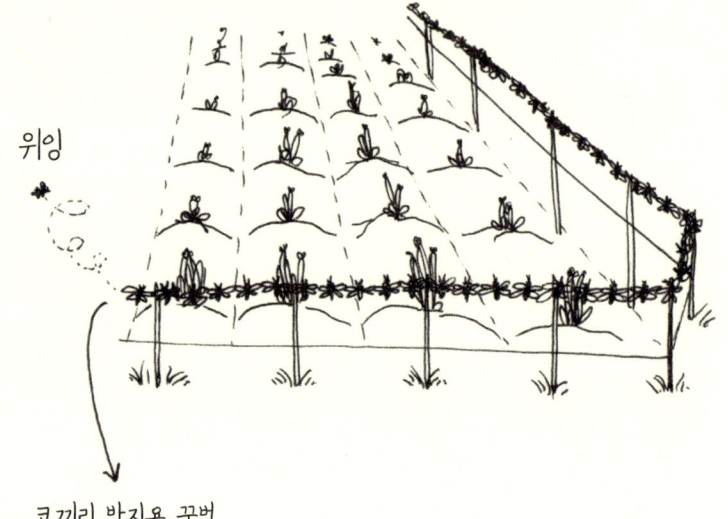

위잉

코끼리 방지용 꿀벌

245 인상적인 조류에 관한 인상적인 사실

- **타조**는 키가 2.7미터에 무게는 145킬로그램이야. 지구에서 가장 큰 새지. 거대한 다리를 사용해 인간이나 사자에게 치명타를 날릴 수도 있어.

- 타조의 다리는 빠르게 달릴 수 있게 설계됐어. 발가락이 3~4개인 다른 새들과 달리, 타조는 발가락이 2개뿐이야. 그리고 가장 큰 안쪽 발가락에는 발굽과 유사한 발톱이 있어. 타조는 최대 시속 70킬로미터로 달릴 수 있어. 두 다리를 가진 생물 가운데 가장 빨리 달릴 수 있지. 한 걸음에 5미터 이상을 뛰어!

- 타조 눈은 육지에 사는 모든 동물의 눈 중에서 가장 커. 눈알의 직경은 5센티미터이지. 큰 눈으로 아프리카 평원에서 멀리 떨어져 있는 천적을 볼 수 있어.

- 타조는 항상 약 1킬로그램의 돌을 몸 속에 지고 다녀. 왜냐고? 타조는 식물의 뿌리, 씨앗, 잎뿐만

걷는 타조: 최대 시속 70킬로미터

아니라 도마뱀, 뱀, 작은 설치류를 먹는 잡식 동물이야. 이 모든 먹이를 모래와 돌과 함께 삼켜. 그러면 음식물이 위에서 모두 분쇄되거든. 보통은 먹이에서 수분을 얻지만, 혹시 물가에 가게 되면 따로 수분을 섭취하는 경우도 있어.

246 거대한 장수풍뎅이, 헤라클레스

신화 속 헤라클레스는 강인한 영웅이야. 이 이름을 딴 장수풍뎅이가 있다는 걸 알고 있니? **헤라클레스장수풍뎅이**는 최대 15센티미터까지 자라. 성인의 손과 거의 같은 크기지. 몸길이의 3분의 1은 머리에 난 거대한 뿔이 차지해.

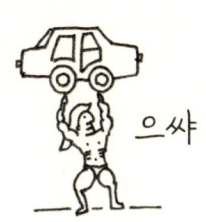

이름처럼 헤라클레스장수풍뎅이는 체중의 850배까지 들어 올릴 수 있어! 인간이 작은 차를 들어올리는 것과 같아!

헤라클레스장수풍뎅이는 중남미 열대우림의 썩은 나무 안에서 살아.

뿔을 가진 건 수컷뿐이야. 짝짓기 기간 동안 다른 수컷들과 뿔로 전투를 벌여. 큰 뿔의 갈고리로 상대를 걸어 잡고 던지는데, 대개 뿔이 더 큰 수컷이 이기지. 이긴 수컷만 짝짓기를 할 수 있어.

헤라클레스장수풍뎅이 암컷은 한 번에 알을 최대 100개씩 낳아. 알이 부화해 애벌레가 태어나고, 번데기가 되고, 결국 어른벌레로 성장하지. 이때 애벌레 상태로 1년 동안 머무는데, 땅속에 깊은 터널을 파고 썩은 나무에서 먹이를 찾아. 애벌레일 때는 스컹크나 너구리가 가장 좋아하는 먹잇감 신세지. 어른벌레로 자라서는 오래 살지 못해. 알에서 어른벌레가 되고 죽을 때까지 수명은 고작 11~16개월 정도지. 힘은 세지만 오래 살 수 없다니, 안타까워.

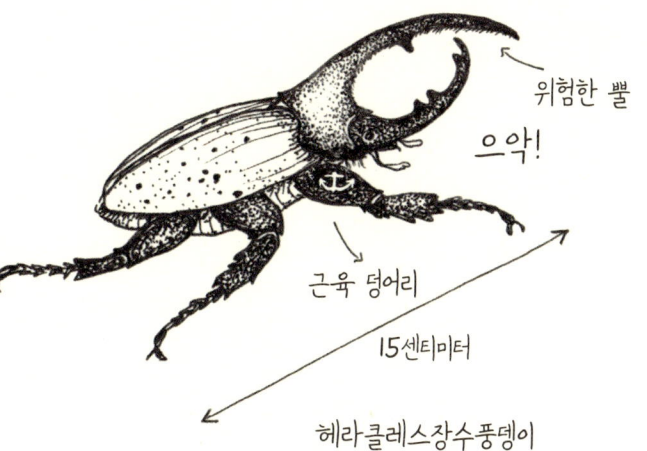

혹등고래

247 여행하는 고래

대부분의 **혹등고래**는 여행을 즐겨. 보통 먹이를 찾기 위해 2만 5,000킬로미터를 이동해. 봄, 여름, 그리고 가을에 극지방에서 볼 수 있어. 겨울에는 적도 쪽으로 옮기지. 그곳의 물은 더 따뜻하고 먹이도 많으니 번식에 도움이 되거든.

혹등고래는 약 10마리씩 무리를 지어 이동해. 몇 시간이 지나 서로 잘 알게 되면 일부가 무리에서 빠져나가고 다른 혹등고래가 들어와. 오직 엄마 혹등고래와 새끼만이 계속해서 함께 여행해.

혹등고래의 먹이는 크릴새우, 플랑크톤, 조개 및 어류야. 때때로 헤엄치는 물고기 떼를 입 안에 넣고, 갈비뼈로 물을 걸러내. 또는 먹이 아래로 다이빙해 내려가 공기 방울을 만들어 내지. 먹이의 주변을 돌면서 말이야. 그러면 커다란 공기 구름이 생겨서 그 안에 갇힌 먹이를 한입에 삼킬 수 있어.

과학자들은 혹등고래의 개체 수가 6만 마리 정도라고 알고 있어. 최근 몇 년 동안 그 수가 증가하고 있지만, 보통 2~4년에 한 번씩 번식하기 때문에 개체 수가 늘어나려면 긴 시간이 걸려.

248 아시아코끼리의 아주 오랜 삼촌인 매머드

- **머매드**는 이름만 들어도 커다란 동물 같지? 물론 큰 동물이지만 오늘날 우리가 알고 있는 코끼리보다 크지 않아. 매머드는 높이가 약 4미터이고 무게는 약 5.4톤이야. 아시아코끼리와 가장 가까운 생물이지. 매머드의 두개골은 좁고 귀는 작으며 꼬리는 약간 짧아. 당시의 추운 환경에서 자신을 보호하기 위해 따뜻한 털가죽이 발달했어. 털의 길이가 3미터까지 자라기도 했지.

- 매머드의 엄니는 코끼리의 엄니와 매우 달라. 전투를 위한 두 개의 커다란 무기와도 같지. 평소에는 눈을 치우고 먹이 주변의 얼음을 깨는 데 사용했을 거야.

- 매머드의 입안에는 큰 이빨이 네 개 있었어. 윗니 두 개와 아랫니 두 개야. 매머드는 이빨을 약 6번 갈아. 마지막 이빨이 닳아서 더 이상 먹이를 씹을 수 없게 되면, 굶어 죽어. 매머드의 수명은 60~80년이야.

- 매머드의 가장 큰 적은 스밀로돈과 인간이었어. 우리 조상들은 고기, 가죽, 그리고 뼈를 얻기 위해 매머드를 사냥했어. 우리가 이 아름다운 거인들의 멸종에 영향을 미쳤을 거야.

매머드가 털이 없다면 아시아코끼리와 비슷할 거야.

249 평생을 비행하는 나그네알바트로스

나그네알바트로스의 날개는 거대해. 날개폭이 최대 3.5미터에 이르지. 나그네알바트로스는 육지에 착륙하지 않고 큰 날개로 날며 몇 달 동안 바다 위를 떠다닐 수 있어. 바람이 불지 않는 날씨에는 물 위에 떠서 다시 이륙할 시기를 기다려. 기류를 이용하기 때문에 활공 중에는 거의 에너지를 사용하지 않지.

나그네알바트로스는 짝짓기할 만큼 나이를 먹었을 때만 육지에 올라와. 그리고 사랑에 빠진 한 쌍이 평생에 걸쳐 2년에 한 번씩 돌아올 보금자리를 찾아. 보금자리에 알 1개를 낳고 암컷과 수컷이 번갈아 가며 품어.

75~83일이 지나면 알이 부화해. 그로부터 7~9년 동안 새끼 나그네알바트로스는 돌봄을 받아야 해. 양육하는 동안 부모 중 한쪽이 죽으면 먹이가 모자라서 새끼도 살아남지 못할 거야.

나그네알바트로스 부부는 평생, 그러니까 50년 이상을 함께 살아. 배우자가 죽어도 보통은 다른 상대를 찾지 않지.

3.5미터

나그네알바트로스

하하하

하마

250 피부가 민감한 하마

- **하마**의 무게는 수컷이 3,000킬로그램이 넘고 암컷은 1,500킬로그램 정도 나가. 피부가 매우 민감해서 하루 종일 물에 들어가 있으면서 피부에 과한 열이 오르지 않게 조심해. 하마의 피부에는 특수한 땀샘이 있는데, 여기서 분비되는 건 땀이 아니라 자외선 차단과 소독을 동시에 하는 분비물이야. 하마는 소등쪼기새와 황로가 등 위에 앉아 이를 잡아 주는 것도 좋아하지.

- 밤이 되면 물 밖으로 나와 풀을 뜯어. 기본적으로 하루에 풀 50킬로그램을 먹지. 때로 동물의 사체도 먹어. 하마는 송곳니가 튼튼해. 최대 70센티미터까지 자라는 이 송곳니 하나의 무게가 3킬로그램이야. 짝짓기 기간에는 다른 수컷과 싸울 때 무기로 사용해.

- 어른 하마는 사실 수영을 못해. 그저 얕은 물 바닥에 서 있지. 대신 숨을 참는 데는 선수야. 귀와 콧구멍을 닫은 채 5분 이상 물속에서 버틸 수 있어.

- 과학자들은 하마가 마른 땅에 배설할 때 꼬리를 흔드는 이유가 무엇인지 아직 알아내지 못했어. 꼬리를 흔들면 배설물이 사방으로 흩어져. 영역을 표시하기 위해서일까? 짝짓기 상대를 유혹하려는 걸까? 아니면 수풀 속에서 집으로 돌아가는 길을 표시하려는 걸까? 혹은 엉덩이 주변의 벌레들을 쫓으려 꼬리를 흔드는 것일 수도 있어. 피부가 워낙 민감해서 모기에 물리면 상처가 날 테니 말이야.

무거운 코뿔소

251 코뿔소는 혼자서도 잘 지내

코뿔소는 지구상에서 가장 큰 육상 동물 중 하나야. 흰코뿔소는 1.8미터까지 자라고, 무게는 2,500 킬로그램이지. 성인 남성 30명을 합친 무게야.

지구상에는 흰코뿔소, 검은코뿔소, 수마트라코뿔소, 자바코뿔소, 인도코뿔소까지 모두 5종의 코뿔소가 살아. 자바코뿔소와 인도코뿔소는 뿔이 하나이고, 나머지는 뿔이 두 개야.

코뿔소의 뿔은 인간의 머리카락과 손톱을 구성하는 물질과 동일한 '케라틴'으로 만들어졌어. 뿔의 안쪽에는 강도를 높이고 칼슘과 태양으로부터 뿔을 보호할 수 있는 멜라닌이 함유돼 있지. 검은코뿔소의 앞 뿔은 최대 1.3미터까지 자랄 수 있어. 뒤 뿔 역시 50센티미터까지는 자라. 코뿔소는 뿔을 잃어도, 뿔이 다시 자라나.

코뿔소는 무리 짓기를 좋아하지 않아. 혼자 다니는 걸 선호해. 수컷 코뿔소는 지독한 냄새가 나는 배설물로 영역을 표시해서 침입자를 물리쳐. 이들이 가장 좋아하는 동물은 소등쪼기새야. 코뿔소의 등에 앉아서 성가신 곤충들을 잡아먹지. 또한 위험이 다가오면 큰 소리로 울어서 경고해 줘. 코뿔소는 날씨가 너무 덥거나, 곤충들이 들러붙으면, 진흙탕에서 구르기도 해. 그러면 몸이 시원해질 뿐만 아니라 곤충들도 쫓을 수 있거든.

코뿔소는 덩치가 크지만 잘 놀라. 한번 놀라면, 놀라게 한 상대에게 미친 듯이 달려들어. 그러니 코뿔소를 놀라게 하지 않도록 한 발짝 물러나는 게 좋을 거야.

252 심해 바닥의 친절한 거인

인도양과 태평양에 서식하는 산호들 사이에는 최대 1.5미터 크기의 거대한 조개가 있어. 무게가 200킬로그램 이상 나가는 **대왕조개**야. 네덜란드에서는 '침례조개'라고도 하는데, 과거 침례교회의 의식에서 물을 담는 그릇으로 사용했기 때문에 그런 별명이 붙었어.

대왕조개는 다이버의 팔이나 다리를 물고 놓지 않는다는 말이 있지만, 그건 오해야. 대왕조개는 인간에게 해를 입히지 않아. 대왕조개는 껍질 반쪽을 열고 플랑크톤과 둥둥 떠다니는 먹이들을 먹어. 대왕조개의 속살은 해조류로 덮여 있어. 그래서 낮시간에는 껍질을 열고 속살을 최대한 늘려서 해조류가 햇빛을 충분히 받을 수 있게 도와줘. 결과적으로 해조류가 자라고 번식할 수 있지. 해조류도 대왕조개의 먹이야.

대왕조개는 아주 작은 눈이 많이 있어. 이 눈으로 그림자가 어른대는 것을 감지할 수 있지. 주변 환경에 변화가 생기면, 바로 껍질을 닫아.

과학자들은 조개가 산호에게 반드시 필요한 존재라는 걸 알아냈어. 조개는 물을 걸러내고 게나 가재 같은 생물을 끌어들이거든. 그러면 산호초에게 먹이를 제공할 수도 있고, 일부 물고기는 그 사이에 알을 낳기도 해. 새로 태어난 물고기들에게 조개껍질은 재미난 보육원이기도 하지.

대왕조개는 지난 6,500만 년 동안 바다에서 살았지만, 이제는 생존을 위협받고 있어. 지구 온난화는 대왕조개에게 좋지 않은 영향을 미치지. 다이버들이 대왕조개를 잡기도 해. 결과적으로 산호는 중요한 먹이 자원을 잃는 거야. 대왕조개를 건져 올리려고 껍질을 느슨하게 잡아당기는 것만으로도 산호는 돌이킬 수 없는 상처를 입어. 대왕조개가 사라지면 산호뿐만 아니라 바다생태계 전체가 위험해지므로 절대 해서는 안 될 일이야.

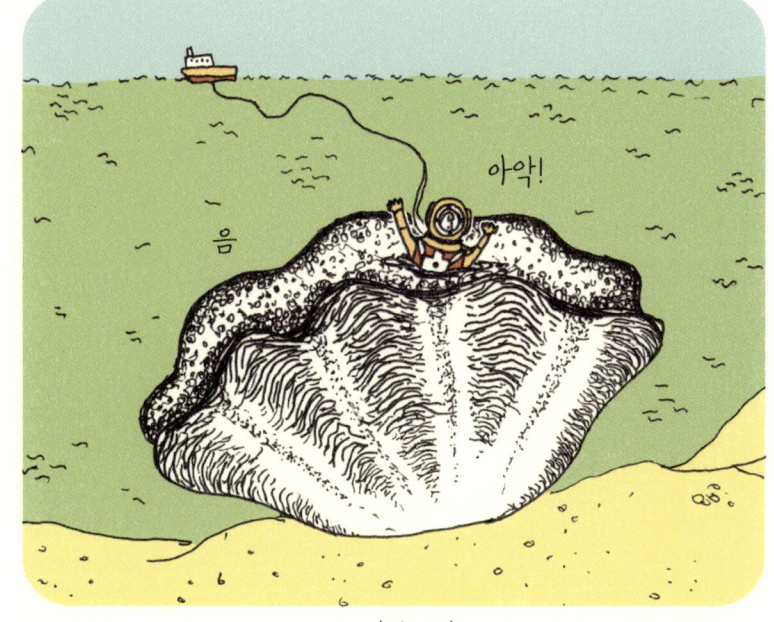

대왕조개

253 포유류 가운데 가장 적게 자는 코끼리

12살짜리 아이는 바쁜 하루를 보내고 나면 약 10시간 동안 자야 해. 수면 중에 뇌가 쉬기 때문에, 다음 날 새로운 하루를 보낼 수 있지. 또한 뇌의 독소가 제거되고 기억력이 좋아져. 잠을 자지 않으면, 죽는 거야.

잠이 거의 필요 없는 동물이 있어. 예컨대 **코끼리** 말이야. 과학자들은 코끼리의 활동을 측정하기 위해 코끼리에게 특별한 '활동 시계'를 이식했어. 그리고 어른 코끼리가 하루에 두 시간만 자면 된다는 점을 알아냈지. 믿거나 말거나, 심지어 그 두 시간을 한 번에 자지 않고, 짧은 낮잠으로 나누어서 자. 예를 들어 사자나 밀렵꾼에게 공격당할 수 있는 밤에는 전혀 잠을 자지 않아. 그리고 보통 똑바로 서서 매우 가벼운 잠에 빠져 있지. 작은 소음에도 잠에서 깨어날 수 있어. 대체 어떻게 2시간으로 충분한 건지, 아직도 그 이유를 알지 못해. 아마도 오랜 시간에 걸쳐 적응한 결과겠지.

반면에 잠을 많이 자는 동물도 있어. 바로 **작은갈색박쥐**야. 하루에 적어도 20시간은 자.

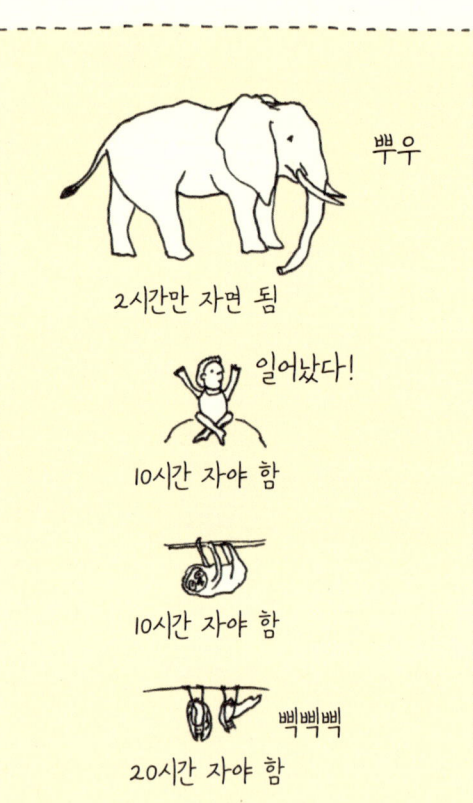

사향소

254 코트 두 벌을 겹쳐 입는 사향소

때로 캐나다 북부, 그린란드 및 알래스카의 광대한 툰드라에서 거대한 동물이 목격되지. 긴 털가죽 코트를 입고 어깨가 넓은 체격이야. 아마 신화 속 설인 예티를 상상할 테지만, 내가 이야기하는 동물은 예티가 아니야. 그 거인은 **사향소**야! 사향소는 1.5미터까지 자라며 무게는 400킬로그램이야. 영하의 온도에서 체온을 유지하는 환상적인 털가죽 코트를 입지. 이 털가죽 코트는 땅에 끌릴 정도로 긴 털로 뒤덮여 있는데, 털은 1미터까지도 자라. 코트 안에는 사향소를 더 따뜻하게 지켜 주는 특수 방열 코트가 하나 더 있지. 봄에는 속 코트를 벗고, 털가죽 코트만 입고 있어. 사향소는 전형적인 무리 동물이야. 암컷 우두머리가 이끄는 무리에서 20~30마리가 모여 살지. 여름이 오면 짝짓기를 요구하는 수컷들이 사향을 뿜어 내. 그 향 덕분에 사향소라는 이름이 붙었어. 짝짓기 기간 동안, 수컷은 매우 공격적이야. 한 수컷이 다른 수컷에게 결투를 신청하면, 둘은 서로 달려들어 박치기를 하거든. 정말 무서운 모습이야. 마치 사자처럼 포효하며 싸워. 패배자들은 무리에서 쫓겨나 툰드라를 외롭게 헤매야 해.

255 유행에 따라 순위가 바뀌는 혹등고래의 노래

혹등고래는 아름다운 노래를 불러. 너무 아름다운 나머지 사람들은 이 노래를 마음을 가라앉히는 데 사용하지. 그런데 이 노래도 유행을 탄다는 걸 알고 있니?

연구원들은 1960년대에 처음으로 혹등고래의 노래를 녹음했어. 그리고 특정 무리의 혹등고래가 같은 노래를 부른다는 점을 발견했지. 때로 다른 음이 섞여 있었지만, 그때는 같은 노래였어.

호주 혹등고래는 과학자들이 '분홍 노래'라고 일컫는 노래를 불렀어. 어느 날 전에 본 적 없는 혹등고래 무리가 찾아와 '분홍 노래'를 불렀지. 그리고 다른 노래도 불렀어. 두 번째 노래에는 '검은 노래'라는 이름이 붙여졌지. 그리고 얼마 지나지 않아, '분홍 노래'가 아닌 '검은 노래'만 울려 퍼졌어.

과학자들은 아직도 혹등고래가 다른 노래를 부르는 이유를 찾지 못했어. 유행이 바뀐 걸까?

혹등고래

256 팬케이크 120개를 구울 수 있는 계란

세상에서 가장 작은 알은 완두콩보다 작으며 크기가 6밀리미터도 안 돼. 바로 쿠바의 **꿀벌벌새** 알이야. 어미 새는 길이가 5~6센티미터에 불과하고, 무게는 3그램 정도야. 수컷보다 암컷이 무겁지.

코끼리새의 알은 세상에서 가장 커. 불행히도 아주 오래전 멸종됐지만, 아직까지 알은 발견되고 있어. 때로는 그 안에서 배아도 볼 수 있지. 코끼리새는 길이가 34센티미터, 둘레 24센티미터인 알을 낳았어. 알이 축구공보다 커! 이 알로 오믈렛 100접시를 만들 수 있을 거야.

현존하는 동물의 알 가운데 가장 큰 알은 **북아프리카타조** 알이야. 직경은 15센티미터, 길이는 20센티미터이지. 대략 달걀 24~28개와 같은 크기야. 요리하려면 한 시간이 걸릴걸? 알 한 개로 팬케이크 120개, 또는 큰 케이크 6개를 구울 수 있어.

재미있게도 타조알의 크기에 비하면 타조는 작은 편이야. 체중과 신장에 비해 타조는 아주 작은 알을 낳지. 이와 달리 뉴질랜드의 **키위**는 닭과 크기가 비슷한데, 알은 타조알만 해. 그 무게가 500그램이야. 과학자들은 키위가 한때 지금보다 몸집이 컸을 거라고 믿어. 환경에 적응하기 위해 수백 년을 거치며 작아졌지만, 알은 같은 크기를 유지하고 있는 거지. 키위 부인이 그 알을 낳기 위해 했을 고생은… 생각도 하지 말자.

큰 알을 낳는 키위

257 우리 집 거실보다도 큰 게

거미나 개를 무서워하는 사람들에게 **키다리게**는 악몽이나 다름없어. 거미 같아 보이는 이 게는 양쪽 집게의 폭이 5.5미터를 넘기도 해. 몸은 둥근 삼각형 모양이며 지름은 평균 30센티미터야. 그리고 몸통에 거대한 다리가 붙어 있지. 바닷속 키다리게는 조용히 먹이를 기다리는 거대한 거미 같아.

하지만 인간에게 해를 끼치지는 않아. 주로 일본 해안에 살고 대만에서도 볼 수 있지. 키다리게는 아주 맛있는 요리 재료로 쓰이고, 껍질은 장식으로 사용되고는 해. 일본식 이름인 '타카시 가니로'는 '다리가 긴 게'라는 뜻이야.

키다리게는 다리에 흰 반점이 있고 몸은 주황색을 띠어. 몸에 가시와 혹이 나 있지. 물속에서는 눈에 띄지 않도록 해면동물을 뒤집어쓰고 있을 때가 많아. 죽은 물고기와 조개류를 먹으며 매우 느리게 움직여. 키다리게의 수명은 100년이야.

키다리게가 많이 모여 있는 모습은 굉장해. 서로를 올라타고 층층이 쌓여 있지. 보통 껍질을 벗는 시기에 이렇게 무리 지어 있어. 왜냐면 껍질을 벗을 때는 몸이 매우 약해져서 조심해야 하거든. 이때는 키다리게 무리 위에서 수영하지 않도록 조심하는 게 좋을 거야.

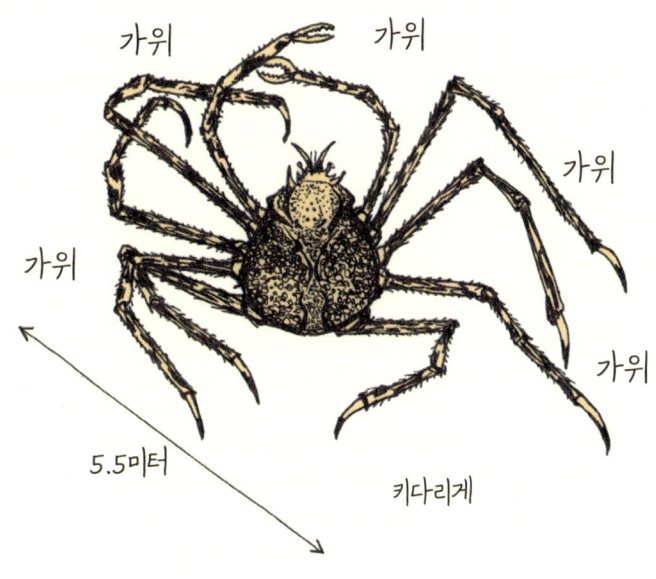

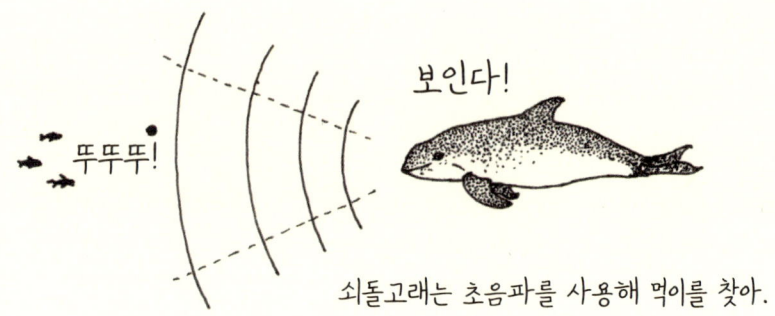

쇠돌고래는 초음파를 사용해 먹이를 찾아.

258 쇠돌고래의 진실

네덜란드에서는 **쇠돌고래**를 '갈색 물고기'라고 불렀어. 쇠돌고래가 해양 포유류라는 걸 몰랐던 옛 네덜란드인들은 그저 '물고기'라고 불렀고, 어두운색은 모두 '갈색'으로 통칭했기에 어두운 회색빛이 나는 쇠돌고래를 '갈색 물고기'라고 부른 거야. 중세 사람들은 정기적으로 쇠돌고래 고기를 먹으며 '바다돼지'라고 불렀지. 하지만 알다시피, 쇠돌고래와 돼지는 아무 관련이 없어.

쇠돌고래는 보통 고래나 돌고래처럼 물 밖으로 뛰어오르지 않아. 오히려 침착하지. 숨을 쉬기 위해 등과 등지느러미의 일부가 물 밖으로 나올 때만 그곳에 있다는 걸 알 수 있어.

쇠돌고래는 북해처럼 차가운 바다를 좋아해. 한때는 해양 오염으로 멸종 위기에 처했지만, 이제는 괜찮아. 개체 수도 늘어나고 있지. 지금은 약 25만 마리가 북해를 헤엄치고 있어.

쇠돌고래의 식사 메뉴에는 심해 바닥에 사는 작은 물고기가 늘 있어. 간혹 어린 청어나 작은 넙치를 먹을 때도 있어. 일종의 초음파를 사용해 사냥하지.

쇠돌고래의 임신 기간은 약 11개월이야. 갓 태어난 쇠돌고래는 첫 몇 달 동안 젖을 먹지만 얼마 지나지 않아 엄마 쇠돌고래에게 사냥하는 법을 배워. 엄마 쇠돌고래가 살아 있는 물고기를 잡아 와서 새끼 앞에 놓아 주면 새끼 쇠돌고래가 사냥 연습을 하지.

14

동물들이 방어하는 방법

259 위장술을 쓰는 동물들

- 남미 열대 우림에 사는 어떤 새는 갓 태어났을 때부터 위장술을 써. 끄트머리에 하얀 점이 박힌 밝은 주황색 깃털이 자라나는데 그 때문에 독이 있는 플란넬 나방의 애벌레처럼 보이거든. 다 자라서 자기 몸을 보호할 수 있게 되면 깃털 색은 회색과 검정색으로 바뀌어.

- 이것은 아주 영리한 위장술이야. 독을 가진 애벌레와 겉모습이 비슷하니 포식자를 막아 낼 수 있지. 심지어는 애벌레인 척 행동하기까지 한다니까. **타이티라새**의 새끼들은 위협을 받으면 머리를 앞뒤로 흔들어. 천천히 나뭇가지를 기어 다니는 애벌레 흉내를 내는 거야.

- 연구에 따르면 이게 바로 '베이츠 의태'야. 무해하고 유약한 생물이 독이 있거나 먹을 수 없는 종인 척하는 거지. 그러면 포식 동물들은 이들을 건드리지 않고 넘어가.

공격 의태

저는 애벌레예요!

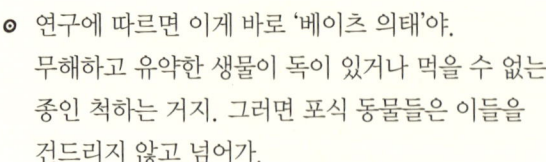

베이츠 의태

- '공격 의태'는 포식자가 자신의 먹이를 흉내 내서 더 쉽게 사냥하는 걸 말해. **초롱아귀**는 작은 불빛을 내는 촉수로 먹이를 유혹하지. 그리고 다가오는 작은 물고기를 한입에 삼켜.

- '뮐러 의태'는 유해하거나 독이 있어서 먹을 수 없는 동물들에게서 볼 수 있어. 이들은 이미 독이 있는데도 불구하고, 먹을 수 없는 또 다른 종인 척 위장해. 그래서 혹시 경험이 없거나 어린 포식 동물이 자기를 먹어 치우지 않게 하지.

260 흉내 천재들

문어는 기억력이 좋고 지능이 높아. 과학자들은 항상 문어의 능력에 놀라지.

흉내문어를 예로 들어 보자. 흉내문어는 동남아시아의 따뜻한 물에 사는 약 60센티미터 크기의 작은 문어야. 이름처럼 흉내를 잘 내지. 뱀장어, 해파리, 넙치, 불가사리, 또는 뱀을 흉내낼 수 있어. 실제로 모양과 색깔뿐만 아니라 행동까지 따라 해. 그건 문어를 잡아먹는 생물들을 속이기 위해서야. 만약 포식자가 뱀을 좋아하지 않는다면 몸의 일부를 숨기고 다리를 흔들어 뱀 흉내를 내. 넙치를 좋아하지 않는 포식자라면 다리를 몸에 딱 붙이고 넙치처럼 바닥에 붙어 천천히 움직이겠지. 문어는 사냥꾼에 대한 정보를 기억하고 변장술을 다듬어.

흉내문어는 1998년에야 발견된 새로운 종이야. 얼마나 변장 기술이 좋은지 알겠지?

흉내문어는 굴을 팔 수도 있어. 적에게 쫓기면 굴을 파고 도망가지.

흉내문어의 먹이는 벌레, 게, 그리고 작은 물고기야. 자신과 같은 흉내문어를 먹기도 하지. 바다의 식인종이야! 이상한 점은 먹이가 충분하기 때문에 다른 흉내문어를 먹을 필요가 없는데도 영역을 지키기 위해서 동족을 먹는다는 거지. 아니면 상대 문어가 변장을 너무 잘해서, 같은 종인지 모르고 먹는 걸까?

흉내문어의 모방

뱀처럼

넙치처럼

불가사리처럼

261 개미다! 아닌가?

많은 곤충들이 얼마나 똑똑하게 변장하는지 여러 이야기를 읽었을 거야. 곤충들은 새의 배설물인 척하거나, 새끼 새를 모방하지.

개미흉내뿔매미는 등에 개미를 싣고 다니는 곤충이야. 물론 진짜 개미는 아니고, 털이 자라는 가시와 둥근 혹이야. 마치 거대한 개미처럼 보이지. 개미흉내뿔매미를 자세히 보면 눈이 개미의 배 끝에 붙어 있는 걸 볼 수 있어. 이것도 아주 똑똑한 변장술이야. 왜냐면 개미는 공격할 때, 뒤로 움직이거든. 개미가 공격하려는 것처럼 보이지만, 사실은 매미인 거야. 이 방법으로 포식 곤충에게서 스스로를 지킬 수 있지. 다른 종류의

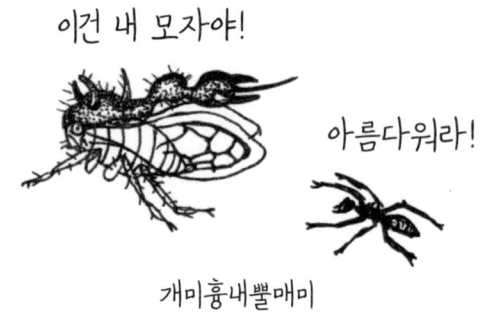

개미흉내뿔매미

뿔매미들은 나뭇잎이나 가시로 변장할 때도 있어. 정말 변장 실력이 좋지!

262 구토로 적을 쫓는 법

- 동물들은 수많은 방법을 사용해 적들로부터 자신을 보호하지. **병아리**는 자기 몸에다 구토를 해. 그러면 포식동물이 더이상 건드리지 않아. 맛이 없거든.

- 새끼 **풀마슴새**는 자기 몸에 구토하지는 않아. 대신 적의 몸에 해. 씻어 낼 수 없는 썩은 생선 냄새가 나지. 아무도 깃털에서 그런 냄새가 나는 걸 바라지는 않을 거야. 그리고 구토물이 매우 끈적끈적해. 깃털에 묻으면 더이상 날 수 없지. 다행히 풀마슴새는 새끼의 구토에 익숙해 큰 문제가 없어.

- **독수리**도 마찬가지야. 공격을 당하면 구토를 시작하지. 자신이 아니라 적을 향해서 말이야. 그러면 구토물의 위산이 적의 눈에 들어가서, 다들 도망가고 말아.

스스로를 지키기 위해 구토하는 풀마슴새

263 여덟, 아홉, 열… 거기 숨은 거 다 봤어!

숨바꼭질 좋아해? **타조**는 숨바꼭질을 좋아해. 혹시 타조가 머리만 숨기면 다른 사람들이 자신을 못 보는 줄 안다는 이야기 들어 봤어? 그런데 그건 오해야. 타조는 적이 다가오면 숨기는 하지만, 머리만 숨기지는 않아. 알이 담긴 둥지에 있을 때 적이 오면 머리와 목을 수그려 바닥에 딱 붙이지. 그러면 사막에서는 큰 바위처럼 보여. 적이 가까이 오면 타조는 뛰어올라 적을 걷어찰 듯한 모습을 보여 줘. 대부분의 육식 동물은 타조의 튼튼한 다리를 겁내지만, 그렇지 않은 경우도 있어. 그러면 타조는 도망치. 최대 시속 70킬로미터로 단거리를 달릴 수 있거든. 타조는 지구상에서 가장 빠른 새야. 타조가 '그냥' 걷는 보폭은 3미터가 넘어. 한 시간에 약 50킬로미터를 이동할 수 있지.

하지만 타조는 날지 못해. 125킬로그램이나 나가는 몸으로는 어려운 일이지.

둥지에 앉은 타조

타조 경주를 개최하는 사람들도 있어. 덩치가 크니까 특별한 안장을 올리면 말처럼 타고 달릴 수 있지. 다른 경주에 비해 거리는 짧아. 간혹 기수가 타조에서 떨어지는 경우도 있어.

타조 경주

264 배설물이 가득한 바다에서 누가 헤엄을 치고 싶겠어

쇠향고래는 배설물을 잘 활용해. 크기가 고작 3미터에 불과해서 범고래나 돌고래에게 위협을 당하기 쉬워. 위협을 받으면 항문에서 냄새나고 끈적끈적한 액체를 방출해. 그리고 둥둥 떠다니는 자신의 배설물 속에서 헤엄치지. 그럼에도 포식자들이 계속 공격하면, 쇠향고래는 다시 배설물을 배출해.

해삼은 그보다 더해. 몸을 수축시킨 다음 자신의 내장과 다른 장기를 포식자에게 뿌리거든. 적의 몸에 딱 붙어 버리지. 이 장기들은 심지어 독성이 있어서 공격자를 죽일 수도 있어.

265 신발에서 전갈을 털어 버리자

전갈이 무서워? 그럴 필요 없어. 전갈 1,750종 가운데 인간에게 치명적인 독을 가진 것은 오직 30~40종뿐이야. 전갈은 인간에게 관심이 없어. 그저 아무도 괴롭히지 않는 바위 틈새에 숨어 있는 걸 좋아해. 그리고 배가 고플 때만 사냥을 떠나. 사냥할 때는 집게가 달린 다리로 먹이를 단단히 잡지. 그리고 꼬리를 몸통 쪽으로 구부려 그 끝에 달린 독침으로 먹이의 척수를 마비시켜. 전갈은 대개 자신이 좋아하는 먹이를 사냥할 목적으로 독을 사용해. 그러면 먹이는 죽거나 마비되고, 마침내 전갈이 식사를 할 수 있지. 우리처럼 씹어 먹지는 않아. 먹이에 침을 뱉어 분해를 시키고, 그 이후에야 먹지. 전갈은 한 끼 식사로 6~12개월까지 생존할 수 있어. 하지만 먹이가 충분하지 않은 경우, 엄마 전갈이 새끼 전갈을 먹어 버릴 때도 있지. 보통 전갈은 맛있는 곤충들이 살기 어려운 환경에서 살아.

그럼 전갈은 사람들을 먼저 공격하지 않는다는 거야? 맞아! 사람들이 찔리는 이유는 전갈의 단잠을 방해하기 때문이지. 아니면 신발 속에 있는 걸 모르고 발을 넣었을 때. 그러니 전갈의 서식지에 방문하는 경우, 신발을 털어 보는 걸 잊지 마.

아야!
찌를 거야!

266 완벽하게 위장하는 나방

사람들은 나비는 화려하지만 나방은 지루하다고 생각해. 그렇지만 **나방**은 실제로 환상적인 곤충이야.

어떤 나방과 그 애벌레는 완벽한 위장술을 선보여. 말벌, 사마귀, 독거미 또는 더러운 새 배설물같이 모두가 싫어하거나 특이한 모습으로 위장하지. 그렇게 해서 나방과 애벌레를 좋아하는 포식자를 속여.

훌륭한 섬유를 생산하는 나방도 있어. 비단나방의 애벌레는 누에고치를 만드는데, 이것에서 실을 뽑아 낼 수 있어. 이 실은 비싸고 아름다운 직물 중 하나인 비단을 만드는 데 사용해.

나방은 야행성 식물과 꽃의 수정을 도와줘. 나방의 머리에는 특수 안테나가 달려 있는데, 이것에는 먹이와 짝짓기 상대를 찾는 데 도움을 주는 냄새 수용체가 있어. 그리고 길고 말린 혀로 꽃에서 꿀을 빨아낼 수 있지.

나방은 조류, 양서류, 포유류 및 파충류에게 중요한 먹이야. 많은 나라의 사람들이 나방의 애벌레를 먹기도 해. 남아프리카공화국의 일부 지역에서는 모파네가라는 황제나방의 애벌레 요리를 진미로 쳐. 모파인 나무의 잎에서 손으로 직접 채집해 불에 굽거나 햇볕에 말리지. 그리고 토마토와 콩이 들어간 스튜를 만들 때 같이 넣어 먹어.

우하하

무서운 외양으로 새를 쫓는 해골나방

263

사올라

267 거의 아무도 본 적 없는 포유류

동물학자들은 매일 새로운 동물을 발견해. 열대우림 깊숙한 곳의 곤충이나 심해의 동물들 말이야. 간혹, 전혀 예상치 못한 생물을 만날 때가 있지.

1992년, 세계 자연 기금과 베트남 정부가 부꽝 국립공원에 사는 동물을 연구할 팀을 구성했어. 이 보호 구역은 라오스와 베트남 국경 지대의 산에 있어. 그런데 산속 어떤 사냥꾼의 오두막에서 이전에는 본 적 없는 한 쌍의 뿔이 발견되었어. 가죽도 찾았지. 이렇게 큰 포유류가 새롭게 발견된 건 1936년 이래 처음 일어난 일이야! 이 생물은 **사올라** 또는 아시아의 유니콘이라고 불리는 동물이야. 사냥꾼들은 익히 알고 있었지만, 연구원들은 난생 처음 보는 동물이었지.

과학자들은 카메라를 배치하고 여러 마리의 사올라를 관찰했어. 영양과 비슷하게 생겼지만, 오히려 소에 가깝지. 수컷과 암컷 모두 길고 약간 구부러진 뿔이 있어. 짧고 반짝이는 모피는 적갈색과 검은색이 섞여 있어.

그때부터 지금까지 오직 11마리의 개체만 살아 있는 것으로 밝혀졌어. 2010년 임신한 암컷이 발견됐지만, 얼마 지나지 않아 사망했지. 물론 과학자들은 70마리에서 700마리의 개체가 어딘가에 살아 있을 거라고 믿고 있어. 단일종이고 사육할 수 없기 때문에 혹시나 멸종될까 우려돼. 이 아름다운 동물에 대해 더 일찍 알지 못해서 안타까워.

268 강바닥에 숨어 있는 애기사슴

애기사슴은 아시아와 아프리카에 살아. 그중에서 아시아에 사는 애기사슴이 가장 작아. 애기사슴의 무게는 3킬로그램 미만이고, 크기는 약 48센티미터야. 세상에서 가장 작은 우제류 동물로 알려져 있어. 우제류는 발가락 수가 짝수인 동물이지. 발가락 네 개 중에 가운데의 두 개는 발굽이야.

아시아 애기사슴의 덩치 큰 형은 아프리카에 살아. 16킬로그램의 무게에 어깨높이만 약 35센티미터야. 바로 **물애기사슴**이지. 물애기사슴은 훌륭한 수영 선수야. 강둑에 살며 위협을 느끼면 물속으로 잠수하고 강바닥에서 아주 조용히 걸어 다녀. 물애기사슴은 약 4분 동안 숨을 참을 수 있어. 숨이 차면, 물 밖으로 코만 내밀고 숨을 쉬어. 때로는 너무 멀리 떠내려가지 않게 물속의 수생 식물을 붙잡고 있기도 해.

육지에 사는 애기사슴은 발굽을 땅에 빠르게 두드려 경고 메시지를 보내. 공격자를 추격하려는 시도도 하지.

애기사슴은 숨바꼭질을 잘하고 매우 조용해. 일부 종은 눈에 거의 띠지 않지. 그럼에도 재미있는 동화에서 주로 착한 캐릭터로 등장하는 걸 보면, 사람들이 좋아하는 동물인 게 분명해.

물애기사슴

269 똥 폭탄 전문가

- **팔랑나비**의 애벌레는 폭탄 전문가야. 적이 근처에 있으면 최대 1.5미터 거리까지 똥 폭탄을 던질 수 있지. 이 애벌레의 똥은 냄새가 심해서 적의 관심을 끌 수 있어. 덕분에 천적이 똥을 쫓는 사이에 팔랑나비 애벌레는 재빨리 도망갈 수 있지. 다행스럽게 모든 애벌레가 똥 폭탄을 던지지는 않아. 아니면 너도 한 번은 똥 폭탄을 맞았을 거야.

- 남극에는 **아델리펭귄**이 살아. 검은 머리에 눈 주위에는 흰색 고리가 있는 꽤 작은 펭귄이지. 엄마 아빠가 먹이를 구하러 떠났을 때 부모를 기다리는 어린 아델리펭귄을 노리는 사냥꾼이 있어. 바로 칼집부리물떼새야. 어린 아델리펭귄은 자신을 방어하는 방법을 알고 있어. 적이 가까이 오자마자 강력한 똥 폭탄을 날리지. 적은 똥 공격에 놀랄 뿐만 아니라 끈적끈적한 오물 때문에 더이상 움직이지 못해. 물로 씻어 낼 수도 없지. 정말 똑똑한 아델리펭귄이야!

- 똥 폭탄에서만 고약한 냄새가 나는 건 아냐. **스컹크**의 항문 땀샘에서 나는 냄새도 절대 잊을 수 없을 만큼 끔찍하지. 스컹크는 위협을 받으면 냄새 공격을 해. 매우 강력한 냄새 때문에 적은 잠시 시력을 잃을 수도 있어.

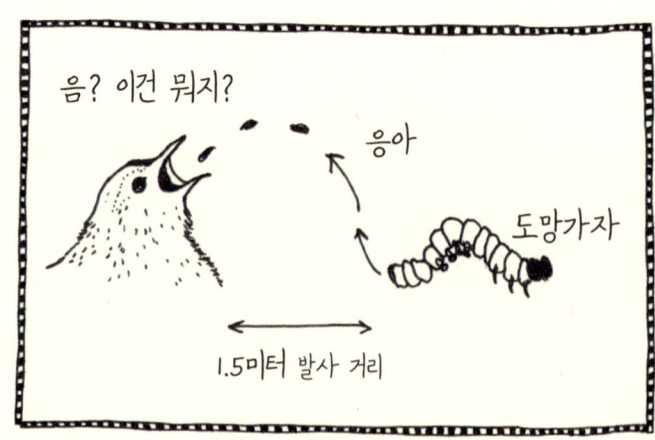

이상한 새네.

270 벌새와 닮은 꼬리박각시

생물학자가 아닌 한, 수렴진화에 대해 들어 본 적은 없을 거야. 새와 곤충처럼 완전히 다른 두 종이 동일한 모습으로 진화하는 걸 말해. 두 종이 관련 있어 보이지만 전혀 그렇지 않아. 이걸 '상사성'이라고 하지.

아주 좋은 예는 **꼬리박각시**야. 북아프리카, 아시아 및 유럽에서 많이 볼 수 있어. 이 나비는 벌새와 아무런 관련이 없지만 겉모습이 무척 비슷해. 벌새처럼 꽃에 매달려 긴 고리 혀로 꿀을 빨아 먹을 수 있지. 빠르게 날개짓하며 가만히 떠 있거나 옆, 또는 뒤로 날 수 있어. 벌새와 같은 소리를 내기도 해.

물론 차이점도 있어. 꼬리박각시는 벌새보다 약간 작고, 곤충이니 다리가 6개야. 머리에는 더듬이 2개가 달려 있고, 부리는 없지. 날개도 다르게 생겼어.

꼬리박각시는 세계에서 가장 빠른 날벌레 중 하나이고, 시속 18킬로미터로 가뿐히 날 수 있어. 크기에 비해 매우 빠른 속도야!

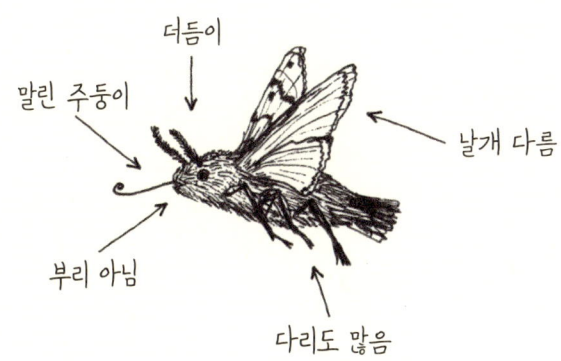

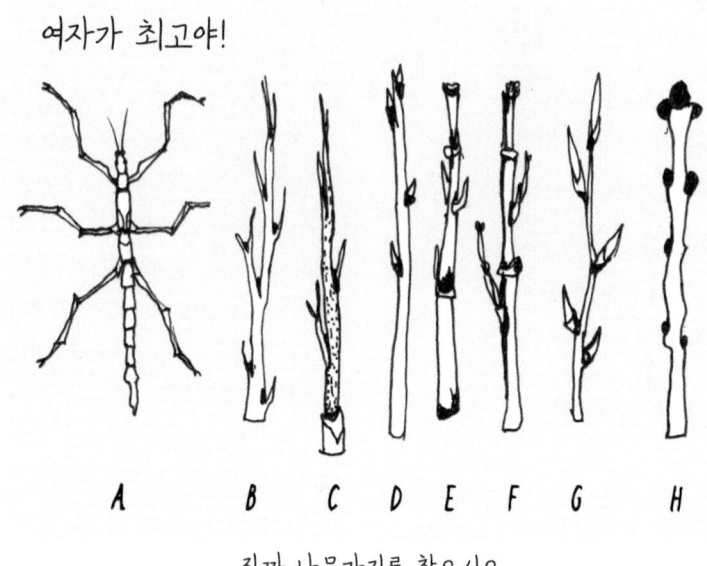

진짜 나뭇가지를 찾으시오.

271 저기, 걸어가는 나뭇가지 봤어?

대벌레를 보려면 시력이 좋아야만 해. 몸이 갈색, 녹색 또는 검은색인 이 곤충은 자신이 사는 나무에 완벽하게 적응하지. 나뭇가지처럼 보이고, 나뭇가지처럼 행동해. 바람이 불면 다른 가지와 함께 부드럽게 흔들리지. 피부에는 작은 줄무늬와 흠집까지 있어서 더욱 나무와 똑같아 보여.

적이 너무 가까이 다가오면 대벌레는 죽은 척 땅으로 떨어져. 우리는 이걸 '가사'라고 불러. 어떤 대벌레는 악취 나는 물질을 분비하거나 가스를 뿌리기도 해. 밝은색의 날개를 숨겨 놓는 대벌레도 있어. 적이 다가오면 날개를 활짝 펼쳐 보여 줘. 그러면 적은 순간 착각하고 그 화려한 곤충을 찾으려 하지만 나뭇가지밖에 보이지 않지. 적을 속이는 거야.

그래도 적에게 다리를 잡혔다고? 대벌레는 잡힌 다리를 잘라 버리고 도망쳐. 이걸 '자절'이라고 해. 새끼 대벌레는 자라면서 껍질을 벗고 다리가 다시 자라거든. 나이가 많은 대벌레도 다리가 새로 자라나.

암컷 대벌레는 수컷이 필요하지 않아. 수컷 없이도 알을 낳고 다른 암컷이 부화를 시키지. 수정이 필요 없어. 그래서 어떤 대벌레 종에서는 수컷을 아예 볼 수가 없어!

272 볼링공처럼 보이는 천산갑

천산갑의 말레이어 이름은 팡 골린으로 '웅크린 사람'을 의미해. 천산갑이 위협을 받으면 몸을 웅크려 그 어떤 적도 뚫을 수 없는 단단한 공이 되거든.

천산갑은 비늘이 달린 개미핥기의 일종이야. 마치 아르마딜로처럼 보이지. 큰 갑옷을 입는 유일한 포유류야. 몸 전체를 덮는 이 갑옷은 우리의 손톱을 이루는 물질인 케라틴으로 만들어졌어. 비늘 갑옷의 무게는 체중의 5분의 1을 차지하지.

천산갑에게는 튼튼한 갑옷이 있어도 이빨은 없어. 길고 끈적끈적한 혀를 사용해 개미를 핥아 먹지. 돌돌 말린 혀를 길게 펼치면 아마 천산갑의 몸보다 더 길 거야. 먹이를 먹지 않을 때는 깔끔하게 감아서 몸의 특별한 공간에 저장하지.

아시아에서는 천산갑이 매년 1만~10만 마리가 불법으로 포획된 후 팔리고 있어. 베트남 요리 전문점에 가면 천산갑이 고급 요리 메뉴에 올라 있지. 수프나 구이로 먹을 수 있어. 껍질은 고운 가루로 만들어져 한약에 사용돼. 천산갑 껍질은 1킬로그램 당 약 65만 원 이상으로 거래돼. 또한 패션 액세서리를 만드는 데에도 쓰이지. 아프리카와 아시아의 모든 천산갑이 멸종 위기에 처해 있으니 정말 유감스러운 일이야.

내 껍질!

몸을 웅크린 천산갑

몸을 편 천산갑

273 숨바꼭질 천재 오카피

오카피는 특이하게 생겼어. 엉덩이와 다리에 얼룩말 줄무늬가 있어. 사슴과 비슷해 보이지만 실제로는 기린에 가까워. 그래서 '숲 기린'이라는 별명이 붙었지. 오카피의 푸른 혀는 최대 35센티미터까지 자라. 나무에서 잎을 따고 자신의 눈을 핥는 데 쓰지.

오카피는 1900년에 콩고에서 발견된 동물이야. 덩치가 꽤나 커서, 그때서야 발견된 게 약간 이상해. 오카피는 수줍음이 특히 많고 사람이나 적이 주변에 있으면 열대우림 속으로 재빨리 숨어 버려. 엉덩이와 다리의 줄무늬 덕분에 눈에 잘 띄지 않지.

오카피가 건강하려면 미네랄과 소금을 먹어야 해. 그래서 진흙을 핥으러 강으로 내려가. 또한 생명을 유지하는 데 필요한 영양소를 얻기 위해 불에 탄 나무와 박쥐의 배설물을 먹어.

생물학자들은 야생 오카피의 개체 수를 정확하게 파악하지 못했어. 아마도 1만에서 2만 마리 사이일 거라고 추정하지. 서식지가 점점 줄어들어 멸종 위기에 처해 있어. 그래서 유럽의 모든 동물원이 오카피 육종* 프로그램에 참여 중이야. 오카피를 보러 동물원에 가 볼까?

* 생물의 유전적 성질을 이용해 품종을 개량하거나 새로운 품종을 만드는 일.

오카피

274 으악 새똥이다!

새똥이 나를 쳐다보고 있다고 생각해 봐. 그리고 갑자기 도망가기까지 하면… 얼마나 충격적일까?

물론 그건 진짜 새똥이 아니야. 새똥으로 위장한 애벌레, 거미 또는 나비겠지. 적에게 들키지 않도록 위장한 모습이야. 새똥을 누가 먹고 싶겠어.

어떤 **나방**의 애벌레는 흰색과 갈색으로 똥 더미처럼 보여. 잎이나 가지에 붙어 쉴 때는 똥처럼 보이게 앉아 있지. 육즙이 가득한 애벌레를 좋아하는 새들을 피하기 위해서야.

먼지거미 같은 일부 아시아 거미들은 거미줄을 써서 변장해. 이 거미들은 자잘한 티끌과 나뭇잎 조각으로 거미줄을 장식하고, 거미집의 가운데에 앉아. 특별한 거미줄의 흰색 장식 덕분에 거미의 갈색 몸통은 새똥처럼 보이지.

새똥거미도 있어. 이 거미는 꼭 똥 덩어리처럼 생겼어. 적이 물러날 때까지 죽은 척하지. 먹이를 유혹하기 위해 페로몬 냄새가 나는 물질을 만들어 내. 그러면 수컷 나방이 홀려서 나타나고… 새똥거미에게 먹히고 말아.

착악!

새똥인가?

275 살아 움직이는 잎을 발견했어!

"이 섬에는 살아 움직이는 잎이 달린 나무가 있다. 뽕나무 잎과 비슷하지만, 더 짧다. 그리고 뾰족한 줄기 양쪽에 다리가 달렸다. 만지면 도망간다. 밟아도 피는 나오지 않았다. 9일 동안 보관해 봤는데도, 상자를 여니 아직도 움직이고 있었다. 아마 공기를 먹고 사는 것 같다."

이건 살아 움직이는 잎을 처음 본 탐험가의 일기*야. 나무에서 떨어져 살아 움직이는 잎을 발견했다고 믿었지. 사실은 잎이 아니라 곤충이었어. **나뭇잎벌레**로, 가장자리가 들쭉날쭉한 잎처럼 생겼어. 몸통은 녹색에 평평한 타원형이야. 다리는 갈색에 작은 마디들이 있지. 그래서 적이 절대 발견하지 못하는 거야.

나뭇잎벌레는 잡히면 움직이지 않고 가만히 있어. 죽은 것처럼 보이지. 죽은 곤충을 싫어하는 곤충 포식자들은 나뭇잎벌레를 놔두고 떠나.

안녕!

하이파이브할까?

나뭇잎벌레

* 이탈리아의 탐험가 안토니오 피가페타가 보르네오섬 근처의 발라바크섬을 탐사할 때 쓴 것.

276 판다개미는 사실 말벌이야

자, 일단 한 가지는 확실히 해 두자. **판다개미**는 개미가 아니야. 판다도 아니고. 그럼 이런 이름을 얻은 이유가 뭘까?

판다개미는 3,000종 이상의 말벌이 속하는 개미벌과 곤충이야. 판다개미의 암컷은 날개가 없고, 몸집이 크고 털이 많은 개미처럼 생겼지. 하얗고 검은 몸 때문에 중국에 사는 대왕판다를 축소시켜 놓은 것 같아. 그래서 판다개미라는 이름이 붙었어.

귀엽다고 방심하면 안 돼. 쏘이면 아프거든.

판다개미는 1938년 칠레 해안에서 처음 발견됐고, 그 뒤 아르헨티나, 미국 남부 및 멕시코에서도 발견됐어.

판다개미의 수컷은 암컷보다 훨씬 더 커. 확실히 말벌처럼 보이고 날개가 있지.

수컷은 밤에 활동하고 암컷은 낮에 활동해. 짝짓기 전까지는 같은 종의 곤충이라고 보기가 어렵지.

짝짓기 후 암컷은 다른 말벌이나 꿀벌의 집에 알을 낳아. 어린 판다개미는 부화하자마자 다른 말벌과 꿀벌의 번데기와 애벌레를 먹고 자라지. 개미핥기에게 잡아먹히는 경우가 많아. 분명 보통 개미와는 다른 맛이겠지….

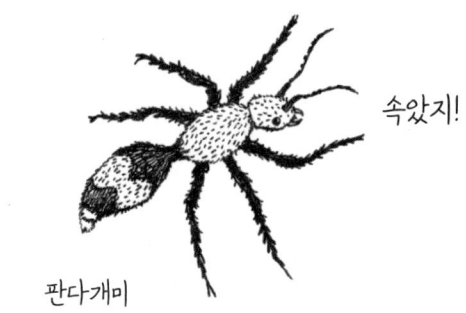

속았지!

판다개미

15

엄청 빠른 동물, 엄청 느린 동물

277 다들 무릎을 꿇으시오!

살루키는 **페르시아 그레이하운드**라고도 불러. 아마도 현존하는 가장 오래된 개 품종일 거야. 살루키는 터키 아나톨리아 지방의 벽화에 맨 처음 등장했어. 이 벽화는 기원전 5800년 것이라고 해. 아주 오랜 옛날에는 사막과 산에서 가젤과 다른 동물을 사냥하는 유목민이 키우기 시작했지.

살루키는 덩치가 매우 크지만 몸매가 날렵해. 길고 좁은 머리 모양에 눈이 크고 긴 귀는 털로 덮여 있지. 긴 다리로 시속 최대 64킬로미터로 달릴 수 있어. 이 속도를 따라잡는 건 시속 69킬로미터로 달리는 그레이하운드뿐일 거야. 살루키는 높이뛰기도 잘해. 약 2미터 높이의 울타리도 뛰어넘을 수 있지.

살루키는 고대 이집트에서 왕실의 애완견이었어. 왕이 사냥할 때 데리고 다녔지. 파라오가 이 개를 얼마나 사랑했는지, '엘 호르'라고 불렀어. '귀족'이라는 뜻이지. 살루키가 죽으면 왕실 모두 슬퍼하고 추모의 뜻으로 눈썹을 면도했어. 그리고 모든 도자기에 살루키를

그렸지. 기원전 1350년에 그려진 그림에서 파라오 투탕카멘이 살루키로 거대한 새를 사냥하는 모습을 볼 수 있어.

파라오가 죽으면, 살루키도 미라가 되어 무덤에 함께 묻혔어. 그리고 이름이 적힌 고급스러운 목걸이가 주어졌지.

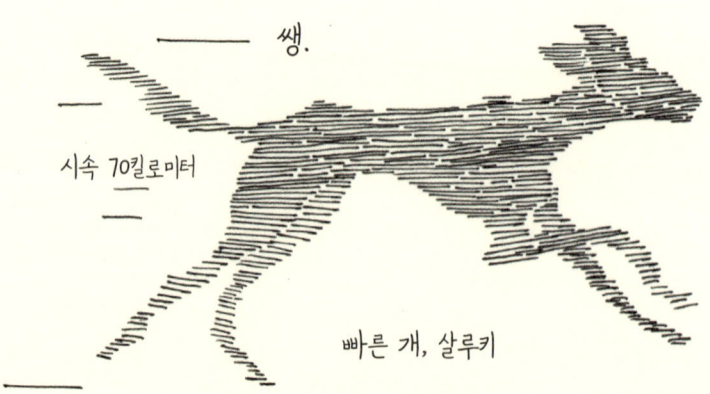

엷은목세발가락나무늘보

278 이름만큼이나 느린 나무늘보

똑바로 서서 초시계를 켜고 1분 동안 3미터만 움직여 봐. 너무 느리게 걷는 것도 쉽지 않다는 걸 바로 알 수 있을 거야. 이건 **나무늘보**가 아주 빠르게(!) 정글을 통과하는 속도야. 나무늘보는 아마 세상에서 가장 느린 포유류일걸.

남부두발가락나무늘보나 엷은목세발가락나무늘보를 보고 싶다면 중미 또는 남미의 아마존 북부 열대우림으로 가야 해. 그곳에서 나무늘보들은 거의 평생을 나무에 거꾸로 매달려 살아가지. 두 개, 또는 세 개의 튼튼한 발톱으로 나무를 꼭 붙잡고 있어.

나무늘보를 찾기는 어려워. 보통은 정지 상태이거나 움직이는 속도가 매우 느려서 이 동물이 활동하는 모습을 거의 볼 수 없거든. 게다가 젖은 털에서 조류가 자라기 때문에 몸이 약간 녹색 빛이야. 그래서 나뭇잎과 구분이 잘 안 되는 거야.

재미난 생김새 덕에 나무늘보가 귀여워 보이지만, 가까이 가지 않는 게 좋아. 날카로운 발톱에 공격당할 수 있거든. 그냥 내버려 두면 공격하지는 않을 거야. 나무늘보는 보통 하루에 15~20시간 정도를 나무에 매달려 잠을 자. 깨어나서는 잎, 나뭇가지, 새싹 및 부드러운 과일을 먹어. 나뭇잎은 느리게 소화되기 때문에 나무늘보는 일주일에 한 번만 배설해. 워낙 게을러서 그 이상 하기도 힘들어.

279 산타클로스가 순록에게 썰매를 맡긴 이유

순록은 캐나다 북부와 알래스카에 사는 환상적인 동물이야. 매년 1,000~3,000킬로미터 거리의 하이킹을 하지.

이 하이킹 덕에 순록이 아직 멸종하지 않았어. 한때 순록과 함께 존재했던 스밀로돈과 매머드는 더이상 볼 수 없어. 먹이를 찾아 떠나지 않았거든.

순록은 봄이 오면 북쪽으로 이주할 준비를 해. 그곳에서 영양분이 풍부한 먹이를 구하지. 북쪽에는 순록의 천적이 적고, 윙윙대며 귀찮게 구는 곤충들도 적어.

일단 임신한 암컷이 먼저 길을 떠나. 몸이 무겁고 속도가 느리거든. 몇 주가 지나면, 수컷, 지난해에 태어난 새끼들, 그리고 임신하지 않은 암컷이 그 뒤를 쫓아. 그리고 순록 새끼가 태어나자마자 해안으로 조금 더 올라가지. 그곳에는 풀, 열매, 나뭇잎 같은 먹이가 풍부해.

이들은 첫눈이 내리면 떠나야 한다는 걸 알지. 아주 오래전부터 이용하던 남쪽 경로를 따라 강을 통과해. 2만 7,000년이 넘도록 이 길을 따라서 걸었어.

추운 겨울에는 눈 아래 자라는 이끼를 먹고 살아. 특별한 발굽으로 눈과 얼음을 긁지. 순록의 다른 이름인 카리부는 원주민의 언어로 '긁개'라는 뜻이야. 순록의 발굽은 사슴의 그것보다 훨씬 넓지. 덕분에 눈 위에 쉽게 서 있을 수 있고, 걸을 때 발이 눈에 푹푹 빠지지도 않아. 넓은 강을 건널 때는 순록의 발굽으로 물을 가를 수 있지. 순록은 여행을 위해 태어난 생물인 것 같아. 산타클로스가 순록에게 썰매를 맡긴 이유도 알 만해!

여행을 떠날 거야. 다들 데리고….

순록

280 이름을 훔치지 않은 큰길달리기새

〈로드러너〉라는 만화에는 못된 코요테를 따돌리는 엄청 빠른 새가 주인공으로 나와.

로드러너라는 별명을 가진 **큰길달리기새**는 주로 북미나 중앙아메리카에서 볼 수 있어. 날 수 있지만 자주 날지 않지. 긴 다리를 이용해 시속 25킬로미터로 빠르게 달려. 비행 기술은 그다지 좋지 않아. 약 1분 동안 아주 짧은 거리를 날아갈 수 있을 뿐이야. 이 정도만 해도 천적을 피하거나 둥지로 돌아가기에는 충분해. 큰길달리기새는 두 발로 땅을 딛고 서는 걸 좋아해. 낮은 덤불이나 나무에 둥지를 짓기 때문에 천적이 가까이 올 수 없어.

큰길달리기새가 가장 좋아하는 먹이는 방울뱀이야. 간혹 큰길달리기새 두 마리가 힘을 합쳐 뱀을 사냥하곤 하지. 한 마리는 뱀의 주의를 흩트리고, 다른 한 마리는 뒤에서 공격하는 거야. 뱀을 뒤에서 물고는 돌에 내동댕이치거나 강한 부리로 쪼아.

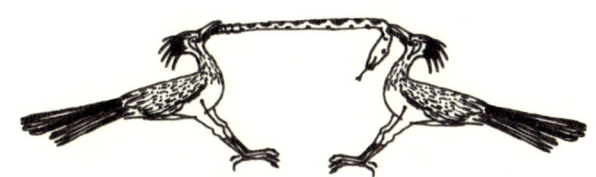

3, 2, 1, 당겨!

큰길달리기새의 사냥

큰길달리기새는 사막에 살아. 얼마나 잘 적응했는지 물을 마시지도 않아. 먹이에서 수분을 섭취하기 때문이야. 큰길달리기새는 낯을 가리지 않아. 사람들을 가까이서 빤히 쳐다볼 거야. 그리고 신나게 꼬리를 흔들고 머리의 깃털을 곧추세우겠지. 불행히도 만화에서와는 달리 코요테보다는 느려. 코요테는 큰길달리기새보다 2배 이상 빠른 시속 60킬로미터로 달리거든. 코요테 앞에서는 그저 고양이 앞의 쥐 일거야. 코요테 씨, 좀 봐주세요.

쌔앵

1등 선수

281 가장 빠른 곤충, 잠자리

연못 위로 날아다니는 **잠자리**를 본 적 있지? 반짝반짝 광택이 나는 몸통과 기다란 날개를 가진 이 곤충이 얼마나 멋진지는 잘 알고 있을 거야. 잠자리가 엄청 빨리 날 수 있다는 걸 알고 있니? 나는 속도가 시속 50~95 킬로미터야. 세상에서 가장 빠른 날벌레지.

안타깝게도 잠자리의 날개는 오래가지 않아. 잠자리 애벌레는 알에서 부화한 후, 9~16번 탈피를 해. 날개는 마지막 탈피를 할 때 생겨. 일부 종은 그렇게 되기까지 최대 3년이 걸려. 그 순간부터 잠자리의 수명은 얼마 남지 않아. 고작 몇 주를 더 살고 죽어.

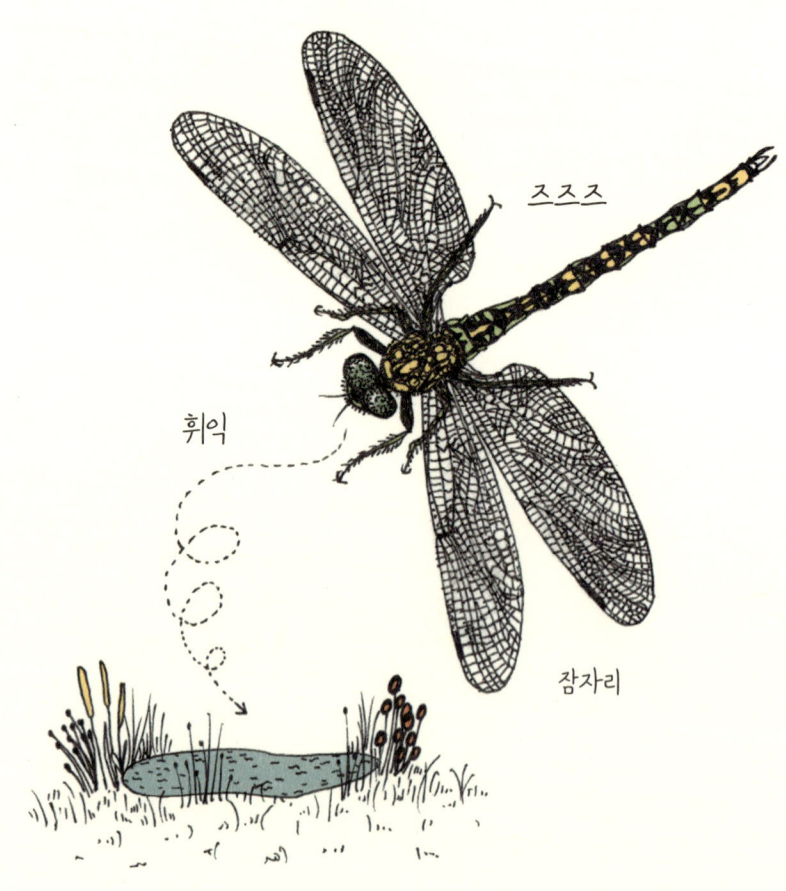

위턱으로 물고기 떼를 사냥하는 청새치

282 가장 아름다운 물고기, 청새치

청새치는 대서양, 인도 및 태평양의 열대 바다에 살아. 등은 녹색을 띤 짙은 파란색이고 배는 회색이야. 하지만 그보다도 시선을 끄는 건 길고 날카로운 칼처럼 보이는 위턱이지. 이 아름다운 물고기는 길이 4미터 이상, 무게는 900킬로그램까지 자랄 수 있어. 사냥할 때 시속 최대 90킬로미터로 빠르게 헤엄칠 수 있지. 가장 빠른 수생 동물이야.

청새치는 위턱을 사용해 사냥해. 물고기 떼를 향해 빠르게 헤엄쳐 가서는 위턱으로 강하게 때려. 죽거나 상처 입은 물고기가 수면 위로 떠오르면, 그걸 잡아먹지.

청새치 암컷은 덩치가 수컷보다 3~4배 정도 더 커.

한 번에 알 7백만 개를 낳지만 좋은 엄마는 아니야. 알이 물 위에 떠서 다른 바다 동물들의 먹이가 되거든. 낳은 알의 1퍼센트 정도만 부화에 성공한 후 어른 청새치로 자랄 거야. 낚시꾼들은 청새치를 잡고 싶어 하지만 잡힌 청새치는 가만있지 않을 거야. 청새치는 물 위로 점프해 낚싯줄을 느슨하게 해서 입에 걸린 낚싯바늘을 빼내지. 엄청난 광경이지만 이 아름다운 물고기에게는 무척 잔인한 일이야.

283 정지 상태에서 3초 만에 시속 70킬로미터 내기

누군가가 빠른 속도를 낼 수 있는 개를 만들어 달라고 부탁했다고 상상해 봐. 아마 **그레이하운드**를 만들어야 할걸.

그레이하운드는 달리기를 위해 태어난 개 같아. 몸통을 살펴봐. 날씬한 가슴과 잘록한 허리, 길고 좁은 머리와 납작한 귀. 매끈하고 근육이 발달한 긴 다리도 빼놓을 수 없지. 그레이하운드는 달릴 수밖에 없어.

체력도 좋아. 큰 심장, 폐, 그리고 근육 덕에 강한 힘을 낼 수 있지.

그레이하운드는 날렵한 신체와 강한 체력 덕분에 시속 최대 70킬로미터로 달릴 수 있어. 더 놀라운 건 단 3초 안에 최대 속도를 낼 수 있다는 거야. 엄청난 '추진력'을 지니고 있지. 그건 다리가 모두 땅에서 떨어지는 보행법을 사용하기 때문이야. 그레이하운드는 육상 동물 중 최고의 단거리 선수 중 하나야. 치타만이 그레이하운드보다 조금 나을걸.

경주견 그레이하운드

16
네가 궁금해하는 동물의 모든 것

해면동물

284 지구상에 존재한 최초의 동물은?

지구상에 존재한 최초의 동물은… **해면동물**이었어. 과학자들은 6억 살이 넘는 해면동물의 화석 잔해를 발견했지. 해면동물은 뇌, 신경, 눈, 귀, 그리고 입이 없지만 동물의 한 종류인 '무척추동물'이야.

지구에는 5,000종이 넘는 해면동물이 서식해. 대부분은 바닷물에 살지. 일부는 크기가 약 2.5센티미터에 불과하지만 최대 3.5미터까지 자랄 수 있는 종도 있지. 노랑, 초록, 빨강 또는 갈색으로 색깔이 다양하고 관목, 나무, 딱지 또는 덩어리 형태를 하고 있어.

해면동물은 몸의 끝을 어딘가에 붙이고 있어. 그리고 다른 부분은 외부 환경에 드러내. 먹이는 모두 모공을 통해 들어가. 소화되지 않은 먹이는 밖으로 배출하지. 소화된 먹이는 유주세포를 통해 흡수돼.

해면동물은 다양한 방식으로 번식해. 예컨대 자체번식으로 새 해면동물이 태어날 수도 있고, 난자와 정자를 형성하여 번식할 수도 있어. 암컷 해면동물의 알이 수컷 해면동물의 정자와 합쳐지면 새끼가 부화할 수 있지. 처음에는 자유롭게 돌아다니지만, 잠시 후 어딘가에 붙어 새 해면동물로 자라나.

285 가자미는 태어날 때부터 납작할까?

유럽가자미, 도버서대기, 대문짝넙치, 대서양넙치까지…. 이들은 모두 500종이나 되는 가자미 가운데 일부야. 보통 바다 밑에서 서식하지. 보호색 때문에 거의 눈에 띠지 않아. 그저 작은 눈만 모래 위로 나와 있지.

가자미는 태어났을 때부터 몸통이 납작하지는 않아. 부화할 때까지도 몸통은 둥글지. 마치 크기가 몇 밀리미터밖에 안 되는 작은 애벌레 같아. 그리고 플랑크톤을 먹으며 행복하게 헤엄치지.

약 6주 후, 아주 특별한 일이 일어나. 한쪽 눈이 천천히 다른 쪽으로 움직여. 눈이 몰리기 시작하는 거야. 대부분의 가자미 종은 왼쪽 눈이 오른쪽으로 몰리고, 머리뼈의 형태가 전체적으로 바뀌지.

그때부터 가자미들은 모로 누워 바다 밑으로 가. 긴 등지느러미와 꼬리지느러미가 물결치듯 움직이지. 가자미의 등은 바다 바닥과 같은 색을 띠게 되고, 배는 점점 더 하얗게 변해. 이제는 플랑크톤 대신 물고기, 벌레, 조개 및 작은 가재를 먹고 살아. 먹이가 바뀌면서 위와 내장의 기능 역시 바뀌어.

변한다

변한다

넙치가 납작해지는 과정

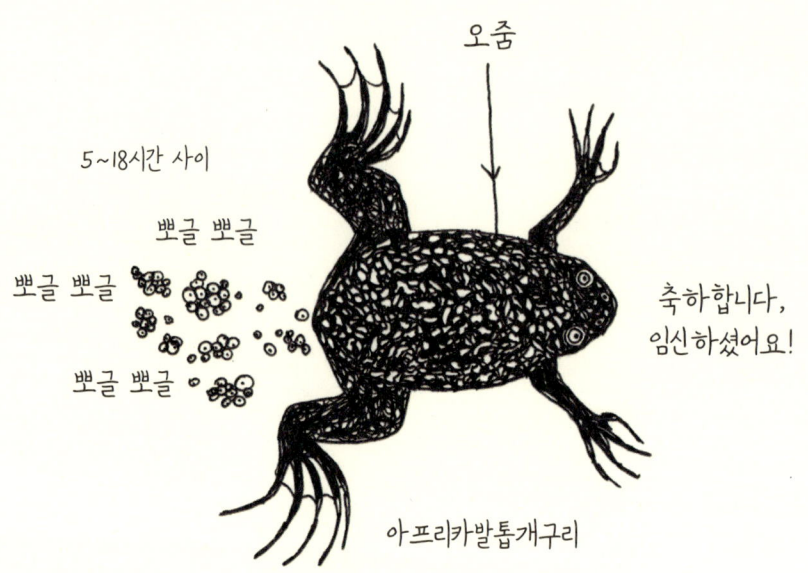

286 개구리를 사용해 임신 테스트를 할 수 있다고?

1965년에 살았던 여자라고 생각해 봐. 임신한 것 같은데, 아직 확신이 가지는 않아. 임신 테스트기를 사고 싶지만, 그럴 수는 없지. 왜냐면 임신 테스트기는 1971년에 발명됐거든. 검사하려면 의사에게 가야 해.

당시, 임신 여부를 알 수 있는 유일한 방법은 발톱개구리에게 소변을 주사하는 것뿐이었어. 만약 임신을 했다면, 발톱개구리가 5~18시간 안에 알을 낳을 거야.

물론 100퍼센트 신뢰할 수는 없는 테스트이지만, 오랫동안 임신 여부를 알아내는 유일한 방법이었어.

여기서 쓰였던 발톱개구리는 **아프리카발톱개구리야**. 이름에서도 알 수 있듯 아프리카 남부 출신이지. 지금은 북미와 유럽의 여러 나라에서도 볼 수 있어. 하지만 다른 개구리들이 반길 소식은 아니야. 토종 개구리들을 대체할 뿐만 아니라 위험한 피부 곰팡이를 옮기기도 하거든.

아프리카발톱개구리는 곰팡이에 아무 영향을 받지 않지만, 토종 개구리들은 죽게 돼.

또 다른 이야기

지구에서 지낸 지 3억 6천만 년, 양서류는 이제 멸종 위기에 처했어. 유해 물질을 쉽게 흡수하는 매우 얇은 피부를 지녔기 때문이야. 그리고 물과 육지 두 군데에서 살기 때문에 양쪽 환경의 오염에 모두 영향을 받았지.

287 펭귄에게 귓바퀴가 없는 이유

- 얼어 버리면 안 되니까? 북극곰도 귀가 있지만, 얼지 않거든. **펭귄**은 새라서 귓바퀴가 없는 거야. 귀는 있지만 깃털 아래 가려져 있지. 만약 귓바퀴가 있었다면 몸이 유선형이 되지 못해서 헤엄치기 어려웠을 거야. 폭신한 귀를 가진 펭귄이라니 얼마나 웃기겠어.

- 펭귄은 알을 낳고 온혈동물이며 몸이 깃털로 덮혀 있기 때문에 새라고 볼 수 있어. 펭귄의 검은색과 흰색 털가죽은 딱딱하고 두터운 깃털로 이루어져 있지. 강한 폭풍우에서도 깃털이 날리지 않아. 펭귄은 깃털 아래에 두꺼운 뱃살 스웨터를 착용하여 영하 60도에서도 따뜻하게 버틸 수 있지. 정말 추울 때는 무리의 펭귄이 서로 가까이 붙어서 앉아. 가장자리보다 중간에 앉는 게 온도를 10도 더 올려 주지.

- 펭귄의 털이 배 쪽은 흰색이고 등 쪽은 검은색인 데는 이유가 있을 거야. 펭귄이 물에서 헤엄을 칠 때, 아래쪽에서 올려다 보면 배는 하늘과 비슷하고 등은 검은 물과 비슷하거든.

  그래서 범고래와 상어는 헤엄치는 펭귄을 잘 발견하지 못해. 펭귄의 털가죽은 디자인이 세련됐을 뿐만 아니라 위장 기능도 훌륭하지.

펭귄

- 펭귄은 보통 날 수 없지만 높이 뛸 수 있는 펭귄은 있어. 몸 주위에 기포를 만들고 그 위로 최대한 재빨리 헤엄치지. 물속에서 3미터까지 뛰어올라서 얼음 위로 올라가. 한 번에 성공하기는 어렵기 때문에 여러 번 시도하는 모습이 아주 재미있지. 펭귄은 점프를 해서 범고래와 얼룩무늬물범을 피할 수 있어.

288 포유류가 알을 낳는다고?

맞아! 알을 낳는 포유류가 두 종류 있지. 바로 짧은코가시두더지와 오리너구리야. 이 동물들은 '단공류'라고 부르고, 공룡들이 살던 시절까지 올라가야 그 조상을 찾을 수 있어.

- 암컷 **짧은코가시두더지**는 한 번에 알을 한 개씩 낳고, 배에 달린 주머니에 넣어. 부화한 새끼는 주머니 안에서 6~8주 동안 머무르지. 짧은코가시두더지는 호주와 뉴기니 동부 지역에 사는데, 개미와 흰개미, 기타 곤충을 잡을 수 있는 가시와 뾰족한 주둥이가 있어. 어쩌다 높은 개미집을 보면, 강한 발톱으로 파헤쳐. 18센티미터나 되는 길고 끈적끈적한 혀로 다 핥아먹지.

- 호주와 태즈메이니아의 **오리너구리**도 알을 낳아. 알에서 부화한 3센티미터도 안 되는 작고 형태도 없는 새끼 오리너구리는 즉시 어미의 젖을 찾아. 오리너구리는 단단한 부리 때문에 오리와 약간 비슷하게 생겼지. 보통 물속에서 오래 시간을 보내.

- 오리너구리는 훌륭한 수영 선수야. 발가락 사이의 물갈퀴뿐만 아니라 평평한 몸과 비버를 닮은 꼬리 덕분에 빨리 헤엄칠 수 있어.

90번 이야기를 읽으면 오리너구리에 관해 더 많은 것을 배울 수 있을 거야.

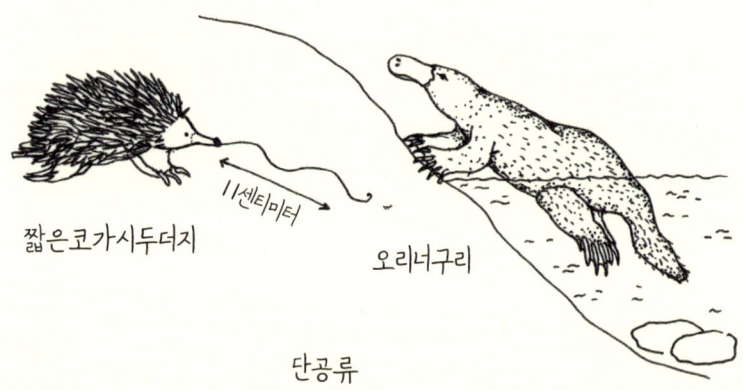

짧은코가시두더지 ←11센티미터→ 오리너구리

단공류

289 동물은 얼마나 오래 살 수 있을까?

- **하루살이**에게 그런 이름이 붙은 건 우연이 아니야. 보통 30분에서 24시간 후면 죽어 버리거든. 평생의 소원을 이루고 목표를 달성하기는 너무나 짧은 시간이야. 다행히 하루살이는 원하는 게 많지 않아. 입이 발달하지 않아서 먹을 수도 없고 원하는 건 오직 짝짓기뿐이야. 알에서 부화한 수컷들은 무리를 지어. 그러면 다가오는 암컷과 짝짓기를 해. 암컷은 물 위에 알을 낳고 죽어 버리지. 하루살이의 짧은 인생이야. 2,000년 넘게 사는 **항아리해면**과는 매우 대조되지.

- 다른 장수 생물들도 있어. **민무늬백합**(410년), **비단잉어**(226년), **성게**(200년), **북극고래**(200년), **갈라파고스땅거북**(175년) 들이지.

- 영원히 산다고 알려진 동물도 있어. 바로 **홍해파리**야. 한 개체가 성적으로 성숙하여 번식 행위를 하고 나면, 몸이 다시 태어난 직후의 단계로 돌아가는 해파리야. 해파리 알은 부화해서 폴립으로 자라나. 이로부터 2주 이내에 성적으로 성숙한 해파리로 성장해. 그리고 번식 후에 다시 폴립 상태의 배아로 돌아가지.

- 이건 자손을 번식시킨 부모가 다시 배아로 돌아가는 것과 같아. 평생을 반복해서 살 수 있는 거지. 홍해파리가 항상 이러는 건 아니야. 번식할 때 물이 너무 차갑거나 견디기 힘든 환경에 처했을 때뿐이야. 홍해파리는 지금 대부분의 바다에서 번성하고 있어.

제게 1분만 주세요.

하루살이

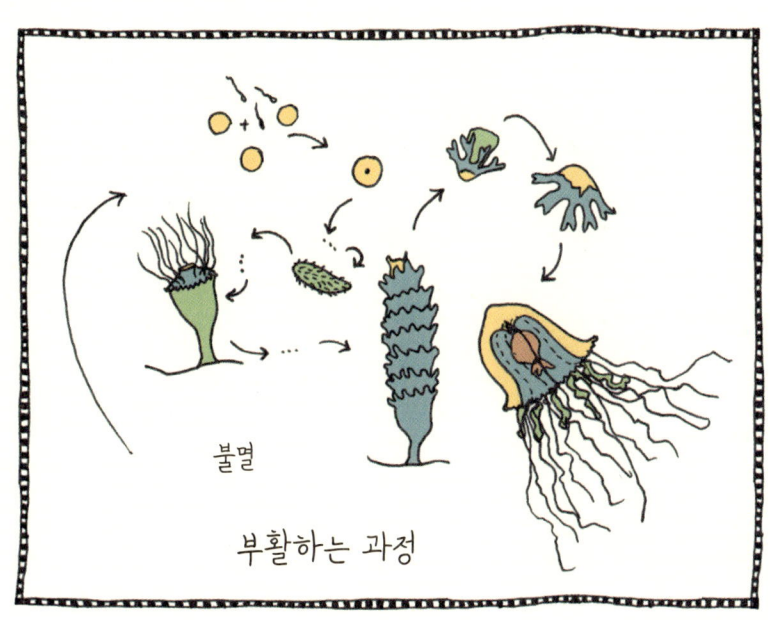

불멸

부활하는 과정

290 물고기의 나이를 세는 법

- 나이테에 대해 들어 본 적 있어? 나무를 베었을 때 보이는 둥그런 고리들 말이야. 나이테를 세면 나무의 나이를 알 수 있지.

- 물고기도 마찬가지야. 그렇지만 나이를 알기 위해 물고기를 자를 필요는 없어. 그저 비늘 몇 개를 떼어서 현미경으로 살펴보면 돼. 비늘의 나이테로 물고기의 나이를 셀 수 있거든. 정확히는 아니지만 대략적인 나이를 알 수 있지. 물고기는 비늘을 몇 개 잃어도 곧 새로운 비늘이 자라나. 물론 나이테의 개수는 적겠지.

- 물고기의 나이는 이석을 통해서도 알 수 있는데, 그러려면 물고기를 해부해야 해. 이석이 뭐냐고? 동물이 몸의 균형을 잡을 수 있게 하는 평형 기관에 있는 돌이야. 매년 조금씩 두꺼워지기 때문에 이석을 자르면 나이테를 볼 수 있어.

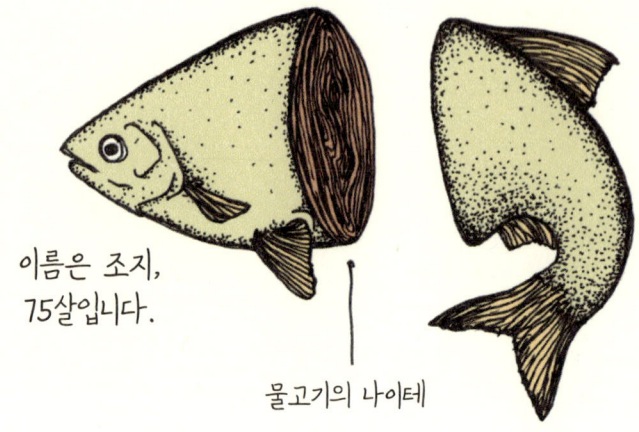

이름은 조지, 75살입니다.

물고기의 나이테

- 그건 그렇고, 물고기가 나무처럼 평생 자란다는 거 알고 있어? 보통 동물은 성체가 되면 성장이 끝나기 마련인데, 물고기는 계속해서 자라. 그 속도는 물고기의 서식 환경에 따라 달라. 겨울에는 물고기가 자라지 않고, 여름에는 조금 더 자라지. 그러나 여름에 먹이를 충분히 먹지 못하면, 나이테가 하나 더 생겨. 그러니 물고기의 나이를 정확히 알기는 어려워.

291 뱀에 관한 두 가지 질문

질문 1: 뱀도 꼬리가 있어?
당연하지! 바로 배설강 뒤에 있어. 배설강이란 항문이자 직장. 암컷일 경우 나팔관을 아우르는 기관을 말해. 배설강에는 뚜껑 같은 게 달려 있어서 입구를 잘 닫아 줘.

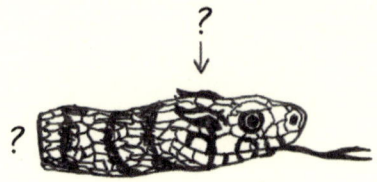

수컷은 생식기가 한 개, 또는 두 개야. 교미할 때 일종의 뚜껑이 열리고 생식기가 나온다고 보면 돼. 이 생식기는 같은 종의 암컷 생식기에만 맞아 들어가지. 즉 북살무사는 보아뱀과 교미할 수 없어.

질문 2: 뱀이 소리를 들을 수 있어?
아니, 뱀은 귀가 없어. 하지만 땅의 진동을 느껴서 사냥감이 어디 있는지 완벽하게 알 수 있어.

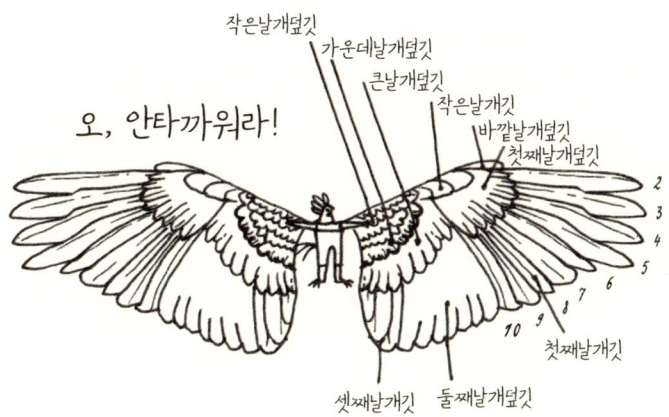

인간은 하늘을 날도록 설계되지 않았어.

292 새가 날 수 있는 이유

구름을 뚫고 날아가는 새는 정말 멋져. 하늘에 있는 새에게는 세상이 작아 보일 거야.

새는 잘 날 수 있게 태어났어. 일단, 무게가 아주 가볍지. 뼈 내부가 비어 있기 때문이야. 뼈는 꼭 벌집을 연상시키는 공기주머니와 작은 연결망들로 채워져 있지. 초경량일 뿐 아니라 초강력이기도 해.

그리고 새들은 깃털이 달린 날개를 지니고 태어났어. 깃털은 무게가 거의 나가지 않아. 날개깃은 새가 양력*을 얻고 속도를 높일 수 있게 도와주지. 날개의 끝에는 방향을 바꿀 수 있는 깃털이 달려 있어. 덕분에 빠르게 회전할 수 있지.

*운동 방향과 수직 방향으로 작용하는 힘.

또한 새는 가슴 근육이 잘 발달했고, 그 근육이 붙은 가슴뼈 볏이 있지. 하늘로 뜨려면 많은 힘이 필요한데, 오직 강한 근육의 도움을 받아야만 가능해.

새들은 상승하기 위해 날개를 퍼덕여. 날개를 펼치면 바람이 위로 올라가. 바람이 다시 날개 아래로 들어가는 데 시간이 약간 걸리지만, 다행히 조금 뜰 수 있어. 그 때문에 이륙하는 새들이 날개를 퍼덕이는 거야. 퍼덕거리며 앞쪽으로 떠올라. 새는 기류를 이용해서 상승하고 하강해. 날개를 퍼덕일 때보다 에너지를 훨씬 적게 사용하지. 방향을 바꾸려면 날개를 왼쪽이나 오른쪽으로 약간 구부려.

293 문어에 대한 특별한 이야기

1 **문어**는 심장이 세 개야. 첫 번째 심장은 몸 전체에 혈액을 보내고, 다른 두 심장은 아가미를 통해 혈액을 보내.

2 문어는 9개 이상의 뇌를 지니고 있어. 중심 뇌는 몸에 위치해서 다리가 얼마나 빨리 움직여야 하는지 알려 줘. 또한 8개 다리에도 모두 뇌가 있어. 중앙 뇌의 지시를 처리하고 사냥을 도와.

3 문어는 다리로 맛을 봐. 이 말은 만지는 모든 것을 맛본다는 말이지. 예를 들어 달팽이 껍질이 비어 있는지 차 있는지도 만져 보면 알 수 있어. 다리의 빨판은 얼마나 강한지 몰라. 모든 다리에 한 줄이나 두 줄로 된 빨판이 가득해. 그리고 각 빨판에는 흡반이 달려 있어서 접착력을 보장하지.

4 문어는 자기 몸보다 작은 구멍을 통과할 수 있어. 머리만 들어가면 나머지도 통과할 수 있거든.

5 문어는 위협을 받으면 먹물을 뿌려. 상어에게는 먹물의 냄새가 해롭고, 인간에게는 파란고리문어의 먹물만이 위험하지.

문어는 매 끼니마다 총 9번 만족감을 느껴.

294 늑대는 정말 악당일까?

〈빨간 망토를 쓴 소녀〉〈아기 돼지 삼 형제〉〈늑대와 일곱 마리 아기 염소〉까지 모두 늑대가 악당 역할을 하는 동화들이야.

하지만 **늑대**는 악당이 아니야! 늑대는 무리를 지어 사는 매우 사회적인 동물이야. 늑대에게는 가족이 모든 걸 의미하고, 자신을 희생해서 가족을 보호하기도 해. 새끼들 역시 무리가 함께 양육하지. 늑대는 먹이가 충분하면 필요 이상으로 사냥하지 않아. 좋아하는 사냥감은 사슴이야. 보통 소와 사람은 사냥하지 않고 놔두는 편이야. 늑대는 사람을 좋아하지 않고 가능하면 멀리 떨어져 있으려 하지.

늑대가 환경에 큰 영향을 미친다는 거 알아? 늑대 무리는 생태계가 건강하게 유지되도록 도움을 줘.

미국의 몬태나주에는 한때 늑대가 많이 살았어. 순록을 잡아먹었지만, 필요 이상으로 사냥하지는 않았지.

그러다가 사람들이 순록을 방목하여 키우기 시작했어. 사람들은 늑대가 순록을 잡아먹을까 봐, 늑대를 모두 죽이고 말았어. 천적이 없어진 순록은 개체 수가 더 많이 늘어났지. 순록들은 어린 나무를 먹고 오래된 나무만 남겨 놓았어. 그랬더니 강의 물고기가 줄었어. 물고기들은 강의 나무 그늘 아래서 살았거든. 나무가 적다는 건, 그늘도 적다는 말이니까. 그리고 둥지를 지을 곳이 없어진 새들도 사라지고 말았어. 새가 줄어드니, 곤충이 늘었지. 또한 늑대가 없다는 건 코요테가 더 많아진 걸 의미해. 이들은 땅다람쥐를 먹기 시작했고, 초원 또한 말라가기 시작했어. 그 때문에 식물도 개체 수가 줄어들었고.

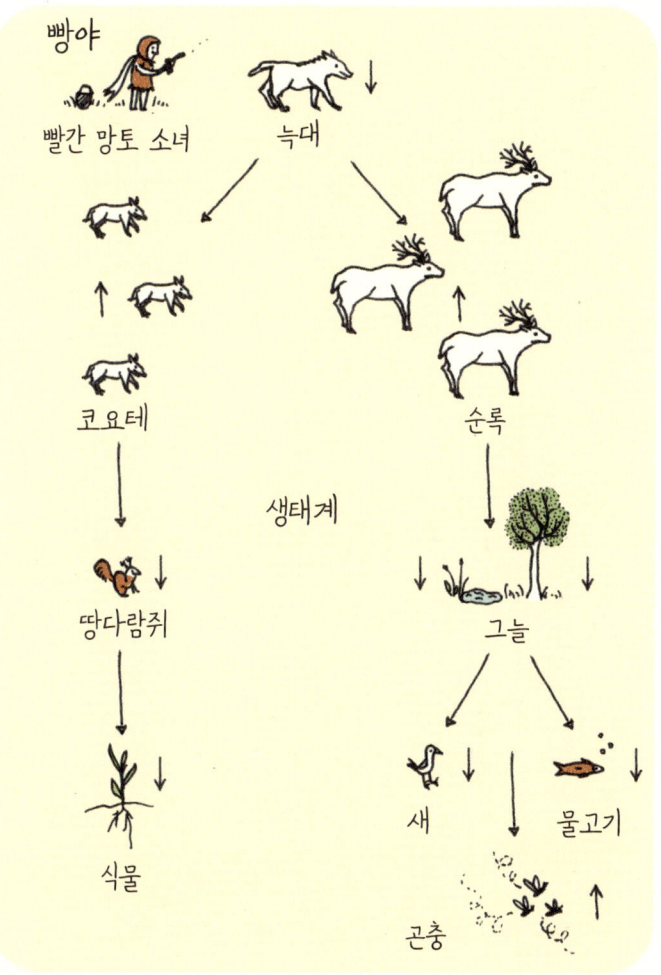

자, 이렇게 보니까 늑대가 생태계에 얼마나 중요한 존재인지 알겠지. 다른 종을 살리고 자연이 건강하게 유지될 수 있도록 도와주잖아. 그러니 늑대가 악당이라는 건 그저 동화 속 이야기일 뿐이야.

295 닭과 공룡이 친척이라고?

고생물학자는 화석이나 극소량의 유기체를 전문으로 연구하는 과학자야. 연구 결과를 보고 지구와 당시 사람들의 생활 모습을 추정할 수 있어.

메리 히그비 슈바이처는 고생물학자야. 2005년 **티라노사우루스 렉스**의 허벅지 뼈에 여전히 연조직이 포함되어 있는 걸 발견했어. 엄청난 발견이었지. 연조직에 남아 있는 단백질 덕분에 오늘날의 동물이 티라노사우루스 렉스와 관련이 있다는 걸 알 수 있기 때문이야.

메리는 다른 과학자들과 함께 공룡의 유전 물질을 조류 21종의 유전 물질과 비교했어. 여기에는 칠면조, 오리, 금화조, 앵무새, 그리고 **닭**이 포함됐지. 이들 가운데 닭이 그들의 먼 조상과 가장 비슷했어.

닭, 그러니까 우리가 흔히 보는 깃털 달린 공룡은 사실 유전 구조가 많이 바뀌지는 않았어.

닭이 먼저냐 공룡이 먼저냐?

고생물학자들은 연구를 더 진행했지. 예를 들어 잭 호너는 닭의 유전 물질로 공룡을 복원하는 목표를 갖고 있어. 그러니 달걀을 먹을 때 조심하도록 해. 그 안에 공룡이 숨어 있을 수도 있으니….

296 박쥐가 날아가면서 내 머리카락을 건드리면 어쩌지?

어떤 동물들은 음파를 쏘고 튕겨져서 돌아오는 메아리를 듣고 물체를 식별해. 시력이 나쁘거나 어두운 환경에서 이런 방식을 쓰지. 이걸 반향정위라고 불러.

박쥐는 반향정위 덕에 어둠 속에서도 잘 날아다닐 수 있어. 사람들이 들을 수 없는 매우 높은 소리를 내지. 이 소리의 울림 덕에 어디에도 부딪히지  않고, 수분이 많은 모기가 어느 쪽으로 날아가는지도 알 수 있어. **유럽집박쥐**는 하룻밤에 모기 300마리를 잡을 수 있어.

호주에는 날아다니는 개, 또는 날아다니는 여우라고 불리는 **큰박쥐**가 살고 있어. 이들은 하루에 최대 1킬로그램까지 과일을 섭취하지.

수컷과 암컷 박쥐는 따로 지내다가 가을이 오면 배우자를 찾지. 수컷 박쥐는 암컷을 유혹하기 위해 '섹시한' 소리를 내. 이건 사람도 들을 수 있는 소리야! 이 소리를 듣고 암컷은 짝짓기 상대를 결정하지. 수컷 주변으로 암컷이나 암컷 무리가 천천히 다가와.

갓 태어난 새끼 박쥐는 털이 매우 적은 분홍빛이야. 엄마는 이들을 박쥐 보육원에 맡기고 사냥을 나가지.

그리고… 박쥐는 날면서 사람 머리카락을 건드리지는 않을 거야. 그러니 여름 저녁 하늘을 나는 박쥐를 편안하게 감상해도 좋아.

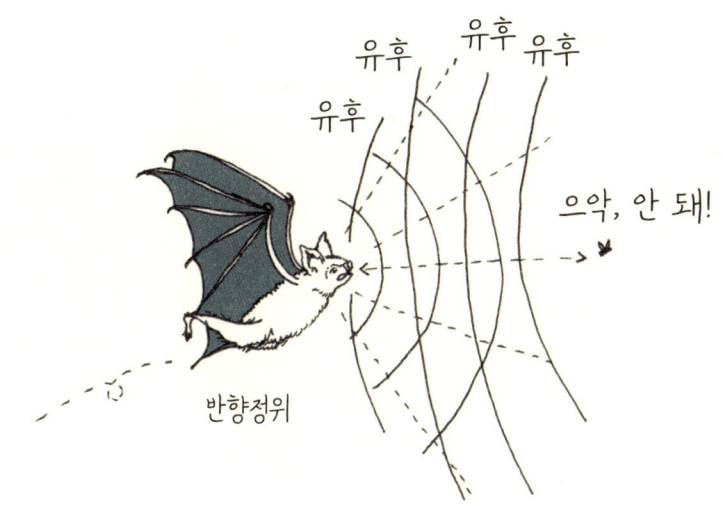

297 애벌레가 어떻게 사과 안에 들어간 거지?

아름다운 빨간 사과를 베어 먹다 그 안에서 애벌레가 나온 적이 있을 거야. 대체 벌레는 어떻게 사과 속에 들어간 걸까?

벌레는 아마 **과일나방**의 애벌레일 거야. 과일과 잎에 알을 낳지. 사과, 배, 체리, 복숭아, 또는 자두처럼 씨앗을 가진 과일에 흰 알을 낳아. 크기가 고작 1.3밀리미터에 불과해. 애벌레는 알에서 부화하자마자 과일 껍데기를 파고 들어가. 잘 보면 애벌레가 들어간 구멍을 볼 수 있어. 파고 들어간 자리에는 애벌레의 배설물이 남아 있지. 애벌레는 씨에 닿을 때까지 계속해서 굴을 파. 이른 봄, 과일은 보통 땅에 떨어져. 떨어진 과일은 벌레들의 식량 창고가 되지만 사람이 먹기에는 적합하지 않지.

8월 또는 9월에는 애벌레가 고치를 만들고 겨울잠에 빠져. 고치는 나무껍질이나 바닥에서 찾아볼 수 있어. 바로 여기에서 나방이 태어나서 새 과일에 알을 낳아. 이 모든 게 반복되는 거야.

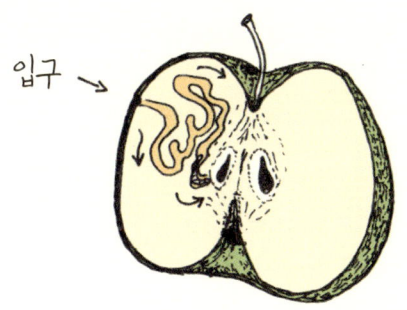

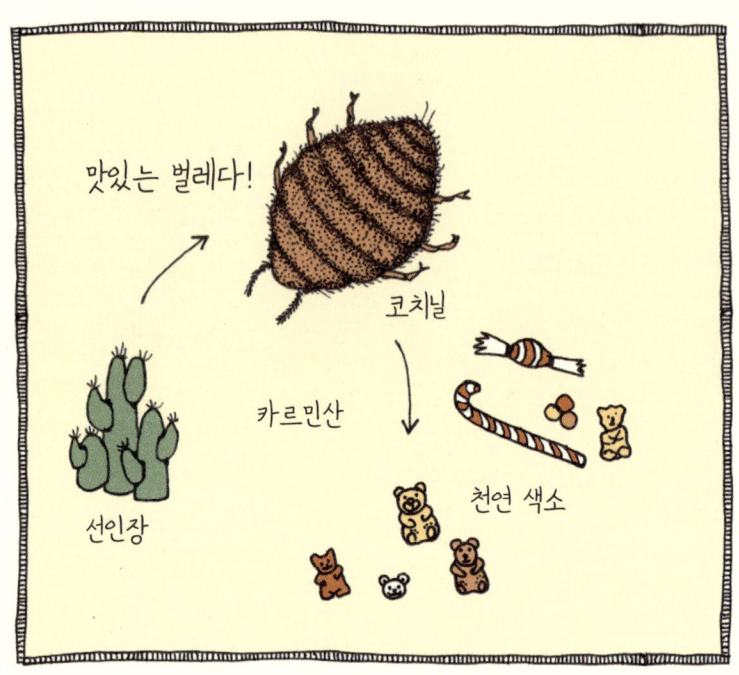

298 사탕에 벌레가 들어 있어!

믿을 수가 없다고? 정말이야. 빨간 사탕, 붉은색 우유나 음료, 붉은색 가공 식품에는 카르민산이 들어 있어. 바로 **코치닐**이라는 곤충에서 추출한 성분이지. 딸기 맛이 나는 붉은색 음료의 성분 목록 살펴보면, 과일보다 코치닐의 함유량이 더 많다는 걸 알 수 있어.

코치닐은 선인장에 살아. 스스로를 천적으로부터 방어하기 위해 붉은 염료를 만들어 내지. 수백 년 전의 아즈텍인과 마야인도 붉은 염료를 사용했어. 이들은 카르민산으로 옷감을 염색하고 화장품도 만들었지. 얼마나 귀했는지, 돈 대신 쓰이기도 했어.

스페인 정복자들은 카르민산을 멕시코에서 유럽으로 가져갔어. 카르민산은 교회의 추기경과 영국 군인의 제복을 염색하는 데 사용됐지.

유럽인들은 카나리아 제도에서 카르민산을 더 많이 구할 수 있다는 걸 알아냈어. 음식에 염료를 점점 더 많이 사용했지. 음료, 비스킷, 아이스크림, 푸딩, 사탕, 껌, 심지어 시럽과 기침약의 붉은색은 다 카르민산을 사용한 거야.

빨간 사탕이나 음료의 성분 목록을 살펴봐. "천연 색소 E120"이 포함되어 있다고 쓰여 있어? 그러면 코치닐에서 추출한 성분이라는 뜻이야. 특히 채식주의자들은 곤충에서 추출한 성분이 든 빨간 음식을 조심해야 해.

299 낳지 않은 알

'난태생'이라는 단어를 설명해 줄게. 너무 어려워서 바로 고개를 돌리는 건 아니겠지. 이건 알을 낳지 않고 지킨다는 뜻이야. 이야기를 더 들어 볼래?

난태생이란 알을 낳아 번식하는 동물에 쓰이는 단어야. 알을 낳고 몸 밖에서 부화하는 대신, 몸 안에 보관하고 있지. 몸 안에서 알이 수정되고, 부화까지 진행돼. 상어나 일부 어류, 달팽이 및 파충류에서 볼 수 있는 현상이야.

사람들도 비슷하지 않아? 난자와 정자가 만나 수정된 알을 몸 안에서 키워 내는 거잖아. 난태생이랑 뭐가 다른 거지?

인간의 난자와 정자는 서로 만나 수정란을 만들지. 수정란이 태반을 통해 엄마와 연결돼. 아기는 탯줄로 산소와 영양분을 공급받으며 성장하지.

난태생 동물의 경우, 수정된 알이 엄마의 몸 안에 머무르는 거야. 새끼는 알 속의 난황에서 영양분을 얻지. 엄마와 연결고리는 없어. 엄마의 몸 안에서 부화한 새끼가 배가 고프면 약한 형제를 먹을 수도 있어. 그리고 태어날 준비가 되면, 바로 엄마 몸 밖으로 나오지.

그런데, 난태생 동물에게도 배꼽이 있냐고?

좋은 질문이야! 응, 충분히 가능한 일이지. 포유류는 배에 붙은 관으로 태반과 연결돼. 배꼽은 그 관이 떨어져 나간 흉터야. 알에서 부화하는 동물들은 보통 난황과 끈으로 연결돼 있지. 그 또한 일종의 배꼽이라고 볼 수 있겠지만, 거의 보이지는 않아.

알겠어.~

난태생 상어

빼꼼!
엄마, 저 준비됐어요!

300 코끼리의 귀가 큰 이유

귀는 주로 듣는 데 사용해. 어떤 동물들은 귀가 꽤 크고, 원하는 방향으로 움직일 수도 있어. 그러면 다양한 환경에서 많은 소리들을 수집할 수 있지. **코끼리**는 큰 귀를 가지고 있어서 몇 킬로미터 떨어진 곳에서 나는 소리도 들을 수 있어. 주파수가 너무 낮아서 우리가 듣지 못하는 소리도 들어.

코끼리의 귀가 훌륭한 에어컨이라는 것도 알고 있어? 코끼리는 사람들처럼 땀을 흘리지 않지만 덩치가 커서 열이 많이 나. 또한 더운 날씨 때문에 체온이 올라갈 수 있어. 그래서 거대한 귀를 사용해 체온을 조절해.

코끼리 귀의 피부 바로 아래에는 많은 정맥이 있어. 코끼리의 체온이 주변 온도보다 높으면 귀를 통해 열을 약간 방출할 수 있지.

귀는 거대한 부채로 쓸 수도 있어. 앞뒤로 움직여서 바람을 일으킬 수 있지. 이 두 기능을 이용해서 체온을 약 5도 정도 떨어뜨릴 수 있어.

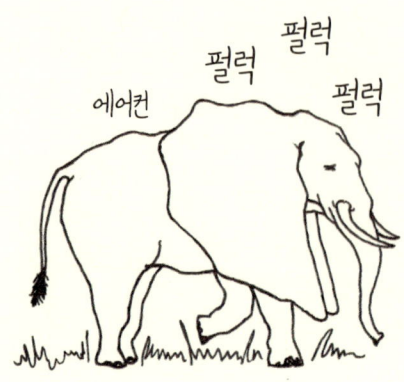

왜 아시아코끼리가 아프리카코끼리보다 귀가 작은지 이해가 가지?

아프리카코끼리는 기온이 빠르게 올라가는 넓은 평원에 살아. 반면 아시아코끼리는 나무가 많고 그늘이 있는 환경에 살지. 아시아코끼리는 작은 귀로도 충분히 체온을 내릴 수 있는 거야.

301 머릿니로 괴로워하는 사람들

귀와 목이 가려워? 머리를 한번 확인해 봐. **머릿니** 일가족이 살고 있을 수도 있어. 겁낼 필요는 없어. 병을 전염시키거나, 위험하지 않거든. 단, 머릿니의 침에 알레르기가 있는 사람만 가려움증을 느낄 뿐이야. 머릿니는 오랫동안 인간과 함께 살아왔어. 고대 미라에서도 이가 발견됐지. 이는 뛰어오르거나 날 수 없어. 그래서 머리에서 다른 머리로 가는 유일한 방법은 걷는 거야. 사람의 머리가 서로 붙어 있을 때 옮겨 가거나, 모자에 붙어 다른 머리로 이동할 수도 있어. 이는 가볍고 진한 갈색빛 몸통에 발톱이 달린 짧은 다리가 있어서 머리카락에 달라붙을 수 있어. 두피에 앉아 피를 빨아 먹지. 살아남으려면 사람이 필요해. 이는 머리를 떼어내도 최대 24시간 동안 생존할 수 있어.

샤워해서 이를 익사시키기는 어려워. 머릿니는 2시간 동안 숨을 참을 수 있거든. 샴푸나 비누를 두려워하지 않아. 머리카락의 청결 여부도 상관없어. 모든 머리를 좋아하고, 더러운 머리보다는 깨끗한 머리를 더 좋아해.

암컷은 하루에 알 4~8개를 낳아. 보통 머리카락에 붙어 있지. 이걸 서캐라고 하는데, 이보다 제거하기 더 어려워. 암컷은 알을 수정시키기 위해 짝짓기를 단 한 번만 하면 돼. 보통 암컷은 평생 동안 90~120개의 알을 낳아. 알까지 생각한다면 머릿속에서 파티하는 이 가족들이 실제로는 더 많을지도 몰라.

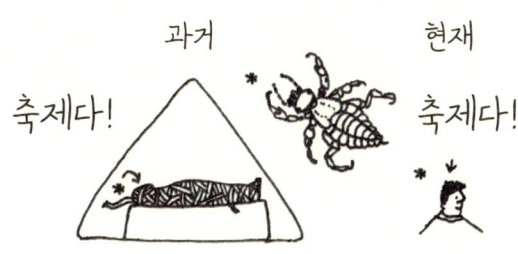

302 뱀의 혀가 갈라진 이유

뱀은 혀로 냄새를 맡아. 혀를 내밀어 빠르게 앞뒤로 날름거리지. 이렇게 혀를 날름거리면 입에 매우 작은 냄새 입자가 달라붙어. 뱀은 두 개 혀를 입안의 특별한 장소에 보관해. 바로 '보습코'라는 기관이지. 이 기관이 뇌와 통신하며 바깥에 무슨 일이 있는지를 알려 줘. 예를 들면 저기에 맛있는 쥐가 돌아다닌다고 말이야.

뱀 혀는 왜 두 개로 갈라졌을까? 갈라진 혀는 뱀이 입체적으로 냄새를 맡도록 도와줘. 뱀은 가능한 혀를 넓게 펼쳐서 냄새 입자가 붙게 해. 그리고 혀를 입안으로 가져와 분석해 보면 한쪽에 냄새 입자가 더 많이 묻은 경우가 있어. 그러면 사냥감이 어느 방향으로 갔는지 알 수 있지. 뱀은 코를 통해 추가 정보까지 받을 수 있어. 뱀은 실제로 3차원적으로 냄새를 맡아. 혀를 사용해 냄새를 맡아 볼래? 물론 인간은 할 수 없을 테지만.

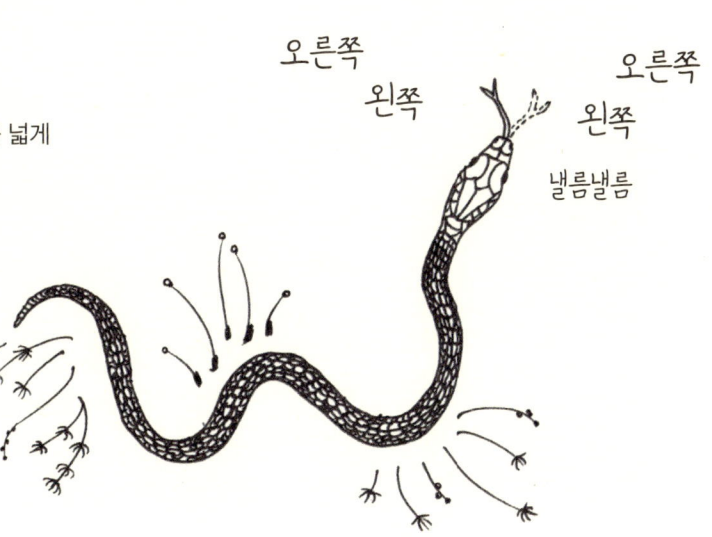

303 날 수 있는 포유류가 있을까?

있어! 바로 박쥐야! 박쥐는 크기와 형태가 다양해. 밝혀진 종은 최소 900종이고, 과학자들은 더 많은 박쥐 종이 있을 것으로 예상하지. 지구상의 포유류 5마리 중 1마리는 박쥐인 셈이야.

박쥐는 날아야만 해. 박쥐의 다리는 잘 발달하지 못해서 걸을 수 없어. 그에 대해서는 306번 이야기를 보면 알 수 있을 거야.

박쥐는 큰박쥐와 작은박쥐로 나뉘어.

큰박쥐는 일반적으로 큰 종이지만, 그중에도 가장 큰 박쥐가 있어. 바로 **날여우박쥐**야. 날개의 너비가 1.5~1.8미터나 돼. 무게도 몇 킬로그램까지 나가. 가장 작은 박쥐는 **긴혀과일박쥐**야. 날개 너비는 '고작' 25센티미터이고, 무게는 약 14그램이야.

작은박쥐 중 가장 큰 박쥐는 **흡혈박쥐사촌**이야. 날개 길이 1미터에 무게는 140~190그램이지. 그리고 가장 작은 박쥐는 바로 **키티돼지코박쥐**야. 날개 너비가 3센티미터에 무게가 2그램밖에 되지 않지. 귀여운 이름이 붙었어.

대부분의 큰박쥐는 과일을 먹어. 일부 종은 과일을 먹기 전에 으깨 버리지. 작은박쥐들은 보통 곤충을 먹어. 아주 많이! 어떤 박쥐는 하룻밤에 모기 300마리와 다른 곤충까지 먹는대. 흡혈박쥐사촌은, 이름에서 예상되듯이, 피를 마시지. 하지만 우리가 생각하는 드라큘라와는 달라. 이빨로 그저 한두 번 베고는 거기서 나오는 피를 핥아. 오싹하게 느껴질 수도 있지만, 두려워할 필요는 없어. 네가 사는 곳에서는 흡혈박쥐사촌을 만날 수 없을 테니까. 소와 사슴의 피를 빠는데, 이 동물들은 별로 아프지 않을 거야. 물어본 건 아니지만….

3센티미터

키티돼지코박쥐

날아간다

1.5~1.8미터

덜덜덜

냉동 매머드

304 매머드를 되살릴 수 있을까?

마지막 **매머드**는 약 4,700년 전에 사망한 것으로 추정해. 기후가 따뜻해지고 사람들이 사냥을 시작했기 때문이야. 북극에 사는 동물들은 추운 날씨에 적응해 있었어. 결국 더워진 날씨 때문에 멸종한 거나 다름없어.

우리는 여전히 매머드에 대한 정보를 얻을 수 있어. 영구 동토층은 매머드의 화석을 보존하고 있지. 하지만 침식과 지구 온난화로 인해 영구 동토층은 녹아내리고 있어. 결과적으로 매머드의 얼어붙은 비밀 중 많은 것이 드러날 거야.

2007년에 과학자들은 시베리아에서 거의 온전한 두 마리의 매머드 화석을 발견했어. 너무나 잘 보존되어 마치 죽은 지 얼마 안 된 것처럼 보였지. 불쌍한 매머드의 몸통과 기관지는 진흙으로 가득 차 있었어. 질식해서 죽었다는 증거지.

일부 과학자들은 매머드의 복원을 꿈꾸기도 해. 털북숭이 매머드의 부활이라는 프로젝트야. '버터컵'이라고 이름 지어진, 약 50세에 죽었던 암컷 매머드의 유전 물질을 사용하여 복제하는 거야.

이게 좋은 아이디어인지는 다들 고민하고 있어. 매머드가 사라진 이후로, 세상은 달라졌지. 미생물도 수 세기에 걸쳐 변화했어. 매머드가 먹이를 소화하려면 특정 미생물이 필요한데, 그 미생물이 더 이상 존재하지 않는다면 어떻게 될까? 복제에 성공한다 해도 복제된 매머드는 끔찍한 운명을 마주해야 할 거야. 그래서 아직 매머드를 복제하지 않았어. 그게 더 나을지도 모르고.

305 레서판다가 판다가 아닌 이유

결론부터 말하면 **레서판다**는 판다가 아니야. 우리가 아는 대왕판다처럼 대나무 잎과 싹을 먹고, 아시아에도 살지만 유전적으로 그다지 관련이 없지. 레서판다는 판다와 달리 레서판다과에 속하고, 스컹크나 너구리와 더 가까워.

레서판다의 상체는 빨간색과 흰색 털로 덮여 있어. 긴 꼬리도 마찬가지고. 배와 다리는 검은색이야. 레서판다가 위협을 받으면 붉은 이끼가 자라는 가문비나무 뒤에 숨어. 그러면 레서판다를 거의 볼 수 없을 거야. 우수한 위장색 덕분이지.

레서판다는 서식지에 따라 부르는 이름이 달라. 흔히 서양에서는 '와'라고 불렀어. 정말이야. 영국의 생물학자 토마스 하드위크는 1821년 처음 레서판다를 발견했어. 그는 모든 자연 정보를 수집하는 기관인 런던의 리니언 협회에 자신이 발견한 동물을 발표했지. '와'라는 이름은 히말라야에서 지어진 이름인데, 아마 레서판다가 내는 소리를 따서 지은 이름일 거야. 안타깝게도 하드위크는 1827년에야 공식 보고서를 작성했어. 그동안, 프랑스의 동물학자 프레데릭 큐비에가 이미 '레서판다'라는 이름을 붙인 후였지. 안타까워. '와'가 더 재미난 이름 같지 않아?

와?!

레서판다

306 박쥐가 걷는 모습을 보기 힘든 이유

박쥐는 거꾸로 매달려 있거나 날아가지. 걷는 모습을 보기는 어려워. 그건 박쥐가 실제로 잘 걷지 못하기 때문이야. 박쥐의 몸은 매우 빠른 속도로 공기를 가를 수 있도록 설계됐어. 공기의 성질을 잘 이용할 수 있게 유연하고 매우 민감한 날개를 지녔지. 박쥐의 날개는 인간의 손끝에 위치한 세포와 같은 메르켈 세포로 덮여 있어. 뼈가 매우 가벼워서 아무리 큰 박쥐라도 무게가 많이 나가지 않아. 그래서 박쥐들은 다리에 의지하여 거꾸로 매달려 있지. 다리 역시 뼈가 매우 얇고 약해. 가벼워야 잘 날 수 있으니까. 걸을 수 있는 대부분의 동물은 무릎이 앞으로 구부러지는 것과 다르게 박쥐는 무릎이 뒤로 구부러져.

박쥐는 착륙할 때 앞다리로 땅을 짚어. 뒷다리에 가해지는 충격을 줄여서 뼈가 부러지지 않게 하려는 노력이야. 그 모습이 약간 어색하고, 불쌍해 보이기까지 해.

예외도 있어. 흡혈박쥐나 짧은꼬리박쥐는 걸을 수 있거든. 흡혈박쥐는 시속 4킬로미터 속도로 걸을 수 있어. 빠르지는 않지만, 이렇게 작은 동물치고 느린 것도 아니지. 덕분에 지상에서도 먹이를 찾을 수 있어. 짧은꼬리박쥐는 발가락 아래 발톱이 있고, 다리가 구부러져 걸을 수 있어. 물론 둘 다 비행도 잘해.

좀 가파르군!

307 거꾸로 헤엄치는 물고기가 있을까?

좋은 질문이야! 대답은 '그렇다'야. 그중 일부 물고기는 훌륭한 수영 선수지. 예를 들어 뱀장어, 태어어, 전기뱀장어와 금붕어는 때때로 거꾸로 헤엄치는 걸 좋아해.

물론 물고기는 거꾸로 헤엄치기 위해 태어난 건 아니지. 일반적으로 헤엄을 칠 때, 꼬리지느러미를 사용하여 몸을 앞으로 밀어내고 몸 뒤쪽의 강한 근육을 이용해 추진력을 만들어 내. 하지만 등지느러미와 뒷지느러미를 이용하는 경우도 있어.

예를 들어 **전기뱀장어**는 헤엄쳐서 전진과 후진을 할 수 있어. 종종 진흙에 시야가 가려지거나 자신의 시력을 신뢰할 수 없는 환경에 사는 게 바로 전기뱀장어야. 그러면 약한 전류를 흘려서 먹이를 감지해. 그리고 먹이가 앞에 있을 때만 달려들지. 과학자들에 따르면, 전기뱀장어는 후진하며 사냥감 주변을 헤엄쳐서, 먹이의 크기를 가늠한다고 해. 만약 전기뱀장어가 전진해서 크기 가늠을 끝내면, 이미 먹이를 지나친 후 일테니 사냥이 쉽지 않겠지.

소드테일은 수족관에서 주로 키우는 물고기야. 수컷이 짝짓기 상대를 유혹하기 위해 거꾸로 헤엄치지. 물론 앞으로도 헤엄쳐. 뒤로 헤엄치면 놀랍게도 암컷들이 좋아하거든.

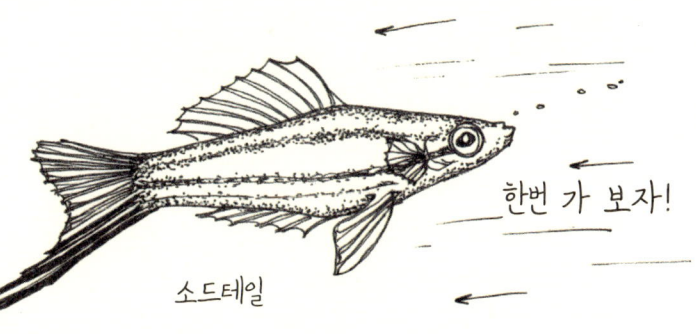

한번 가 보자!

소드테일

308 동물 공포증

동물을 볼 때 놀라는 사람들이 있어. 조금 무서워하는 게 아니라, 기절하거나 심장이 빨리 뛰고, 땀을 흘리고, 엄청나게 빨리 도망가지. 우리는 이런 동물에 대한 병적인 공포를 '동물 공포증'이라고 불러.

모든 동물을 무서워하는 사람들도 있지만 대부분은 특정 종만 두려워해. 상어나 곰처럼 무서운 동물일 수도 있지만, 홍합 같은 무해한 동물을 무서워하는 사람들도 있어.

이 모든 공포증에는 이름이 있어. 너희를 위해 목록을 만들어 봤는데, 한번 볼래?

동물	공포증
벌	벌 공포증
상어	상어 공포증
개	개 공포증
곤충	곤충 공포증
고양이	고양이 공포증
닭	닭 공포증
개미	개미 공포증
나방	나방 공포증
쥐	쥐 공포증
두꺼비	두꺼비 공포증
거미	거미 공포증
물고기	물고기 공포증
새	새 공포증
말벌	말벌 공포증
애벌레	애벌레 공포증

동물 공포증에 느끼는 공포

309 검은 고양이는 행운을 불러올까, 불운을 불러올까?

자, 잘 들어. **검은 고양이**는 줄무늬, 얼룩, 흰색 또는 빨간 고양이와 똑같이 행복과 불행을 가져와. 나를 믿어도 좋아. 고양이가 불운을 부른다는 건 다 미신이니까.

이 미신은 어디서 생겨난 걸까? 오랜 옛날, 사람들은 미신을 믿었어. 주변에서 일어나는 자연 현상에 대한 과학적 지식이 거의 없었기 때문이야.

예를 들어 약초를 다루는 사람들은 모두 '마녀'로 분류됐어. 악마와 계약을 맺고 온갖 나쁜 짓을 한다고 믿었지. 미신에 따르면, 이들이 한밤중에 검은 고양이로 위장하여 사람들의 집에 숨어들었다고 해. 그래서 검은 고양이에게 겁을 먹은 거지. 사람들은 검은 고양이가 길을 건너면, 죽음이 올 거라 믿었어. 그 때문에 학살이 벌어졌고 그들에게 끔찍한 죽음이 찾아왔지. 불쌍한 고양이….

검은 고양이가 행운의 부적으로 여겨지는 문화권도 있어. 고대 이집트인들은 검은 고양이를 신으로 섬겼지. 그곳 고양이는 쥐를 잡지 않아도 사람들이 바친 음식을 먹을 수 있었어. 그리고 고양이를 죽이면 처벌을 받았지. 이집트인들이 얼마나 고양이를 존경했는지, 지금까지도 집고양이의 미라가 발견돼.

일본에서도 마찬가지야. 검은 고양이는 부와 행운의 상징이지. 결혼 상대를 찾는 여성들이 많이 키우는데, 수많은 신랑 후보를 데려다줄 거라는 믿음 덕분이야. 효과가 있는지는 모르겠지만 고양이에게는 다행인 일이지. 죽지 않아도 되니까!

행운을 줄까, 불운을 줄까?

망설이는 검은 고양이

310 코끼리 똥으로 할 수 있는 일 - 1편

아프리카코끼리는 가장 큰 육상 동물이야. 많이 먹을 수밖에 없지. 하루에 식물을 평균적으로 140킬로그램 섭취해. 배설물은 하루 평균 100킬로그램이나 쏟아내지. 엄청나게 많은 양이야.

하지만 코끼리 똥으로 여러 가지를 할 수 있어. 이제부터 뭘 할 수 있는지 말해 줄게.

코끼리 배설물은 탁월한 모기 퇴치제야. 불에 태우면 연기가 벌레를 쫓아내지. 모기 살충제의 화학 물질보다 냄새도 덜 해.

아프리카의 의료진은 그 연기를 진통제나 코피를 멈추는 데 사용해. 코끼리는 숲에서 꽃과 식물을 많이 먹어. 그것들은 의약 성분을 포함하고 있지. 코끼리는 먹이의 40퍼센트만 소화하고, 나머지는 그대로 배설해. 즉 배설물에 의약 성분이 담겨 있다는 말이야. 이 배설물을 불에 태워서 냄새를 맡으면, 두통, 치통, 그리고 다른 성가신 병이 낫는다고 해.

신선한 코끼리 똥으로 생명을 구할 수 있다는 걸 알고 있어? 아프리카 대초원에서 길을 잃고 주변에 물도 없다고 상상해 봐. 그런데 지금 막 코끼리 떼가 똥을 누고 지나갔어. 그 배설물을 손으로 꼭 누르면 물이 나오는데 그걸 마시면 돼. 네가 생각하는 것보다 바이러스가 적어, 그걸 마시지 않아서 탈수 상태에 이르는 게 더 위험할 거야.

우리를 구원하소서!
이 모기들!

코끼리 똥

311 코끼리 똥으로 할 수 있는 일 - 2편

코끼리 똥에는 종이를 만들 수 있는 섬유질이 가득해. 평범한 코끼리가 매일 누는 똥으로 종이 115장을 생산할 수 있지. 목재 펄프 종이보다 다소 거칠지만 사용하는 데는 문제 없어. 훨씬 더 환경 친화적이기도 하고!

태국에는 커피 원두를 먹는 코끼리가 있어. 먹은 커피콩의 절반을 배설하지. 이 배설된 콩을 볶으면 특별한 커피가 만들어져. 바로 블랙 아이보리 커피야. 그 값이 500그램에 대략 55만 원 정도 하지. 고급 호텔에서만 마실 수 있는 커피야. 초콜릿 맛과 체리 맛이 나지.

커피를 좋아하지 않는다고? 그러면 코끼리똥 커피콩으로 만든 맥주를 마셔 볼 수 있어. 일본의 한 맥주회사는 코끼리똥 커피콩을 발효시켜 만든 부드럽고 달콤한 맥주를 생산했어.

코끼리 똥에서 바이오 가스를 추출할 수도 있어. 가정 난방이나 전기 생산을 위한 대체 에너지원이야. 전 세계에 에너지를 공급할 만큼 충분하지는 않지만, 우리가 평소에 사용하는 전력을 지원하기에는 충분한 자연 친화적 해결책이야.

크리스 오필리라는 예술가는 코끼리 똥으로 창의력을 자극해. 코끼리 똥으로 그림을 그리거든. 그리고 큰 상을 받았어. 그러니 코끼리 똥을 더럽다고 말하지 마!

312 이 귀찮은 벌레 없이 살 수는 없을까?

귓가에서 윙윙거리는 모기를 좋아하는 사람은 별로 없을 거야. 거미나 지네는 생각만 해도 등골이 오싹하지. 이런 곤충들을 싫어할 법도 해.

그런데 이 **곤충**들이 멸종하면 인류에 재앙이 찾아온다는 거 알아? 지구 생태계를 지키려면 곤충이 있어야 돼. 농작물, 나무, 그리고 다른 식물들의 꽃가루받이를 도와주거든. 곤충 없이는 과일과 채소가 생산될 수 없어. 코코아나무에서 열매를 얻기 위해서는 모기가 필요하기 때문에 모기 없이는 초콜릿도 먹을 수 없지. 지하에 사는 곤충은 영양분이 토양에 유입되는 걸 도와. 또한 곤충은 조류, 박쥐를 비롯해 모든 양서류와 파충류의 먹이이기도 하지. 곤충이 모두 사라지면, 인간도 몇 달 안에 멸종한다고 주장하는 과학자들도 있어. 실제로 곤충들이 모두 사라질 수 있을까? 곤충학자들은 지난 27년 동안 날벌레의 수가 4분의 3으로 줄어들었다고 했어.

1989년에 연구 목적으로 채집망을 쳤을 때, 곤충이

1.5킬로그램 이상 잡힌 반면, 2013년에는 단지 300그램뿐이었지.

모두가 우려하고 있지는 않아. 한시적일 수도 있으니까. 곤충은 매우 강한 동물이고, 적응이 빨라. 수명이 짧지만, 번식이 빠르지. 인간들이 해야 할 일이 몇 가지 있어. 길가의 꽃에 살충제를 뿌리지 않는 게 그중 하나야. 꽃가루받이를 돕는 곤충을 위한 일이지.

그리고 더 많은 곤충학자가 필요해! 멀지 않은 미래에 말이야. 혹시 뭘 공부하고 싶은지 잘 모르겠다고?

곤충들이 죽으면, 우리 인간도 모두 죽게 돼 있어.

곤충 전문가가 되는 게 어때? 전망이 좋은 직업이라고!

313 바비루사는 두통이 없나?

돼지의 몸에 사슴의 다리가 달린 짐승, **바비루사**는 아름답다고 할 수는 없어. 하지만 수컷에게는 자랑할 만한 엄니가 있지. 위턱의 엄니는 처음에는 정상적으로 자라. 하지만 어느 순간 휘어져서 바비루사의 코 쪽으로 구부러져. 그리고 이마 쪽으로 더 자라나지. 바비루사의 일부 종은 엄니가 정말 엄청난 크기로 자라나서 머리 쪽에서 다시 구부러져. 이렇게 무거운 엄니 때문에 두통이 생기지는 않을까?

두 번째 엄니는 아래턱에서 자라. 바비루사가 어디에 엄니를 쓰는지는 확실하지 않아. 엄니가 강하지 않고 잘 부러지거든. 전투에 쓰지도 않지. 싸울 때는 뒷다리의 발굽으로 싸우는 편이야.

과학자들은 수컷 바비루사가 엄니를 사용해 자신의 건강을 증명한다고 생각해. 뭐 어쨌든, 인상적인 엄니야!

나 참.

바비루사

305

314 기린 운송법

기린을 운반하려면 아주 조심해야 해. 오랫동안 앉아 있는 건 연약한 기린에게 좋지 않거든. 옛날에는 아프리카에서 유럽까지 어떻게 기린을 데려온 걸까?

기린의 최초 수송은 정말 엄청난 일이었어. 1824년 수단에서 사로잡힌 기린 주라파는 낙타에 실려 수도 하르툼으로 옮겨졌어. 거기서부터 나일강을 거쳐 이집트의 수도 카이로까지 배로 운반됐지. 그리고 배를 옮겨 타 프랑스의 마르세유로 향했어. 주라파는 1826년에 마르세유에 도착했어. 무려 2년 동안 운송된 거야. 하지만 여행은 아직 끝나지 않았어. 파리로 가야 했거든. 41일 동안 900킬로미터를 여행해서 마침내 목적지에 도착했어! 그 후 주라파는 파리의 동물원에서 18년 동안 살았지.

동물원은 더 이상 야생에서 동물을 포획하지 않아. 대신 번식 프로그램을 운영하고 다른 동물원의 도움을 받기도 하지. 그래서 동물원의 동물들은 이사를 다니기도 해. 더 이상 사육할 공간이 없는 경우에도 이사를 갈 수 있지. 다른 동물원에 있는 특정 동물과의 번식을 위해 이사를 가기도 해.

기린의 경우 우리를 6미터 높이로 거대하게 지어야 기린이 똑바로 설 수 있어. 매우 특별한 운송 수단이 필요하지. 다리와 육교의 통과 높이까지 고려해야 해. 기린이 이동할 때는 간병인이 동행해서 긴장하지 않게 돌봐줘. 너희가 동물원에서 본 기린은 거의 그 동물원에서 태어난 아이들이야.

기린 운반 중

315 단봉낙타의 혹에 담긴 건 뭘까?

단봉낙타는 혹에 지방을 최대 36킬로그램까지 저장해. 근처에 먹을 것이나 물이 없으면 지방을 수분과 에너지로 변환할 수 있지. 덕분에 먹거나 마시지 않고 최대 150킬로미터 거리를 이동할 수 있어. 또한 무거운 짐을 쉽게 운반해. 그러니 광활한 사막을 가로지르는 데 낙타가 쓰이는 건 놀라운 일이 아니야.

단봉낙타는 물을 보면 바로 한꺼번에 마셔 버려. 10분 안에 100리터 이상의 물을 마실 수 있지. 욕조 전체를 가득 채우는 양이야!

혹뿐만 아니라, 나머지 신체 부위도 사막 환경에 적응했어. 단봉낙타는 모래가 들어가는 것을 막기 위해 콧구멍을 닫을 수 있어. 무성한 눈썹과 두 줄로 된 긴 속눈썹은 눈을 보호하지.

뜨거운 태양 아래서 바위와 미끄러져 내리는 모래 위를 걸을 수 있도록 다리도 특별히 진화했어.

단봉낙타는 지금부터 5,000년~4,500년 전에 처음으로 인간에게 길들여졌어. 현재 총 1,200만 마리 중, 약 100만 마리의 야생 단봉낙타가 살고 있지. 호주에는 야생 단봉낙타가 많이 살아. 1880년에 단봉낙타 한 무리를 호주로 이주시킨 덕분이지. 건조하고 먼 사막을 이동할 때 필요했어. 그런데 그 후 도로가 건설되면서 인간에게 더 이상 필요없게 되었지만, 사막에 계속해서 살아남았어. 지금은 50만 마리 넘게 서식하고 있지. 낙타는 그곳에 원래 살고 있던 토종 동물들에게 매우 큰 위협이 되고 있어!

316 세계에서 가장 인기 있는 동물은?

2013년 TV 채널 〈애니멀 플래닛〉 시청자들은 자신이 가장 좋아하는 동물에 투표를 했어. **호랑이**가 1위, 개가 2위, 돌고래가 3위였지.

벵골호랑이는 현재 세계에서 가장 큰 고양잇과 동물이야. 원래는 시베리아호랑이가 더 컸어. 사람들이 마구 사냥하면서, 지금은 몸집이 큰 시베리아 호랑이가 거의 사라졌지. 벵골호랑이는 **대왕호랑이**라는 별명이 있어. 벵골호랑이 수컷은 3미터까지 자라며 무게는 약 220킬로그램에 달하기 때문에 그런 별명이 붙을 만해. 갈색 바탕에 검은색의 아름다운 줄무늬 털가죽을 입고 있는데, 세상에 똑같은 무늬를 가진 호랑이는 없어. 이 줄무늬는 훌륭한 위장 도구이기도 해.

호랑이는 독립해서 혼자 살아. 침입자를 쫓기 위해 소변으로 영역을 표시하지. 밤에는 아프리카물소, 사슴, 야행성 돼지 및 기타 대형 포유류를 사냥해. 사냥을 위해 먼 곳까지 나가지. 사냥감을 바짝 뒤쫓은 다음, 재빨리 덮쳐. 호랑이가 달리면 시속 65킬로미터까지 속도를 내. 배고픈 호랑이는 하룻밤에 고기를 40킬로그램까지 먹을 수 있지.

호랑이는 다른 호랑이와 의사소통을 하기 위해 포효해. 적을 쫓으려는게 아니야. 최대 3킬로미터 떨어진 곳에서도 호랑이의 울음소리를 들을 수 있어.

야생에는 여전히 호랑이가 4,000마리 정도 살고 있어. 이 가운데 3분의 2가 벵골호랑이지. 인간은 털가죽, 내장 및 뼈를 얻으려고 호랑이를 사냥해. 특정 약재를 만드는 데 호랑이가 필요하거든. 20세기에 호랑이 8종 가운데 3종이 멸종됐어. 그래서 많은 호랑이가 자연 보호 구역에 살고 있어. 인기 많은 호랑이를 오래 보려면, 잘 관리하는 게 좋을 거야.

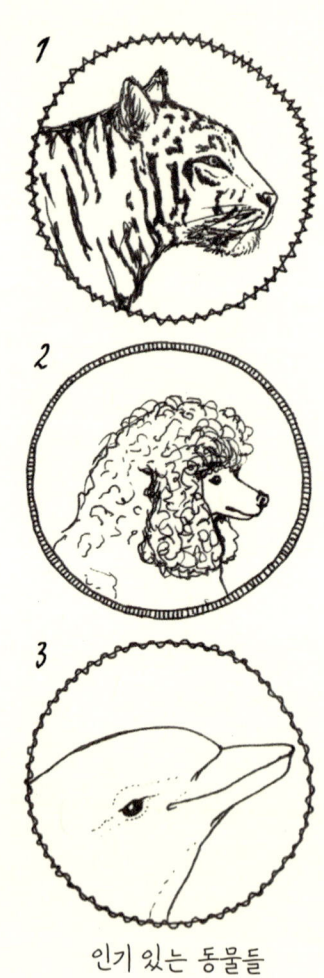

인기 있는 동물들

317 나이팅게일의 똥으로 무엇을 할 수 있을까?

나이팅게일 똥은 수세기 동안 아시아에서 화장품으로 사용되었어. 피부를 매끈하고 하얗게 만들어 주거든. 일본의 세안제 '우구이스 분'은 말 그대로 나이팅게일의 똥을 의미해.

일본 게이샤와 가부키 배우들은 아연과 납이 함유된 화장품으로 얼굴을 하얗게 화장했는데, 피부에 좋지 않았어. 이 화장을 지우기 위해 나이팅게일의 똥을 사용했지. 그러면 피부 상태가 좋아졌어. 불교 승려들은 머리를 씻는 데 사용했지.

또 피부 치료제로도 여전히 쓰이고 있어. 영국의 유명한 축구 선수 베컴 부부는 우구이스 분을 즐겨 사용한다고 소문이 났어.

그런데 이 똥들은 어디서 나는 거지? 일본에는 특별한 나이팅게일 보육원이 있어. 여기서는 나이팅게일에게 특별한 영양 공급을 하고 새장에서 깔끔하게 똥을 긁어내. 박테리아는 자외선으로 없애고, 잘 말린 후 곱게 갈아. 얼굴에 묻히려면 물과 섞어서 반죽해야 해. 일단 한번 써 보면, 얼굴이 아기 엉덩이만큼 부드러워질 거야.

318 대영제국의 흑고니는 누가 소유권을 갖고 있지?

네가 한 질문이 아니란 거 알아. 그런데 이제 정답을 알고 싶지?

그 주인은 바로 영국의 여왕이야.

매년 7월 셋째 주는 **흑고니**의 숫자를 세는 날이야. 영국 여왕의 명령 아래 이루어지는 일이지. 이 행사를 '스완 우핑'이라고 하는데, 5일 동안 여왕의 명령을 받은 사람들이 템스강에서 보트를 타고 흑고니를 잡아. 영국 여왕은 영국 내 개방 구역의 모든 흑고니를 소유하고 있지. 이때 표식이 없는 흑고니들을 잡아들여서 여왕의 소유라는 표식을 줘.

이 행사는 12세기에 시작됐어. 식생활을 위해서였지. 흑고니는 당시 왕실 연회에서 인기 요리였어. 이제는 더 이상 먹지 않. 보호종이 되었어. 영국에서 흑고니를 먹으면 과태료를 내고 교도소에 갈 수도 있어. 1마리만 잡아도 여왕을 상대로 한 절도가 돼.

뭐. 괜찮아. 흑고니 고기는 그렇게 맛있지 않거든. 질기고 별 맛이 나지 않아.

흑고니를 타는 여왕

319 어떤 울이 가장 따뜻하지?

겨울에 울 스웨터를 입을 거야? 놀랄 정도로 따뜻하니까 입는 게 좋을 거야. 스웨터가 울 100퍼센트라면 양털로 만들었을 거야. 양은 매년 약 3~4킬로그램의 양털을 만들어 내. 겨울에 양털을 깎고, 깎은 양털로 실을 만들지. 이건 양털이 케라틴으로 만들어져 있기 때문에 가능해. 털에 작은 비늘 같은 게 붙어 있어서, 실로 짜고 나면 단단해지지. 양털에도 여러 종류가 있어. 가장 좋은 양털은 **메리노 양**의 양모일 거야. 1마리 당 연간 최대 5킬로그램을 생산할 수 있지.

울이 양에서만 나오는 것은 아니야. 울의 일종인 캐시미어는 아시아의 **캐시미어 염소**에서 얻을 수 있었지만, 이제는 다른 곳에서도 캐시미어 염소를 키워. 앙고라 울은 암컷 **앙고라 토끼**에게서 얻어. 안데스산맥에 사는 **알파카**에게서도 울을 얻을 수 있지. 그리고 **티베트 영양**의 털로 만든 샤투쉬도 있어. 하지만 사냥꾼들이 티베트 영양을 너무 많이 잡아서 멸종 위기에 처했어.

울은 항상 귀중한 상품이었어. 1192년 잉글랜드 왕 리처드

앙고라 울

내가 제일 따뜻한데?

1세가 체포됐을 때, 사제들은 그의 몸값 일부를 5만 봉지의 양모로 지불했어. 울은 여전히 귀한 제품이지. 멋진 울 스웨터는 조금 비싸지만 그만큼 가치가 있어.

320 모래를 책임지는 비늘돔

비늘돔은 아름다운 생물이야. 몸통은 밝은색이고 얼굴에 항상 미소를 띠고 있어. 이빨과 턱이 앵무새 부리처럼 생겨서 앵무새생선으로 불리기도 해. 비늘돔은 특이한 입으로 바위와 산호에서 조류를 긁어 먹어. 해조류를 먹다가 산호초 조각을 삼키기도 하지. 그러면 목구멍 깊은 곳에서 돌로 산호 조각을 분쇄해서 미세한 모래로 배설해.

비늘돔 1마리는 1년에 모래를 최대 90킬로그램 만들어 낼 수 있어! 비늘돔은 해저의 모래, 사주, 그리고 우리가 노는 백사장의 모래를 어느 정도 관리한다고 볼 수 있어.

비늘돔

321 나도 동물인가?

당연히 너도 동물이지! 믿기지 않아? 그러면 연필을 들고 아래의 보기 중 몇 가지가 인간에 해당되나 보자.

- 포유류는 골격이 있어.
- 포유류는 폐를 사용해서 호흡해. 고래나 돌고래 같은 해양 포유류도 마찬가지야.
- 포유류는 온혈동물이야. 스스로 열을 내고 조절할 수 있다는 뜻이지. 체온을 올리기 위해 일부러 햇볕을 쬘 필요가 없어.
- 포유류는 항상 보이지는 않아도 귀가 있어.
- 포유류는 새끼를 낳아. 하지만 오리너구리와 짧은코가시두더지는 달라. 이들은 알을 낳지.
- 포유류는 새끼에게 젖을 먹여. 알을 낳는 포유류도 젖샘에서 흘러나오는 젖을 먹이지.
- 포유류는 머리카락이 있어. 동물은 '털가죽'이 있고, 고래조차 털이 있다니까.
- 포유류의 대다수는 육지에 살아. 고래, 바다소, 그리고 기각류 같은 해양 포유류는 바다에 살지. 유일하게 날아다니는 포유류는 박쥐야.

인간은 **포유류**야. 매우 지능적이고 호기심이 많으며 문제에 대한 해결책을 쉽게 찾을 수 있기 때문에 지구상의 어느 곳에서나 생존하지. 쥐와 바퀴벌레처럼 말이야.

하지만 인간은 의사소통을 하니까 동물이 아니라고? 다른 동물들도 서로 의사소통을 해. 꿀벌은 맛있는 꿀을 찾으러 가는 길을 담은 복잡한 정보도 전달할 수 있어. 또한 많은 동물들이 의사소통을 위한 소리를 내지. 과학자들은 혹등고래가 노래에 문법을 사용한다는 것을 발견했어.

아직까지 동물과 대화하는 법은 찾지 못했어. 우리가 동물들의 언어를 배우지 못했기 때문이야. 인간의 음성 채널과 동물의 채널은 매우 다르게 구성돼 있거든.

하지만 희망은 있어. 오랑우탄인 록키는 인디애나폴리스 동물원에서 사는데, 사육사의 소리를 흉내 내고 새로운 소리를 배웠거든. 학자들은 이걸 워키라고 부르고, 오랑우탄이 절대 스스로 내지 않을 소리라고 생각하지. 록키가 말을 배우기에는 지능이 부족하고 음성 채널이 정교하지 못해. 하지만 우리가 워키를 쓸 수 있다면, 오랑우탄이 대답은 할 수 있을 거야.

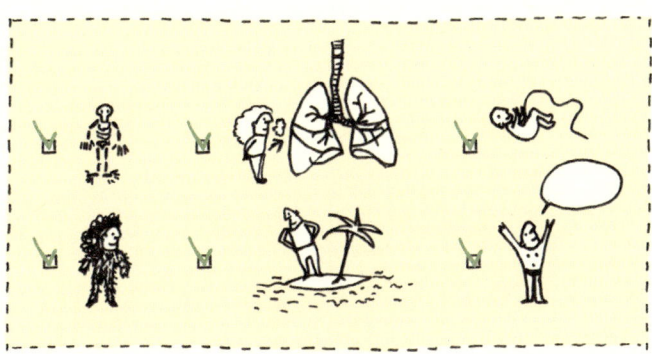

너도 동물이니?
한번 체크해 봐.

© 2018, Lannoo Publishers. For the original edition
Original title: 321 superslimme dingen die je moet weten over dieren.
Translated from the Dutch language
www.lannoo.com

© 2020, Green Book Publishing Co. For the Korean edition

Arranged through Icarias Agency, Seoul.

이 책의 한국어판 저작권은 Icarias Agency를 통해 Lannoo Publishers와 독점 계약한 그린북에 있습니다.
저작권법에 의하여 한국 내에서 보호를 받는 저작물이므로 무단전재와 복제를 금합니다.

Flanders Literature opens a window on the dynamic and diverse literary landscape in the
northern part of Belgium. Our mission is to help publishers and festival organisers find that
one particular title or author that is the perfect fit for their list or audience.

This book was published with the support of Flanders Literature(flandersliterature.be).